I0124294

LOI DU 15 JUILLET 1889

TRAITÉ PRATIQUE

DU

RECRUTEMENT ET DE L'ADMINISTRATION

DE L'ARMÉE FRANÇAISE

Mobilisation. — Réquisitions militaires
Écoles Polytechnique, Saint-Cyr, Navale, etc.

PAR

A. ANDREANI
Ancien Officier
CHEF DE DIVISION A LA PRÉFECTURE DES ALPES-MARITIMES

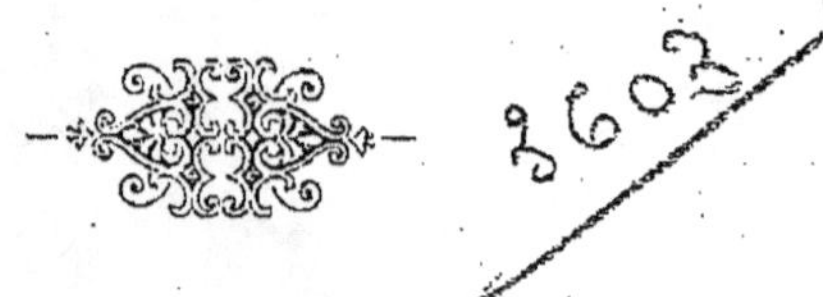

NICE
IMPRIMERIE, LITHOGRAPHIE ET LIBRAIRIE J. VENTRE ET Cie
Rue de la Préfecture, 6 et place de la Préfecture, 1.

1889

LOI DU 15 JUILLET 1889

TRAITÉ PRATIQUE

LOI DU 15 JUILLET 1889

TRAITÉ PRATIQUE

DU

RECRUTEMENT ET DE L'ADMINISTRATION

DE L'ARMÉE FRANÇAISE

Mobilisations. — Réquisitions militaires
Écoles Polytechnique, Saint-Cyr, Navale, etc.

PAR

A. ANDREANI
Ancien Officier
Chef de Division a la Préfecture des Alpes-Maritimes

NICE
IMPRIMERIE, LITHOGRAPHIE ET LIBRAIRIE J. VENTRE ET C°
Rue de la Préfecture, 6 et place de la Préfecture, 1.

1889

PRÉFACE

Un point sur lequel tout le monde est d'accord, c'est l'armée : alimentée sans cesse aux sources vives de la Nation, dont elle est l'âme, sur son seuil toutes les passions stériles s'apaisent ; sentinelle avancée du progrès des idées, gardienne fidèle des traditions de Gloire, d'Honneur et de Patrie, son mode de recrutement et d'administration a suivi le cours des temps et des circonstances ; mais elle ne s'est réellement identifiée à la nation, qu'elle a fait grande, que du jour où tout citoyen a été admis à concourir à sa défense.

La loi du 1er février 1868, en créant la garde mobile, a, la première, posé le principe d'égalité des obligations militaires.

La loi du 27 juillet 1872 a consacré définitivement ce principe, en supprimant la faculté du remplacement et en rendant ainsi le service militaire personnel obligatoire.

Enfin *la loi du* 15 *juillet* 1889 a décidé que tout homme valide est soldat de 20 à 45 ans, dont trois ans dans l'armée active, sept ans dans la réserve de l'armée active, six ans dans l'armée territoriale, et neuf ans dans la réserve de l'armée territoriale. Nulle exception n'est faite, et les dispensés eux-mêmes à un titre quelconque qui, jusqu'à présent, étaient laissés dans leurs foyers à l'appel des hommes de leur classe, devront, avant de bénéficier de la dispense en temps de paix, accomplir une année de service actif.

Là, ne s'arrêtent pas les dispositions de la nouvelle

loi militaire, qui crée la taxe militaire, la dispense aux fils d'une famille de sept enfants, aux jeunes gens exerçant des industries d'art, aux jeunes gens établis à l'étranger avant l'âge de 19 ans, supprime le volontariat, augmente les privilèges des engagés volontaires, institue le recrutement en Algérie et aux colonies, étend dans de notables proportions, les dispenses provisoires à titre de soutien de famille, et enfin place à la disposition du Ministre de la Marine les condamnés qui, autrefois, étaient exclus irrévocablement des listes de recrutement de l'armée.

Ce traité, que nous publions presque aussitôt la promulgation de la nouvelle loi, nous a été inspiré par le plus pur des sentiments patriotiques.

Nous n'avons certes pas la prétention d'y avoir résolu toutes les questions si multiples du recrutement et de l'administration de l'armée française. Mais le lecteur nous rendra cette justice que nous nous sommes appliqué à écarter soigneusement toute discussion théorique pour rester exclusivement sur le côté pratique des questions traitées, et cela pour mieux les mettre à la portée des fonctionnaires chargés d'appliquer la loi, et des particuliers pour la connaissance sommaire des obligations qui leur incombent.

Nous avons rarement formulé notre opinion personnelle, ayant préféré puiser nos solutions dans les décisions ministérielles antérieures ; et, toutes les fois que nous avons été appelé à traiter de questions n'ayant pas encore fait l'objet de décisions spéciales des ministres compétents, nous nous sommes borné à les poser et à les résoudre d'après l'esprit même de la loi, notre intention ferme étant de dédier, notamment aux maires, un traité pratique, sûr et légal.

Nous insérons en tête de l'ouvrage la nouvelle loi,

que nous commentons successivement par de simples notes succintes et précises. Le lecteur aura la faculté de se reporter au besoin au texte même de la loi, et de se rendre compte de l'interprétation que nous lui avons donnée.

Notre traité comprend *trois titres*, ayant chacun trois chapitres.

Le premier titre est consacré tout entier à la formation des tableaux de recensement, au tirage au sort et au conseil de révision. Ce dernier chapitre (titre premier) est le plus important, car il embrasse l'ensemble des opérations qui précèdent l'inscription des hommes sur les registres matricules de l'armée et traite des exemptions, des dispenses légales, des soutiens de famille, des sursis d'appel, des engagements volontaires, etc., etc.

Le deuxième titre comprend l'organisation de l'armée active, l'armée coloniale, la réserve de l'armée active, l'armée territoriale, et enfin l'ensemble des services administratifs de l'armée active et de ses réserves.

Le titre troisième est consacré à l'examen des questions se rattachant aux corps annexes de l'armée : gendarmerie, douanes, sapeurs-pompiers, réquisitions militaires, recensement et classement des chevaux, juments et mulets, et voitures attelées; écoles militaires : Polytechnique, St-Cyr, Navale, St-Maixent, Saumur, etc., etc.

Nice, le 1er septembre 1889.

A. ANDREANI

DEVOIRS DES MAIRES

Placé à la tête de l'administration communale par la confiance des populations, représentant direct du pouvoir central avec lequel il correspond, le maire a de nombreuses obligations à remplir en ce qui touche le recrutement de l'armée.

Son rôle ne se borne pas seulement au recensement annuel des jeunes gens, aux mesures d'ordre, aux renseignements à fournir au pouvoir central ; il doit encore, en temps de paix, comme en temps de guerre, seconder l'action gouvernementale dans toutes les mesures prises ou à prendre dans l'intérêt de l'Etat.

Les nombreuses attributions dont l'investit la loi du 5 avril 1884, au point de vue de l'administration civile, ne sont que le corollaire indispensable de l'action qu'il doit exercer dans toutes les circonstances où la Patrie a recours à son initiative.

S'agit-il, en effet, de tirage au sort, d'appel sous les drapeaux, de mobilisation, de manœuvres, de menaces de guerre ou de préliminaires de paix, de logement ou de cantonnement des troupes, de réquisitions militaires, de surveillance des étrangers en vertu du décret du 2 octobre 1888, de publication de tableau de répartition des classes, des listes des dispensés, de mesures de police, etc., le maire intervient, agit, guide, protège à la fois les intérêts de ses administrés et ceux de la Patrie qui, elle, protège tout et vers qui tout doit converger.

La nouvelle loi sur le recrutement de l'armée va, à partir du 1er janvier 1890, recevoir sa première et entière application. Il est donc essentiel que les maires la connaissent par ses côtés pratiques, afin de mieux la vulgariser.

Les dispositions nouvelles qu'elle contient sont nombreuses, et pour ne retenir, dans ce paragraphe, que les plus importantes, nous dirons : tout citoyen valide est soldat de 20 à 45 ans, le service militaire personnel est réduit de 5 à 3 ans, mais les hommes non encore définitivement libérés au moment de sa promulgation restent dans la réserve de l'armée territoriale jusqu'à l'âge de 45 ans accomplis ; le nombre des dispenses à titre de soutiens de famille est augmenté ; il est créé des dispenses universitaires, une taxe militaire, un jury d'Etat départemental, une armée coloniale, et enfin les condamnés, autrefois exclus, sont mis à la disposition du Ministre de la Marine.

Mais, c'est surtout au moment de la mobilisation que les devoirs du maire prennent une importance exceptionnelle, car c'est lui qui est chargé de notifier à ses administrés, avec le concours de la gendarmerie, l'ordre de mobilisation, de le faire afficher, publier et d'attirer l'attention sur les points les plus essentiels de cette mesure qui est toujours grave et de la rapidité de laquelle dépend le plus souvent la sûreté de la Patrie. L'expérience l'a démontré, la victoire ou la défaite sont la plupart du temps la résultante de l'exécution des opérations préliminaires qui incombent entièrement au maire sous sa responsabilité personnelle ; c'est donc en vue de faciliter sa tâche que, dans un sentiment patriotique, nous publions ce traité, heureux s'il atteint le but que nous nous sommes proposé.

LOI

SUR LE

RECRUTEMENT DE L'ARMÉE

(15 Juillet 1889)

Le Sénat et la Chambre des députés ont adopté,

Le Président de la République promulgue la loi dont la teneur suit :

TITRE PREMIER

Dispositions générales

Article 1er. — Tout Français doit le service militaire personnel.

Art. 2. — L'obligation du service militaire est égale pour tous. Elle a une durée de vingt-cinq années.

Le service militaire s'accomplit selon le mode déterminé par la présente loi.

Art. 3. — Nul n'est admis dans les troupes françaises s'il n'est Français ou naturalisé Français, sauf les exceptions déterminées par la présente loi.

Art. 4. — Sont exclus de l'armée, mais mis, soit pour leur temps de service actif, soit en cas de mobilisation, à la disposition du Ministre de la Marine, qui détermine par arrêtés les services auxquels ils peuvent être affectés :

1° Les individus qui ont été condamnés à une peine afflictive et infamante ou à une peine infamante dans le cas prévu par l'article 177 du Code pénal ;

2° Ceux qui, ayant été condamnés à une peine correctionnelle de deux ans d'emprisonnement et au-dessus, ont été, en outre, par application de l'article 42 du Code pénal, frappés de l'interdiction de tout ou partie de l'exercice des droits civiques, civils et de famille ;

3° Les rélégués collectifs.

Les relégués individuels sont incorporés dans les corps de disciplinaires coloniaux. Le Ministre de la Marine désigne le corps auquel chacun d'eux est affecté en cas de mobilisation.

Art. 5. — Les individus reconnus coupables de crimes et condamnés seulement à l'emprisonnement par application de l'article 463 du Code pénal ;

Ceux qui ont été condamnés correctionnellement à trois mois de prison au moins pour outrage public à la pudeur, pour délit de vol, escroquerie, abus de confiance ou attentat aux mœurs prévu par l'article 334 du Code pénal ;

Ceux qui ont été l'objet de deux condamnations au moins, quelle qu'en soit la durée, pour l'un des délits spécifiés dans le paragraphe précédent,

Sont incorporés dans les bataillons d'infanterie légère d'Afrique.

Ceux qui, au moment de l'appel de leur classe, se trouveraient retenus, pour ces mêmes faits, dans un établissement pénitentiaire, seront incorporés dans lesdits bataillons à l'expiration de leur peine, pour y accomplir le temps de service prescrit par la présente loi.

Après un séjour d'une année dans ces bataillons, les hommes désignés au présent article, qui seraient l'objet de rapports favorables de leurs chefs, pourront être envoyés dans d'autres corps par le Ministre de la Guerre.

Art. 6. — Les dispositions des articles 4 et 5 ci-dessus ne sont pas applicables aux individus qui ont été condamnés pour faits politiques ou connexes à des faits politiques.

En cas de contestation, il sera statué par le tribunal civil du lieu de domicile, conformément à l'article 31 ci-après.

Ces individus suivront le sort de la première classe appelée après l'expiration de leur peine.

Art. 7. — Nul n'est admis dans une administration de l'Etat s'il ne justifie avoir satisfait aux obligations imposées par la présente loi.

Art. 8. — Tout corps organisé, quand il est sous les armes, est soumis aux lois militaires, fait partie de l'armée et relève, soit du Ministre de la Guerre, soit du Ministre de la Marine.

Il en est de même des corps de vétérans que le Ministre de la Guerre est autorisé à créer en temps de guerre, et qui seraient recrutés par voie d'engagements volontaires parmi les hommes ayant accompli la totalité de leur service militaire.

Art. 9. — Les militaires et assimilés de tous grades et de toutes armes des armées de terre et de mer ne prennent part à aucun vote quand ils sont présents à leur corps, à leur poste ou dans l'exercice de leurs fonctions. Ceux qui, au moment de l'élection, se trouvent en résidence libre, en non-activité ou en possession d'un congé, peuvent voter dans la commune sur les listes de laquelle ils sont régulièrement inscrits. Cette dernière disposition s'applique également aux officiers et assimilés qui sont en disponibilité ou dans le cadre de réserve.

—

TITRE II

Des appels

Chapitre Premier

Du recensement et du tirage au sort

Art. 10. — Chaque année, pour la formation de la classe, les tableaux de recensement des jeunes gens ayant atteint l'âge de 20 révolus dans l'année précédente et domiciliés dans l'une des communes du canton sont dressés par les maires :

1° Sur la déclaration à laquelle sont tenus les jeunes gens, leurs parents ou leurs tuteurs ;

2° D'office, d'après les registres de l'état civil et tous autres documents et renseignements.

Ces tableaux mentionnent la profession de chacun des jeunes gens inscrits.

Ils sont publiés et affichés dans chaque commune suivant les formes prescrites par les articles 63 et 64 du Code civil. La dernière publication doit avoir lieu au plus tard le 15 janvier.

Un avis publié dans les mêmes formes indique le lieu et le jour où il sera procédé à l'examen desdits tableaux et à la désignation par le sort des numéros assignés à chaque jeune homme inscrit.

Art. 11. — Les individus déclarés Français en vertu de l'article 1er de la loi du 16 décembre 1874 sont portés, dans les communes où ils sont domiciliés, sur les tableaux de recensement de la classe dont la formation suit l'époque de leur majorité. Ils sont soumis au service militaire s'ils n'établissent pas leur qualité d'étranger.

Les individus nés en France d'étrangers et résidant en France sont également portés, dans les communes où ils sont domiciliés, sur les tableaux de recensement de la classe dont la formation suit l'époque de leur majorité telle qu'elle est fixée par la loi française. Ils peuvent réclamer contre leur inscription lors de l'examen du tableau de recensement et lors de leur convocation au conseil de révision, conformément à l'article 16 ci-après. S'ils ne réclament pas, le tirage au sort équivaudra pour eux à la déclaration prévue par l'article 9 du Code civil. S'ils se font rayer, ils seront immédiatement déchus du bénéfice dudit article.

Les mêmes dispositions sont applicables aux individus résidant en France et nés en pays étrangers soit d'un étranger qui depuis lors a été naturalisé Français, soit d'un Français ayant perdu la qualité de Français, mais qui l'a recouvrée ultérieurement, si ces individus étaient mineurs lorsques leurs parents ont acquis ou recouvré la nationalité française.

Art. 12. — Les individus devenus Français par voie de naturalisation, réintégration, ou déclaration faite conformément aux lois, sont portés sur les tableaux de recensement de la première classe formée après leur changement de nationalité.

Les individus inscrits sur les tableaux de recensement en vertu du présent article et de l'article précédent ne sont assujettis qu'aux obligations de service de la classe à laquelle ils appartiennent par leur âge.

Art. 13. — Sont considérés comme légalement domiciliés dans le canton :

1° Les jeunes gens, même émancipés, engagés, établis au dehors, expatriés, absents ou en état d'emprisonnement, si, d'ailleurs, leur père, leur mère ou leur tuteur est domicilié dans une des communes du canton, ou si leur père, expatrié, avait son domicile dans une desdites communes ;

2° Les jeunes gens mariés dont le père, ou la mère à défaut du père, sont domiciliés dans le canton, à moins qu'ils ne justifient de leur domicile réel dans un autre canton ;

3° Les jeunes gens mariés et domiciliés dans le canton, alors même que leur père ou leur mère n'y serait pas domicilié ;

4° Les jeunes gens nés et résidant dans le canton qui n'auraient ni leur père ni leur mère, ni un tuteur ;

5° Les jeunes gens résidant dans le canton qui ne seraient dans aucun des cas précédents et qui ne justifieraient pas de leur inscription dans un autre canton.

Les jeunes gens résidant, soit en Algérie, soit aux colonies, sont inscrits sur les tableaux de recensement du lieu de leur résidence. Sur la justification de cette inscription, ils sont, en ce cas, rayés des tableaux de recensement où ils auraient pu être portés en France, par application des dispositions du présent article.

Art. 14. — Sont, d'après la notoriété publique, considérés comme ayant l'âge requis pour l'inscription sur les tableaux de recensement les jeunes gens qui ne peuvent produire ou n'ont pas produit, avant la vérification des tableaux de recensement, un extrait des registres de l'état civil constatant un âge différent ou qui, à défaut des registres de l'état civil, ne peuvent prouver ou n'ont pas prouvé leur âge conformément à l'article 46 du Code civil.

Art. 15. — Si, dans les tableaux de recensement des années précédentes, des jeunes gens ont été omis, ils sont inscrits sur les tableaux de recensement de la classe qui est appelée après la découverte de l'omission, sauf le cas prévu à l'article 69 ci-après, à moins qu'ils n'aient 45 ans accomplis à l'époque de la clôture des tableaux, et sont soumis à toutes les obligatious de cette classe.

Toutefois, ils sont libérés à titre définitif à l'âge de 48 ans au plus tard.

Art. 16. — L'examen des tableaux de recensement et le tirage au sort sont faits au chef-lieu de canton, en séance publique, devant le sous-préfet assisté des maires du canton.

Dans les communes qui forment un ou plusieurs cantons, le sous-préfet est assisté du maire et de ses adjoints.

Dans les villes divisées en plusieurs arrondissements, chaque arrondissement est représenté par un officier municipal.

Les tableaux de recensement de chaque commune sont lus à haute voix. Les jeunes gens, leurs parents ou représentants sont entendus dans leurs observations.

Les tableaux sont arrêtés et ensuite visés par le sous-préfet et par les maires.

Dans les cantons composés de plusieurs communes, l'ordre dans lequel elles sont appelées pour le tirage est chaque fois indiqué par le sort.

Art. 17. — Le sous-préfet inscrit en tête de la liste du tirage :

1° Le nom des jeunes gens qui se trouvent dans l'un des cas prévus par l'article 69 de la présente loi ;

2° Le nom de ceux qui se trouvent dans les cas prévus par l'article 15.

Les premiers numéros leur sont attribués de droit.

Ces numéros sont, en conséquence, extraits de l'urne avant l'opération du tirage.

Avant de commencer les opérations du tirage, le sous-préfet compte publiquement les numéros et les dépose dans l'urne après s'être assuré que leur nombre est égal à celui des jeunes gens appelés à y prendre part ; il en fait la déclaration à haute voix.

Aussitôt après, chacun des jeunes gens, appelé dans l'ordre du tableau, prend dans l'urne un numéro qui est immédiatement proclamé. Pour les absents, le numéro est tiré par les parents ou, à défaut, par le maire de la commune.

L'opération du tirage continue sans interruption jusqu'à ce que le dernier numéro soit extrait de l'urne. Elle ne peut être recommencée dans aucun cas.

Les jeunes gens qui ne se trouveraient pas pourvus de numéros seront inscrits à la suite avec des numéros supplémentaires et tireront entre eux pour déterminer l'ordre suivant lequel ils seront inscrits.

La liste de tirage est dressée à mesure que les numéros sont proclamés.

Elle est lue à haute voix, puis arrêtée et signée de la même manière que le tableau de recensement et annexée avec le dit tableau au procès-verbal des opérations. Elle est publiée et affichée dans chaque commune du canton.

Chapitre II

Première section

Du conseil de révision cantonal. — Des exemptions, des dispenses et des ajournements. — Des listes de recrutement cantonal.

Art. 18.— Les opérations du recrutement sont revues, les réclamations auxquelles ces opérations peuvent donner lieu sont entendues, les causes d'exemption et de dispense prévues par les articles 20, 21, 22, 23 et 50 de la présente loi sont jugées en séance publique par un conseil de révision, composé :

Du préfet, président ; à son défaut, du secrétaire général et, exceptionnellement, du vice-président du conseil de préfecture ou d'un conseiller de préfecture délégué par le préfet.

D'un conseiller de préfecture désigné par le préfet.

D'un membre du conseil général du département autre que le représentant élu dans le canton où la révision a lieu, désigné par la commission départementale, conformément à l'article 82 de la loi du 10 août 1871.

D'un membre du conseil d'arrondissement, autre que le représentant élu dans le canton où la révision a lieu, désigné comme ci-dessus, et, dans le territoire de Belfort, d'un deuxième membre du conseil général.

D'un officier général ou supérieur désigné par l'autorité militaire.

Un sous-intendant militaire, le commandant de recrutement, un médecin militaire ou, à défaut, un médecin civil désigné par l'autorité militaire, assistent aux opérations du conseil de révision. Le conseil ne peut statuer qu'après avoir entendu l'avis du médecin.

Cet avis est consigné dans une colonne spéciale, en face de chaque nom, sur les tableaux de recensement.

Le sous-intendant militaire est entendu dans l'intérêt de la loi toutes les fois qu'il le demande et peut faire consigner ses observations au procès-verbal de la séance.

Le sous-préfet de l'arrondissement et les maires des communes auxquelles appartiennent les jeunes gens appelés devant le conseil de révision assistent aux séances. Ils ont le droit de présenter des observations.

En cas d'empêchement des membres du conseil général ou du conseil d'arrondissement, le préfet les fait suppléer d'office par des membres appartenant à la même assemblée que l'absent : ces membres, désignés d'office, ne peuvent être les représentants élus du canton où la révision a lieu.

Si, par suite d'une absence, le conseil de révision est réduit à quatre membres, il peut néanmoins délibérer lorsque le président, l'officier général ou supérieur et deux membres civils restent présents ; la voix du président n'est pas prépondérante. La décision ne peut être prise qu'à la majorité de trois voix. En cas de partage, elle est ajournée.

Dans les colonies, les attributions du préfet, des conseillers de préfecture et des conseillers d'arrondissement sont dévolues aux directeurs de l'intérieur, aux conseillers privés et aux conseillers généraux. Dans les colonies où il n'existe ni conseil privé, ni conseils généraux, des décrets règleront la composition des conseils de révision.

Art. 19. — Le conseil de révision se transporte dans les divers cantons. Toutefois, le préfet peut exceptionnellement, réunir plusieurs cantons et faire exécuter les opérations dans un même lieu.

Les jeunes gens portés sur les tableaux de recensement, ainsi que ceux des classes précédentes qui ont été ajournés, conformément à l'article 27 ci-après, sont convoqués, examinés et entendus par le conseil de révision au lieu désigné. Ils peuvent faire connaître l'arme dans laquelle ils désirent être placés.

S'ils ne se rendent pas à la convocation, s'ils ne s'y font pas représenter, ou s'ils n'ont pas obtenu un délai, il est procédé comme s'ils étaient présents.

Art. 20. — Sont exemptés par le conseil de révision, siégeant au chef-lieu de canton, les jeunes gens que leurs infirmités rendent impropres à tout service actif ou auxiliaire.

Il leur est délivré, pour justifier de leur situation, un certificat qu'ils sont tenus de représenter à toute réquisition des autorités militaire, judiciaire ou civile.

Art. 21. — En temps de paix, après un an de présence sous les drapeaux, sont envoyés en congé dans leur foyers, sur leur demande, jusqu'à la date de leur passage dans la réserve :

1° L'aîné d'orphelins de père et de mère, ou l'aîné d'orphelins de mère dont le père est légalement déclaré absent ou interdit ;

2° Le fils unique ou l'aîné des fils, ou, à défaut de fils ou de gendre, le petit-fils unique ou l'aîné des petits-fils d'une femme actuellement veuve ou d'une femme dont le mari a été légalement déclaré absent ou interdit, ou d'un père aveugle ou entré dans sa 70e année ;

3° Le fils unique ou l'aîné des fils d'une famille de sept enfants au moins.

Dans les cas prévus par les trois paragraphes précédents, le frère puîné jouira de la dispense si le frère aîné est aveugle ou atteint de toute autre infirmité incurable qui le rende impotent ;

4° Le plus âgé des deux frères inscrits la même année, sur les listes de recrutement cantonal ;

5° Celui dont un frère sera présent sous les drapeaux, au moment de l'appel de la classe, soit comme officier, soit comme appelé ou engagé volontaire pour trois ans au moins, soit comme rengagé, breveté ou commissionné après avoir accompli cette durée de service, soit enfin comme inscrit maritime levé d'office, levé sur sa demande, maintenu ou réadmis au service, qu'elle que soit la classe de recrutement à laquelle il appartient.

Ces dispositions sont applicables aux frères des officiers mariniers des équipages de la flotte appartenant à l'inscription maritime et servant en qualité d'officiers mariniers du cadre de la maistrance ;

6° Celui dont le frère sera mort en activité de service ou aura été réformé ou admis à la retraite pour blessures recues dans un service commandé ou pour infirmités contractées dans les armées de terre ou de mer.

La dispense accordée conformément aux paragraphes 5 et 6 ci-dessus ne sera appliquée qu'à un seul frère pour un même cas, mais elle se répétera dans la même famille autant de fois que les mêmes droits s'y reproduiront.

Les demandes, accompagnées de documents authentiques justifiant de la situation des intéressés, sont adressées avant le tirage au sort au maire de la commune où les jeunes gens sont domiciliés. Il leur en sera donné récépissé.

L'appelé ou l'engagé qui, postérieurement, soit à la décision du conseil de révision, soit à son incorporation, entre dans l'une des catégories prévues ci-dessus, est, sur sa demande, et dès qu'il compte un an de présence au corps, envoyé en congé dans ses foyers jusqu'à la date de son passage dans la réserve.

Le jeune homme omis, qui ne s'est pas présenté ou fait représenter par ses ayants cause devant le conseil de révision, ne peut être admis au bénifice des dispenses indiquées par le présent article, si les motifs de ces dispenses ne sont survenus que postérieurement à la décision de ce conseil.

Le présent article n'est applicable qu'aux enfants légitimes. Les enfants naturels reconnus par le père ou par la mère ne pourront jouir que de la dispense organisée par l'article suivant et dans les conditions prévues par cet article.

Art. 22. — En temps de paix, après un an de présence sous les drapeaux, peuvent être envoyés en congé dans leurs foyers sur leur demande, jusqu'à la date de leur passage dans la réserve les jeunes gens qui remplissent effectivement les devoirs de soutiens indispensables de famille.

Les demandes sont adressées, avant le tirage au sort, au maire de la commune où les jeunes gens sont domiciliés. Il en sera donné récépissé. Elles doivent comprendre à l'appui :

1° Un relevé des contributions payées par la famille et certifié par le percepteur ;

2° Un avis motivé de trois pères de famille résidant dans la commune et ayant un fils sous les drapeaux ou, à défaut, dans la réserve de l'armée active, et jouissant de leurs droits civils et politiques.

La liste de ces jeunes gens est présentée par le maire au conseil de révision, avec l'avis motivé du conseil municipal.

Le nombre des jeunes gens dispensés par le conseil départemental de révision, à titre de soutiens indispensables de famille, ne peut dépasser 5 0/0 du contingent à incorporer pour trois ans.

Toutefois, le Ministre de la Guerre peut autoriser les chefs de corps à délivrer, en plus du chiffre fixé ci-dessus, des congés à titre de soutiens indispensables de famille aux militaires comptant un an et deux ans de présence sous les drapeaux.

Le nombre des congés accordés en vertu du paragraphe précédent ne pourra pas dépasser 1 0/0 après la première année et 1 0/0 après la seconde.

Il sera calculé d'après l'effectif des hommes de la classe appartenant au corps.

Les intéressés devront produire les justifications mentionnées ci-dessus.

Tous les ans, le maire de chaque commune présente au conseil de révision, siégeant au chef-lieu de canton, une délibération du conseil municipal faisant connaître la situation des jeunes gens qui ont été renvoyés dans leurs foyers comme soutiens de famille. Il est tenu de signaler au conseil de révision les plaintes des personnes dans l'intérêt desquelles l'envoi en congé a eu lieu en vertu du présent article et de l'article précédent.

Le conseil départemental de révision décide s'il y a lieu ou non de maintenir ces dispenses. Les jeunes gens dont le maintien en congé n'est pas admis sont soumis à toutes les obligations de la classe à laquelle ils appartiennent.

Art. 23. — En temps de paix, après un an de présence sous les drapeaux, sont envoyés en congé dans leurs foyers, sur leur demande, jusqu'à la date de leur passage dans la réserve :

1° Les jeunes gens qui contractent l'engagement de servir pendant dix ans dans les fonctions de l'instruction publique, dans les institutions nationales des sourds-muets ou des jeunes aveugles, dépendant du ministère de l'Intérieur, et y rempliront effectivement un emploi de professeur, de maître répétiteur ou d'instituteur ;

Les instituteurs laïques ainsi que les novices et membres des congrégations religieuses vouées à l'enseignement et reconnues d'utilité publique qui prennent l'engagement de servir pendant dix ans dans les écoles françaises d'Orient et d'Afrique subventionnées par le Gouvernement français ;

2° Les jeunes gens qui ont obtenu ou qui poursuivent leurs études en vue d'obtenir :

Soit le diplôme de licencié ès-lettres, ès-sciences, de docteur en droit, de docteur en médecine, de pharmacien de 1re classe, de vétérinaire, ou le titre d'interne des hôpitaux nommé au concours dans une ville où il existe une faculté de médecine ; soit le diplôme délivré par l'Ecole des chartes, l'Ecole des langues orientale vivantes et l'Ecole d'administration de la marine ;

Soit le diplôme supérieur délivré aux élèves externes par l'Ecole des ponts et chaussées, l'Ecole supérieure des mines, l'Ecole du génie maritime ; soit le diplôme supérieur délivré par l'Institut national agronomique, l'Ecole des haras du Pin aux élèves internes; les Ecoles nationales d'agriculture de Grandjouan, de Grignon et de Montpellier ; l'Ecole des mines de Saint-Etienne, les Ecoles des maîtres ouvriers mineurs d'Alais et de Douai, les Ecoles nationales des arts et métiers d'Aix, d'Angers et de Châlons, l'Ecole des hautes études commerciales et les écoles supérieures de commerce reconnues par l'Etat ;

Soit l'un des prix de Rome, soit un prix ou médaille d'Etat dans les concours annuels de l'Ecole nationale des beaux-arts, du Conservatoire de musique et de l'Ecole nationale des arts décoratifs ;

3° Les jeunes gens exerçant les industries d'art qui sont désignés par un jury d'Etat départemental formé d'ouvriers et de patrons. Le nombre de ces jeunes gens ne pourra en aucun cas dépasser 1/2 % du contingent à incorporer pour trois ans ;

4° Les jeunes gens admis, à titre d'élèves ecclésiastiques, à continuer leurs études en vue d'exercer le ministère dans l'un des cultes reconnus par l'Etat.

En cas de mobilisation, les étudiants en médecine et en pharmacie et les élèves ecclésiastiques sont versés dans le service de santé.

Tous les jeunes gens énumérés ci-dessus seront appelés pendant quatre semaines dans le cours de l'année qui précédera leur passage dans la réserve de l'armée active. Ils suivront ensuite le sort de la classe à laquelle ils appartiennent.

Des règlements d'administration publique détermineront : les conditions dans lesquelles sera contracté l'engagement décennal visé au paragraphe 1°, les justifications à produire par les jeunes gens visés aux paragraphes 2° et 4°, soit au moment de leur demande, soit chaque année pendant la durée de leurs études ; la nomenclature des industries d'art qui donneront lieu à la dispense prévue au paragraphe 3°, le mode de répartition de ces dispenses entre les départements, le mode de constitution du jury d'Etat pour les ouvriers d'art, ainsi que les justifications annuelles d'aptitude, de travail et d'exercice régulier de leur profession, que les jeunes gens dispensés sur la proposition du jury devront fournir jusqu'à l'âge de 26 ans.

Les mêmes règlements fixeront le nombre des diplômes supérieurs à délivrer annuellement, en vue de la dispense du service militaire par chacune des écoles énumérées au troisième alinéa du paragraphe 2, et définiront ceux de ces diplômes qui ne sont pas définis par la loi ; ils fixeront également le nombre des prix et des médailles visés au quatrième alinéa du même paragraphe.

Art. 24. — Les jeunes gens visés au paragraphe 1° de l'article précédent qui, dans l'année qui suivra leur année de service, n'auraient pas obtenu un emploi de professeur, de maître répétiteur ou d'instituteur, ou qui cesseraient de le remplir avant l'expiration du délai fixé ;

Ceux qui n'auraient pas obtenu avant l'âge de 26 ans les diplômes ou les prix spécifiés aux alinéas du paragraphe 2° ;

Les jeunes gens visés au paragraphe 3° qui ne fourniraient pas les justifications professionnelles prescrites ;

Les élèves ecclésiastiques mentionnés au paragraphe 4°, qui, à l'âge de 26 ans, ne seraient pas pourvus d'un emploi de ministre de l'un des cultes reconnus par l'Etat ;

Les jeunes gens visés par les articles 21, 22 et 23 qui n'auraient pas satisfait, dans le cours de leur année de service, aux conditions de conduite et d'instruction militaire déterminées par le Ministre de la Guerre ;

Ceux qui ne poursuivraient pas régulièrement les études en vue desquelles la dispense a été accordée,

Seront tenus d'accomplir les deux années de service dont ils avaient été dispensés.

Art. 25. — Quand les causes de dispenses prévues aux articles 21, 22 et 23 viennent à cesser, les jeunes gens qui avaient obtenu ces dispenses sont soumis à toutes les obligations de la classe à laquelle ils appartiennent.

Ils peuvent se marier sans autorisation.

Art. 26. — La liste des jeunes gens de chaque département, dispensés en vertu des articles 21, 22, 23 et 50, sera publiée au *Bulletin administratif*, et les noms des dispensés de chaque commune seront affichés dans leur commune à la porte de la mairie.

En cas de guerre, ils sont appelés et marchent avec les hommes de leur classe.

Les dispositions de l'article 55 ci-après leur sont applicables.

Art. 27. — Peuvent être ajournés deux années de suite à un nouvel examen du conseil de révision, les jeunes gens qui n'ont pas la taille réglementaire d'un mètre cinquante-quatre centimètres ou qui sont reconnus d'une complexion trop faible pour un service armé.

Les jeunes gens ajournés reçoivent, pour justifier de leur situation, un certificat qu'ils sont tenus de représenter à toute réquisition des autorités militaire, judiciaire ou civile.

A moins d'une autorisation spéciale, ils sont astreints à comparaître à nouveau devant le conseil de révision du canton devant lequel ils ont comparu.

Ceux qui, après l'examen définitif, sont reconnus propres au service armé ou auxiliaire sont soumis, selon la catégorie dans laquelle ils sont placés, aux obligations de la classe à laquelle ils appartiennent.

Ils peuvent faire valoir les motifs de dispense énoncés aux articles 21, 22 et 23.

Les droits à la dispense prévus au paragraphe numéroté 5° de l'article 21, qui existaient au moment de l'ajournement, peuvent être valablement invoqués l'année suivante, lors même que pendant l'ajournement le frère du réclamant aurait cessé d'être présent sous les drapeaux.

Art. 28. — Les jeunes gens reçus à l'Ecole polytechnique, à l'Ecole forestière ou à l'Ecole centrale des arts et manufactures, qui sont reconnus propres au service militaire, n'y sont définitivement admis qu'à la condition de contracter un engagement volontaire de trois ans pour les deux premières Ecoles et de quatre ans pour l'Ecole centrale..

Ils sont considérés comme présents sous les drapeaux dans l'armée active pendant tout le temps passé par eux dans lesdites écoles. Ils reçoivent, dans ces écoles, l'instruction militaire complète et sont à la disposition du Ministre de la Guerre.

S'ils ne peuvent satisfaire aux examens de sortie ou s'ils sont renvoyés pour inconduite, ils sont incorporés dans un corps de troupe pour y terminer le temps de service qui leur reste à faire.

Les élèves de l'Ecole polytechnique admis dans l'un des services civils recrutés à l'Ecole, ou quittant l'Ecole, après avoir satisfait aux examens de sortie, sans entrer dans aucun de ces services, et les élèves de l'Ecole forestière admis dans l'administration des forêts, sont nommés sous-lieutenants de réserve et accomplissent en cette qualité, dans un corps de troupe, leur troisième année de service

Ceux qui viendraient à quitter le service civil dans lequel ils ont été admis n'en resteront pas moins soumis aux obligations indiquées par le paragraphe précédent.

Ceux qui donneraient leur démission d'officier de réserve avant l'accomplissement de leur troisième année de service n'en resteront pas moins soumis à toutes les conséquences de l'engagement volontaire de trois ans contracté par eux lors de leur entrée à l'Ecole.

Les élèves de l'Ecole centrale des arts et manufactures quittant l'Ecole après avoir satisfait aux examens de sortie accomplissent une année de service dans un corps de troupe. A la fin de cette année de service, ils peuvent être nommés sous-lieutenants de réserve.

Les conditions d'aptitude physique pour l'entrée à ces écoles, des jeunes gens qui, au moment de leur admission, ne sont pas aptes au service militaire, sont fixées par un règlement d'administration publique.

Art. 29. — Les élèves du service de santé militaire et les élèves militaires des écoles vétérinaires contractent, en entrant à l'école, l'engagement de servir dans l'armée active pendant six ans au moins, à dater de leur nomination au grade de médecin aide-major de 2e classe ou d'aide-vétérinaire.

Ceux qui n'obtiendraient pas le grade d'aide-major ou d'aide-vétérinaire, ou qui ne réaliseraient pas l'engagement sexennal, sont incorporés dans un corps de troupe pour trois ans, sans déduction aucune du temps écoulé depuis leur entrée à l'école.

Ces dispositions sont également applicables aux élèves de l'Ecole de médecine navale.

Art. 30. — Sont considérés comme ayant satisfait à l'appel de leur classe :

1° Les jeunes gens liés au service dans les armées de terre ou de mer en vertu d'un brevet ou d'une commission ;

2° Les jeunes marins portés sur les registres matricules de l'inscription maritime, conformément aux règles prescrites par les articles 1, 2, 3, 4 et 5 de la loi du 25 octobre 1795 (3 brumaire an IV).

Les premiers, s'ils cessent leur service, et les seconds, s'ils se font rayer de l'inscription maritime, sont tenus d'en faire la déclaration au maire de leur commune dans les deux mois, de retirer une expédition de leur déclaration et de la soumettre au préfet du département, sous les peines portées par l'article 76 ci-après.

Les uns et les autres accomplissent dans l'armée active le service prescrit par la présente loi, puis ils suivent le sort de la classe à laquelle ils appartiennent.

Toutefois, le temps déjà passé par eux au service de l'Etat est déduit du nombre d'années pendant lesquelles tout Français fait partie de l'armée active.

Art. 31. — Lorsque les jeunes gens portés sur les tableaux de recensement ont fait des déclarations dont l'admission ou le rejet dépend de la décision à intervenir sur des questions judiciaires relatives à leur état ou à leurs droits civils, le conseil de révision ajourne sa décision ou ne prend qu'une décision conditionnelle.

Les questions sont jugées contradictoirement avec le préfet, à la requête de la partie la plus diligente. Le tribunal civil du lieu du domicile statue sans délai, le ministère public entendu.

Le délai de l'appel et du recours en cassation est de quinze jours francs à partir de la signification de la décision attaquée.

Le recours est, ainsi que l'appel, dispensé de la consignation d'amende.

L'affaire est portée directement devant la chambre civile.

Les actes faits en exécution du présent article sont visés pour timbre et enregistrés gratis.

Les paragraphes 2, 3, 4, 5 et 6 du présent article sont applicables au cas prévu par l'article 6.

Art. 32. — Hors les cas prévus par les articles 6 et 31, les décisions du conseil de révision sont définitives. Elles peuvent, néanmoins, être attaquées devant le conseil d'Etat pour incompétence, excès de pouvoir ou violation de la loi.

Les recours au conseil d'Etat n'aura pas d'effet suspensif et il ne pourra en être autrement ordonné.

L'annulation prononcée sur le recours du Ministre de la Guerre profite aux parties lésées.

Art. 33. — Après que le conseil de révision a statué sur les cas d'exemption, ainsi que sur toutes les réclamations auxquelles les opérations peuvent donner lieu, la liste de recrutement cantonal de la classe est définitivement arrêtée et signée par le conseil de révision.

Cette liste, divisée en sept parties, comprend, par ordre de numéros de tirage :

1° Tous les jeunes gens déclarés propres au service militaire et qui ne doivent pas être classés dans les catégories suivantes ;

2° Les jeunes gens dispensés en vertu de l'article 21 ;

3° Les jeunes gens dispensés en vertu des articles 23 et 50 ;

4° Les jeunes gens liés au service en vertu d'un engagement volontaire, d'un brevet ou d'une commission, ou les jeunes marins inscrits ;

5° Les jeunes gens qui sont ajournés conformément à l'article 27 ci-dessus ;

6° Les jeunes gens qui ont été classés dans les services auxiliaires de l'armée ;

7° Les jeunes gens exclus en vertu des dispositions de l'article 4.

Deuxième section

Du conseil de révision départemental. — De la taxe militaire

Art. 34. — Quand les listes de recrutement de tous les cantons du département ont été arrêtées, le conseil de révision, composé ainsi qu'il est dit à l'article 18 ci-dessus, mais auquel seront adjoints deux autres membres du conseil général, se réunit au chef-lieu du département et prononce, en séance publique, sur les demandes de dispenses à titre de soutiens de famille, stipulées à l'article 22.

Les trois conseillers généraux et le conseiller d'arrondissement sont spécialement désignés à cet effet par la commission départementale.

Les ajournés de l'année précédente concourent entre eux dans les mêmes conditions.

Art. 35. § 1er. — A partir du 1er janvier qui suivra la mise en vigueur de la présente loi, seront assujettis au payement d'une taxe militaire annuelle ceux qui, par suite d'exemption, d'ajournement, de classement dans les services auxiliaires ou dans la seconde partie du contingent, de dispense, ou pour tout autre motif, bénéficieront de l'exonération du service dans l'armée active.

§ 2. — Sont seuls dispensés de cette taxe :

1° Les hommes réformés ou admis à la retraite pour blessures reçues dans un service commandé ou pour infirmités contractées dans les armées de terre ou de mer ;

2° Les contribuables se trouvant dans un état d'indigence notoire.

§ 3. — La taxe militaire se compose de : 1° une taxe fixe de six francs (6 fr.) ; 2° une taxe proportionnelle égale au montant en principal de la cote personnelle et mobilière de l'assujetti.

Si cet assujetti a encore ses ascendants du premier degré ou l'un d'eux, la cote est augmentée du quotient obtenu en divisant la cote personnelle et mobilière de celui de ces ascendants qui est le plus imposé à cette contribution, en principal, par le nombre des enfants vivants et des enfants représentés dudit ascendant.

Au cas de non-imposition des ascendants du premier degré, il sera procédé comme il vient d'être dit sur la cote des ascendants du second degré, en tenant compte des enfants de l'ascendant de chaque degré.

Il n'est plus tenu compte de la cote des ascendants lorsque l'assujetti a atteint l'âge de 30 ans révolus et qu'il a un domicile distinct de celui de ces ascendants.

Les cotisations imposables sont celles qui sont portées aux rôles de la commune du domicile des contribuables. Elles sont déterminées sans égard aux prélèvements qui peuvent servir à les acquitter sur les produits de l'octroi.

§ 4. — La taxe fixe et la taxe proportionnelle sont réduites à proportion du temps pendant lequel l'assujetti n'a pas bénéficié de l'exonération établie à son profit dans le service de l'armée active.

La taxe fixe n'est pas due par les hommes exemptés pour des infirmités entraînant l'incapacité absolue de travail.

§ 5. — La taxe est établie au 1er janvier pour l'année entière.

Elle cesse par trois ans de présence effective des assujettis sous les drapeaux ou par leur inscription sur les registres matricules de l'inscription maritime.

Elle cesse également à partir du 1er janvier qui suit le passage de la classe de l'assujetti dans la réserve de l'armée territoriale.

Tout mois commencé est exigible en entier.

§ 6. — La taxe militaire est due par l'assujetti.

A défaut de payement constaté par une sommation restée sans effet, elle est payée en son acquit par celui de ses ascendants dont la cotisation a été prise pour élément du calcul de la taxe conformément au paragraphe 3 du présent article. Les ascendants ne sont plus responsables quand la taxe cesse d'être calculée sur leur cote, conformément au paragraphe 3 ci-dessus.

La taxe est exigible dans la commune où le redevable a son domicile à la date du 1er janvier.

Elle est recouvrée et les demandes en remise ou en décharge sont instruites et jugées comme en matière de contributions directes.

En cas de retard de payement de trois douzièmes consécutifs constaté par un commandement resté sans effet, il sera dû une taxe double pour les douzièmes échus et non payés.

§ 7. — Il est ajouté au montant de la taxe :

1° Cinq centimes par franc pour couvrir les décharges ou remises ainsi que les frais d'assiette et de confection des rôles. En cas d'insuffisance, il est pourvu au déficit par un prélèvement sur le montant de la taxe ;

2° Trois centimes par franc pour frais de perception.

§ 8. — Un règlement d'administration publique déterminera les mesures nécessaires pour l'exécution du présent article, qui n'aura pas d'effet rétroactif.

CHAPITRE III

Du registre matricule

Ar. 36. — Il est tenu par subdivision de région un registre matricule sur lequel sont portés tous les jeunes gens inscrits sur les listes de recrutement cantonal.

Ce registre mentionne l'incorporation de chaque homme inscrit ou la position dans laquelle il est laissé et successivement, tous les changements qui peuvent survenir dans sa situation jusqu'à sa libération définitive.

Tout homme inscrit sur le registre matricule reçoit un livret individuel qu'il est tenu de représenter à toute réquisition des autorités militaire, judiciaire ou civile.

En cas d'appel à l'activité ou de convocation pour des manœuvres, exercices ou revues, la représentation du livret individuel doit avoir lieu dans les vingt-quatre heures de la réquisition.

En tout autre cas, le délai est de huit jours.

TITRE III

Du service militaire

CHAPITRE PREMIER

Bases du service

Art. 37. — Tout Français reconnu propre au service militaire fait partie successivement :

De l'armée active pendant trois ans ;

De la réserve de l'armée active pendant sept ans ;

De l'armée territoriale pendant six ans ;

De la réserve de l'armée territoriale pendant neuf ans.

Art. 38. — Le service militaire est réglé par classe.

L'armée active comprend, indépendamment des hommes qui ne proviennent pas des appels, tous les jeunes gens déclarés propres au service militaire et faisant partie des trois dernières classes appelées.

La réserve de l'armée active comprend tous les hommes qui ont accompli le temps de service prescrit pour l'armée active.

L'armée territoriale comprend tous les hommes qui ont accompli depuis moins de six ans le temps de service prescrit pour l'armée active et sa réserve.

La réserve de l'armée territoriale comprend les hommes qui

ont accompli le temps de service prescrit pour cette dernière armée.

Art. 39. — Chaque année, après l'achèvement des opérations de recrutement, le Ministre de la Guerre fixe sur la liste du tirage au sort de chaque canton et proportionnellement, en commençant par les numéros les plus élevés, le nombre d'hommes qui seront envoyés dans leurs foyers en disponibilité après leur première année de service. Ces jeunes soldats resteront néanmoins à la disposition du Ministre qui pourra les conserver sous les drapeaux ou les rappeler si leur conduite et leur instruction laissent à désirer, ou si l'effectif budgétaire le permet.

Art. 40. — La durée du service compte du 1er novembre de l'année de l'inscription sur les tableaux de recensement et l'incorporation du contingent doit avoir lieu, au plus tard, le 16 novembre de la même année.

En temps de paix, chaque année, au 31 octobre, les militaires qui ont accompli le temps de service prescrit :

1° Soit dans l'armée active ;

2° Soit dans la réserve de l'armée active ;

3° Soit dans l'armée territoriale ;

4° Soit dans la réserve de l'armée territoriale,

Sont envoyés respectivement :

1° Dans la réserve de l'armée active ;

2° Dans l'armée territoriale ;

3° Dans la réserve de l'armée territoriale ;

4° Dans leurs foyers, comme libérés à titre définitif.

Mention de ces divers passages et de la libération est faite sur le livret individuel.

Après les grandes manœuvres, la totalité de la classe dont le service actif expire le 31 octobre suivant peut être renvoyée dans ses foyers en attendant son passage dans la réserve.

Dans le cas où les circonstances paraîtraient l'exiger, le Ministre de la Guerre et le Ministre de la Marine sont autorisés à conserver provisoirement sous les drapeaux la classe qui a terminé sa troisième année de service.

Notification de cette décision sera faite aux Chambres dans le plus bref délai possible.

En temps de guerre, les passages et la libération n'ont lieu qu'après l'arrivée de la classe destinée à remplacer celle à laquelle les militaires appartiennent. Cette disposition est exceptionnellement applicable, dès le temps de paix, aux hommes servant aux colonies.

Les militaires faisant partie de corps mobilisés peuvent y être maintenus jusqu'à la cessation des hostilités, quelle que soit la classe à laquelle ils appartiennent.

En temps de guerre, le Ministre peut appeler par anticipation la classe qui ne serait appelée que le 1er novembre suivant.

Art. 41. — Ne compte pas, pour les années de service exigées par la présente loi dans l'armée active, la réserve de l'armée active et l'armée territoriale, le temps pendant lequel un militaire dans l'armée active, un réserviste ou un homme de l'armée territoriale, a subi la peine de l'emprisonnement en vertu d'un jugement, si cette peine a eu pour effet de l'empêcher d'accomplir, au moment fixé, tout ou partie des obligations d'activité qui lui sont imposées par la présente loi ou par les engagements qu'il a souscrits.

Ces individus seront tenus de remplir leurs obligations d'activité, soit à l'expiration de leur peine s'ils appartiennent à l'armée active, soit au moment de l'appel qui suit leur élargissement s'ils font partie de la réserve de l'armée active ou de l'armée territoriale.

Toutefois, quelles que soient les déductions de service opérées, les hommes qui en sont l'objet sont rayés des contrôles en même temps que la classe à laquelle ils appartiennent.

Chapitre II

Du service dans l'armée active

Art. 42. — Le contingent à incorporer est formé par les jeunes gens inscrits dans la première partie des listes de recrutement cantonal.

Il est mis, à dater du 1er novembre, à la disposition du Ministre de la Guerre, qui en arrête la répartition.

Art. 43. — Sont affectés à l'armée de mer :

1° Les hommes fournis par l'inscription maritime ;

2° Les hommes qui on été admis à s'engager ou à contracter un rengagement dans les équipages de la flotte suivant les conditions spéciales déterminées aux articles 59 et 63 ci-après;

3° Les jeunes gens qui, au moment des opérations du conseil de révision, auront demandé à entrer dans les équipages de la flotte et auront été reconnus aptes à ce service ;

4° A défaut d'un nombre suffisant d'hommes compris dans les trois catégories précédentes, les hommes du contingent auxquels les numéros les moins élevés ont été attribués en vertu de l'article 17 de la présente loi, ou sont échus par l'effet du tirage au sort.

Art. 44. — Sont affectés aux troupes coloniales :

1° Les contingents coloniaux provenant des colonies autres que la Guadeloupe, la Martinique, la Guyane et la Réunion ;

2° Les hommes qui ont été admis à s'engager ou à contracter un rengagement dans lesdites troupes suivant les conditions spéciales déterminées aux articles 59 et 63 ci-après :

3° Les jeunes gens qui, au moment des opérations du conseil de révision, auront demandé à entrer dans les troupes coloniales et auront été reconnus propres à ce service ;

4° A défaut d'un nombre suffisant d'hommes compris dans les catégories précédentes, les jeunes gens dont les numéros suivent immédiatement ceux des hommes affectés à l'armée de mer.

La proportion d'hommes à fournir par chaque canton sera calculée sur l'ensemble des jeunes gens reconnus propres au service.

Les dispositions des articles 43 et 44 ne sont pas applicables aux jeunes gens dispensés en vertu des articles 21, 22 et 23.

Art. 45. — La durée du service actif ne pourra pas être interrompue par des congés, sauf le cas de maladie ou de convalescence, ou en exécution des articles 21, 22 et 23 de la présente loi.

Art. 46. — Le nombre d'hommes entretenus sous les drapeaux est, en cas d'excédent, ramené à l'effectif déterminé par les lois au moyen du renvoi dans leurs foyers, après une année de service, des hommes dont les numéros de tirage précèdent immédiatement ceux qui ont été déjà désignés pour la disponibilité aux termes de l'article 39.

Art. 47. — Les militaires qui, pendant la durée de leur service, auront subi des punitions de prison ou de cellule, seront maintenus au corps après le départ des hommes de leur classe, pendant un nombre de jours égal au nombre de journées de prison ou de cellule qu'ils auront subies.

Cette disposition ne sera pas applicable aux militaires qui, au moment du départ des hommes de leur classe, seront en possession du grade de sous-officier ou de celui de caporal ou brigadier.

Si le total de ces journées de prison ou de cellule dépasse soixante, la durée du maintien au corps sera fixée par le conseil de discipline statuant en dernier ressort; elle ne pourra être inférieure à trois mois ni supérieure à un an.

Chapitre III

Du service dans les réserves

Art. 48. — Les hommes envoyés dans la réserve de l'armée active, dans l'armée territoriale et dans la réserve de ladite armée sont affectés aux divers corps de troupe et services de l'armée active ou de l'armée territoriale.

Ils sont tenus de rejoindre leurs corps en cas de mobilisation, de rappel de leur classe ordonné par décret ou de convocation pour des manœuvres ou exercices.

A l'étranger, les ordres de mobilisation, de rappel ou de convocation sont transmis par les soins des agents consulaires de France.

Le rappel de la réserve de l'armée active peut être fait d'une manière distincte et indépendante pour l'armée de terre, pour l'armée de mer ou pour les troupes coloniales; il peut être fait pour un, plusieurs ou tous les corps d'armée, et, s'il y a lieu, distinctement par arme. Dans tous les cas, il a lieu par classe, en commençant par la moins ancienne.

Les mêmes dispositions sont applicables à l'armée territoriale.

La réserve de l'armée territoriale n'est rappelée à l'activité qu'en cas de guerre et à défaut de ressources suffisantes fournies par l'armée territoriale. Le rappel se fait par classe, ou par fraction de classe, en commençant par la moins ancienne.

En cas de mobilisation, les militaires de la réserve domiciliés dans la région, et, en cas d'insuffisance, les militaires de la réserve domiciliés dans d'autres régions, complètent les effectifs des divers corps de troupe et des divers services qui entrent dans la composition de chaque corps d'armée.

Les corps de troupe et services qui n'entrent pas dans la composition des corps d'armée sont complétés avec des militaires de la réserve pris sur l'ensemble du territoire.

Mention du corps d'affectation est portée sur le livret individuel.

Les hommes désignés dans l'article 5 comme devant être incorporés dans les bataillons d'infanterie légère d'Afrique, et qui n'auront point été jugés dignes d'être envoyés dans d'autres corps au moment où ils passeront dans la réserve, seront, lors de leur passage dans la réserve, affectés à ces mêmes corps.

En temps de paix, ils accompliront leurs périodes d'exercices dans des compagnies spécialement désignées à cet effet.

Les dispositions des deux derniers paragraphes seront appliquées aux hommes qui, après avoir quitté l'armée active, ont encouru les condamnations spécifiées à l'article 5.

Art. 49. — Les hommes de la réserve de l'armée active sont assujettis, pendant leur temps de service dans ladite réserve, à prendre part à deux manœuvres, chacune d'une durée de quatre semaines.

Les hommes de l'armée territoriale sont assujettis à une période d'exercices dont la durée sera de deux semaines.

Peuvent être dispensés de ces manœuvres ou exercices comme soutiens indispensables de famille et s'ils en remplissent effectivement les devoirs, les hommes de la réserve et de l'armée territoriale qui en font la demande.

Le maire soumet les demandes au conseil municipal, qui opère comme il est prescrit à l'article 22 ci-dessus.

Les listes de demandes annotées sont envoyées par les maires aux généraux commandant les subdivisions, qui statuent.

Ces dispenses peuvent être accordées, par subdivision de région, jusqu'à concurrence de 6 0/0 du nombre des hommes appelés momentanément sous les drapeaux ; elles n'ont d'effet que pour la convocation en vue de laquelle elles sont délivrées.

Peuvent être dispensés de ces manœuvres ou exercices les fonctionnaires et agents désignés au tableau B de la présente loi.

Art. 50. — En temps de paix, les jeunes gens qui, avant l'âge de 19 ans révolus, ont établi leur résidence à l'étranger, hors d'Europe, et qui y occuperont une situation régulière, pourront, sur l'avis du consul de France, être dispensés du service militaire pendant la durée de leur séjour à l'étranger. Ils devront justifier de leur situation chaque année.

S'ils rentrent en France avant l'âge de 30 ans, ils devront accomplir le service actif prescrit par la présente loi, sans toutefois pouvoir être retenus sous les drapeaux au-delà de l'âge de 30 ans. Ils sont ensuite soumis à toutes les obligations de la classe à laquelle ils appartiennent.

S'ils rentrent après l'âge de 30 ans, ils ne seront soumis qu'aux obligations de leur classe.

Pendant la durée de leur établissement à l'étranger, ils ne pourront séjourner accidentellement en France plus de trois mois, et sous la réserve d'aviser le consul de leur absence.

Art. 51. — En cas de mobilisation, nul ne peut se prévaloir de la fonction ou de l'emploi qu'il occupe pour se soustraire aux obligations de la classe à laquelle il appartient.

Sont seuls autorisés à ne pas rejoindre immédiatement, dans le cas de convocation par voie d'affiches et de publications sur la voie publique, les titulaires des fonctions et emplois désignés aux tableaux A, B et C annexés à la présente loi, sous la condition qu'ils occupent ces fonctions ou emplois depuis six mois au moins.

Les fonctionnaires et agents portés au tableau A, qui ne relèvent pas déjà des Ministres de la Guerre où de la Marine, sont mis à la disposition de ces Ministres et attendent leurs ordres dans leur situation respective.

Les fonctionnaires et agents du tableau B, qui ne comptent plus dans la réserve de l'armée active, et les fonctionnaires et agents du tableau C, même appartenant à la réserve de l'armée active, ne rejoignent leurs corps que sur des ordres spéciaux.

Les hommes autorisés à ne pas rejoindre immédiatement sont, dès la publication de l'ordre de mobilisation, soumis à la juridiction des tribunaux militaires, par application de l'article 57 du Code de justice militaire.

Art. 52. — Sous les drapeaux, les hommes de la réserve et de l'armée territoriale sont soumis à toutes les obligations imposées aux militaires de l'armée active par les lois et règlements en vigueur.

Ils sont justiciables des tribunaux militaires, en temps de paix comme en temps de guerre :

1° En cas de mobilisation, à partir du jour de leur appel à l'activité jusqu'à celui où ils sont renvoyés dans leurs foyers ;

2° Hors le cas de mobilisation, lorsqu'ils sont convoqués pour des manœuvres, exercices ou revues, depuis l'instant de leur réunion en détachement pour rejoindre, ou de leur arrivée à destination s'ils rejoignent isolément, jusqu'au jour où ils sont renvoyés dans leurs foyers ;

3° Lorsqu'ils sont placés dans les hôpitaux militaires ou dans les salles des hôpitaux civils affectées aux militaires, et lorsqu'ils voyagent comme militaires sous la conduite de la force publique, qu'ils se trouvent détenus dans les établissements, prisons et pénitenciers militaires ou qu'ils subissent dans un corps de troupe une peine disciplinaire.

Toutefois, des circonstances atténuantes pourront être accordées, alors même que le Code de justice militaire n'en prévoit pas, aux hommes qui, n'ayant pas trois mois de présence sous les drapeaux, se trouveront dans l'une des positions indiquées aux paragraphes 2 et 3 ci-dessus.

Art. 53. — Lorsque les hommes de la réserve et de l'armée territoriale, même non présents sous les drapeaux, sont revêtus d'effets d'uniforme, ils doivent à tout supérieur hiérarchique en uniforme les marques extérieures de respect prescrites par les règlements militaires et sont considérés, sous tous les rapports, comme des militaires en congé.

Art. 54. — Le seul fait, pour les hommes inscrits sur le registre matricule prévu à l'article 36 ci-dessus, de se trouver revêtus d'effets d'uniforme dans un rassemblement tumultueux et contraire à l'ordre public, et d'y demeurer contrairement aux ordres des agents de l'autorité ou de la force publique, les rend passibles des peines édictées à l'article 225 du Code de justice militaire.

Art. 55. — Tout homme inscrit sur le registre matricule est astreint, s'il se déplace, aux obligations suivantes :

1° S'il se déplace pour changer de domicile ou de résidence, il fait viser, dans le délai d'un mois, son livret individuel par la gendarmerie dont revèle la localité où il transporte son domicile ou sa résidence ;

2° S'il se déplace pour voyager pendant plus d'un mois, il fait viser son livret avant son départ, par la gendarmerie de sa résidence habituelle ;

3° S'il va se fixer en pays étranger, il fait de même viser son livret avant son départ et doit, en outre, dès son arrivée, prévenir l'agent consulaire de France, qui lui donne récépissé de sa déclaration et en envoie copie dans les huit jours au Ministre de la Guerre.

A l'étranger, s'il se déplace pour changer de résidence, il en prévient, au départ et à l'arrivée, l'agent consulaire de France, qui en informe le Ministre de la Guerre.

Lorsqu'il rentre en France, il se conforme aux prescriptions du paragraphe 1er ci-dessus.

Art. 56. — Les hommes qui se sont conformés aux prescriptions de l'article précédent ont droit, en cas de mobilisation ou de rappel de leur classe, à des délais supplémentaires pour rejoindre, calculés d'après la distance à parcourir.

Ceux qui ne s'y sont pas conformés sont considérés comme n'ayant pas changé de domicile ou de résidence.

Art. 57. — Les hommes de la réserve de l'armée active, de l'armée territoriale ou de sa réserve, sont justiciables des tribunaux militaires, en temps de paix comme en temps de guerre, pour les crimes et délits prévus et punis par les articles du Code de justice militaire énumérés dans le tableau D annexé à la présente loi, lorsqu'après avoir été appelés sous les drapeaux ils ont été renvoyés dans leurs foyers.

L'application de ces articles est faite aux inculpés sous la réserve des dispositions spéciales indiquées audit tableau.

Toutefois, les hommes appartenant à l'armée territoriale ou à la réserve de cette armée ne sont plus justiciables des tribunaux militaires, en temps de paix, pour les crimes et délits prévus par les deux paragraphes précédents, lorsqu'ils ont été renvoyés dans leurs foyers depuis plus de six mois, à moins que, au moment où les faits incriminés ont été commis, les délinquants fussent revêtus d'effets d'uniforme.

Art. 58. — Les hommes de la disponibilité et de la réserve de l'armée active peuvent se marier sans autorisation. Ils restent soumis, néanmoins, à toutes les obligations de service imposées à leur classe.

Les réservistes qui sont pères de quatre enfants vivants passent de droit dans l'armée territoriale.

—

TITRE IV

Des engagements volontaires, des rengagements et des commissions

Chapitre Premier

Des engagements volontaires

Art. 59. — Tout Français ou naturalisé Français, comme il est dit aux articles 11 et 12 de la présente loi, ainsi que les jeunes gens qui doivent être inscrits sur les tableaux de recensement ou qui sont autorisés par les lois à servir dans l'armée française et les jeunes gens nés en pays étrangers d'un Français qui aurait perdu sa qualité de Français, peuvent être admis à contracter un engagement volontaire dans l'armée active, aux conditions suivantes :

L'engagé volontaire doit :

1° S'il entre dans l'armée de mer, avoir 16 ans accomplis, sans être tenu d'avoir la taille prescrite par la loi ;

S'il entre dans l'armée de terre, avoir 18 ans accomplis et au moins la taille réglementaire d'un mètre cinquante-quatre centimètres ;

2° N'être ni marié, ni veuf avec enfants ;

3° N'avoir jamais été condamné pour vol, escroquerie, abus de confiance, attentat aux mœurs et n'avoir subi aucune des peines prévues par l'article 5 de la présente loi, à moins qu'il ne veuille contracter son engagement pour un bataillon d'infanterie légère d'Afrique ;

4° Jouir de ses droits civils ;

5° Etre de bonnes vie et mœurs ;

6° S'il a moins de 20 ans, être pourvu du consentement de ses père, mère ou tuteur ; ce dernier doit être autorisé par une délibération du conseil de famille. Le consentement du directeur de l'Assistance publique dans le département de la Seine et du Préfet dans les autres départements est nécessaire et suffisant pour les moralement abandonnés.

L'engagé volontaire est tenu, pour justifier des conditions prescrites aux paragraphes 3, 4 et 5 ci-dessus, de produire un extrait de son casier judiciaire et un certificat délivré par le maire de son dernier domicile.

S'il ne compte pas au moins une année de séjour dans cette commune, il doit également produire un autre certificat du maire de la commune où il était antérieurement domicilié.

Le certificat doit contenir le signalement du jeune homme qui veut s'engager et mentionner la durée du temps pendant lequel il a été domicilié dans la commune.

La faculté de contracter l'engagement volontaire cesse dès que le jeune homme est inscrit par le conseil de révision sur la liste de recrutement cantonal. Toutefois, il peut devancer l'appel pour entrer dans la marine ou dans les troupes coloniales.

Les hommes exemptés ou classés dans les services auxiliaires peuvent, jusqu'à l'âge de 32 ans accomplis, être admis à contracter des engagements volontaires s'ils réunissent les conditions d'aptitude physique exigées.

Les conditions relatives, soit à l'aptitude physique et à l'admissibilité dans les différents corps de l'armée, soit aux époques de l'année où les engagements peuvent être contractés, sont déterminées par des décrets insérés au *Bulletin des lois*.

Il ne pourra être reçu d'engagements volontaires que pour la marine et les troupes coloniales, et pour les corps d'infanterie, de cavalerie, d'artillerie et du génie.

La durée de l'engagement volontaire est de trois, quatre ou cinq ans.

L'engagé volontaire admis, après concours, à l'Ecole normale supérieure, à l'Ecole centrale des arts et manufactures, ou à l'une des écoles spéciales visées à l'article 23, pourra bénéficier des dispositions dudit article, après un an de présence sous les drapeaux, à la condition que la demande ait été formulée au moment de l'engagement.

Le service militaire fixé par l'article 37 ci-dessus compte du jour de la signature de l'acte d'engagement.

Art. 60. — Les jeunes gens remplissant les conditions stipulées à l'article précédent peuvent être admis à contracter, dans les troupes coloniales, des engagements volontaires d'une durée de cinq ans, donnant droit, pendant les deux dernières années, à une prime dont le montant sera fixé par décret.

Cette disposition est applicable aux jeunes gens du contingent qui, affectés aux équipages de la flotte ou aux troupes coloniales, contractent l'engagement de servir pendant cinq ans.

Le mode de payement de ces primes sera déterminé par un règlement d'administration publique.

Les jeunes gens remplissant les conditions stipulées par le précédent article peuvent être admis à contracter dans les équipages de la flotte, soit des engagements à long terme dans les conditions de la loi du 22 juillet 1886, soit des engagements de cinq ans, soit enfin des engagements de trois ans.

Ces derniers engagements ne donnent droit à aucune prime. Le Ministre de la Marine aura la faculté d'allouer des hautes payes, dans la limite des crédits prévus à cet effet par la loi de finances, aux hommes des professions ou spécialités utilisables dans la marine, et dont le recrutement, dans les conditions ordinaires, s'opère difficilement.

Art. 61. — En cas de guerre, tout Français ayant accompli le temps de service prescrit pour l'armée active, la réserve de ladite armée et l'armée territoriale, est admis à contracter, dans un corps de son choix, un engagement pour la durée de la guerre.

Cette faculté cesse pour les hommes de la réserve de l'armée territoriale lorsque leur classe est rappelée à l'activité.

Art 62. — Les engagements volontaires sont contractés dans les formes prescrites par les articles 34, 35, 36, 37, 38, 39, 40, 42 et 44 du Code civil, devant les maires des chefs-lieux de canton.

Les conditions relatives à la durée de ces engagements sont insérées dans l'acte même.

Les autres conditions sont lues aux contractants avant la signature et mention en est faite à la fin de l'acte.

Chapitre II

Des rengagements

Art. 63. — Les soldats décorés ou médaillés ou inscrits sur les listes d'aptitude pour le grade de caporal ou brigadier, ainsi que les caporaux ou brigadiers, pourront être admis à contracter des rengagements, pour deux, trois ou cinq ans, pendant le cours de leur dernière année de service sous les drapeaux.

Tout homme des troupes coloniales peut être admis à contracter un rengagement pour deux, trois ou cinq ans, après six mois de service.

Les rengagements datent du jour de l'expiration légale du service dans l'armée active. Ils sont renouvelables jusqu'à une durée totale de quinze années de service effectif.

Les caporaux ou brigadiers et les soldats qui contractent un premier rengagement de cinq ans ont droit à une prime payable immédiatement après la signature de l'acte. Le montant de cette prime sera fixé comme il est indiqué à l'article 60 ci-dessus.

Ceux qui contractent un premier rengagement de deux ou trois ans ont droit à une prime réduite, fixée au tiers de la prime totale dans le premier cas, et à la moitié dans le second. S'ils contractent un second rengagement avant l'expiration du premier, de manière à parfaire cinq ans de rengagement, ils reçoivent le complément de la prime totale telle qu'elle est fixée dans les conditions de l'article 60 au moment de ce rengagement.

En outre, des hautes payes journalières sont allouées aux rengagés à partir du jour où leur rengagement commence à courir.

Les valeurs de ces hautes payes journalières, distinctes pour les caporaux et brigadiers d'une part, et pour les soldats de l'autre, seront fixées par les tarifs de solde.

Après cinq années de rengagement, ces hautes payes sont augmentées de moitié pour les caporaux ou brigadiers, et d'un tiers pour les soldats.

Après quinze ans de service effectif, les rengagés auront droit à une pension proportionnelle égale aux 15/25 du minimum de la pension de retraite du grade dont ils seront titulaires depuis deux ans au moins, augmentés de 1/25 pour chaque année de campagne.

Le taux des pensions proportionnelles et de retraite est décompté d'après les articles non abrogés de la loi du 11 avril 1831, et d'après les lois des 25 juin 1861, 18 août 1879 et le tarif joint à la loi du 19 mars 1889.

Les autres conditions sont déterminées par un règlement inséré au *Bulletin des Lois*.

Dans les équipages de la flotte, les rengagements d'une durée de trois ou de cinq ans sont contractés dans le cours de la dernière année de service. Ils peuvent exceptionnellement être reçus à la fin de la première année de service lorsqu'il s'agit d'hommes admis à suivre les cours d'une des écoles spéciales de la marine. Ces rengagements sont renouvelables jusqu'à une durée totale de vingt-cinq années de service effectif.

Art. 64. — Tout homme appartenant à la cavalerie peut contracter un rengagement d'un an dans le cours de sa troisième année de service. Il aura droit, pendant la quatrième année, à une haute paye dont le taux sera fixé par les tarifs de solde.

Par dérogation aux dispositions de l'article 37, il ne restera que trois ans dans la réserve de l'armée active; il passera dans l'armée territoriale et, par suite, dans la réserve de cette armée trois ans avant la classe à laquelle il appartient.

Art. 65. — Dans les troupes coloniales, les premiers rengagements des caporaux ou brigadiers et des soldats donnent droit à une prime payée au moment de la signature de l'acte et à des gratifications annuelles.

Les rengagements ultérieurs ne donnent droit qu'aux gratifications annuelles.

Le montant des primes et gratifications est fixé par décret.

Les hautes payes journalières pour les caporaux ou brigadiers et pour les soldats seront augmentées de trois ans en trois ans. Cette augmentation sera déterminée par les tarifs de solde.

Peuvent être admis à se rengager pour les troupes coloniales, avec le bénéfice des avantages mentionnés ci-dessus :

1° Les militaires de toutes armes;

2° Les hommes de la réserve de l'armée active, âgés de moins de 28 ans;

3° Les hommes des régiments étrangers, autorisés par le Ministre de la Guerre.

Le bénéfice des dispositions du paragraphe précédent est applicable, sans aucune restriction ni réserve, aux hommes résidant ou domiciliés en Algérie ou aux colonies avant leur incorporation ou après leur passage dans la réserve de l'armée active.

Dans le corps des équipages de la flotte, les rengagements des quartiers-maîtres et marins provenant du recrutement donnent droit aux mêmes avantages pécuniaires que ceux qui sont accordés aux quartiers-maîtres et marins provenant de l'inscription maritime.

Art. 66. — Les rengagements sont contractés devant les sous-intendants militaires, dans la forme prescrite par l'article 63 ci-dessus, sur la preuve que le contractant peut rester ou être admis dans le corps pour lequel il se présente.

Art. 67. — Tout rengagé qui, étant sous les drapeaux, subit une condamnation à l'emprisonnement d'une durée de trois mois au moins, est déchu de tous ses droits à la gratification annuelle et à la haute paye. Il est dirigé, à l'expiration de sa peine, sur un bataillon d'infanterie légère d'Afrique pour y terminer son temps de service.

CHAPITRE III

Des commissions

Art. 68. — Peuvent être maintenus sous les drapeaux en qualité de commissionnés :

1° Les sous-officiers de toutes armes, dans les conditions indiquées par la loi du 19 mars 1889 ;

2° Les militaires de la gendarmerie, les militaires du régiment des sapeurs-pompiers de Paris et le personnel employé dans les écoles militaires ;

3° Les caporaux ou brigadiers et soldats affectés dans les divers corps et services à certains emplois déterminés par le Ministre de la Guerre.

Tout militaire commissionné pourra être mis à la retraite après vingt-cinq ans de service ; il ne pourra être maintenu sous les drapeaux que jusqu'à l'âge de 50 ans.

Toutefois, les militaires de la gendarmerie et de la justice militaire pourront rester en activité au delà de cette limite dans les conditions fixées par les règlements constitutifs de cette arme et de ce service.

Peuvent être réadmis en la même qualité, dans les catégories mentionnées aux paragraphes 2° et 3° ci-dessus, les militaires ayant accompli le temps de service exigé dans l'armée active et rentrés dans leurs foyers depuis moins de trois ans.

Les militaires commissionnés ont droit à la haute paye de leur grade dans les mêmes conditions que les rengagés.

En cas d'inconduite de la part du commissionné, le Ministre de la Guerre peut, sur l'avis conforme d'un conseil de discipline, soit suspendre les effets de la commission, soit révoquer définitivement le militaire commissionné, suivant la gravité des faits reprochés.

Tout militaire commissionné quittant les drapeaux après quinze années de service effectif aura droit à une pension proportionnelle, dont le taux sera décompté comme il est prescrit à l'article 63 ci-dessus, pour chaque année de service et pour chaque campagne, à raison de 1/25 du minimum de la pension de retraite du grade dont il sera titulaire depuis deux ans au moins.

Ceux qui obtiendraient d'être commissionnés après avoir quitté les drapeaux ne pourront réclamer ladite pension proportionnelle qu'après avoir servi cinq ans en cette nouvelle qualité.

Les militaires commissionnés sont soumis aux lois et règlements militaires.

Ils ne peuvent quitter leur emploi sans avoir reçu notification de l'acceptation de leur démission. La décision du Ministre de la Guerre devra être transmise dans un délai maximum de deux mois, augmenté hors de France des délais de distance, à partir de la date de la remise de la démission. En cas de guerre, les démissions ne sont jamais acceptées.

—

TITRE V

Dispositions pénales

Art. 69. — Toutes fraudes ou manœuvres par suite desquelles un jeune homme a été omis sur les tableaux de recensement sont déférées aux tribunaux ordinaires et punies d'un emprisonnement d'un mois à un an.

Sont déférés aux mêmes tribunaux et punis de la même peine.

1° Les jeunes gens appelés qui, par suite d'un concert frauduleux, se sont abstenus de comparaître devant le conseil de révision ;

2° Les jeunes gens qui, à l'aide de fraudes ou manœuvres, se font exempter ou dispenser par un conseil de révision, sans préjudice de peines plus graves en cas de faux.

Les auteurs ou complices sont punis des mêmes peines.

Si le jeune homme omis a été condamné comme auteur ou complice de fraudes ou manœuvres, les dispositions des articles 15 et 17 de la présente loi lui sont appliquées lors des premières opérations de recensement qui ont lieu après l'expiration de sa peine.

Le jeune homme indûment exempté ou indûment dispensé est rétabli en tête de la première partie de la classe appelée, après qu'il a été reconnu que l'exemption ou la dispense avait été indûment accordée.

Art. 70. — Tout homme prévenu de s'être rendu impropre au service militaire, soit temporairement, soit d'une manière permanente, dans le but de se soustraire aux obligations imposées par la présente loi, est déféré aux tribunaux, soit sur la demande des conseils de révision, soit d'office. S'il est reconnu coupable, il est puni d'un emprisonnement d'un mois à un an.

Sont également déférés aux tribunaux et punis de la même peine, les jeunes gens qui, dans l'intervalle de la cloture de la liste cantonale à leur mise en activité, se sont rendus coupables du même délit.

A l'expiration de leur peine, les uns et les autres sont mis à la disposition du Ministre de la Guerre pour tout le temps du service militaire qu'ils doivent à l'Etat et sont envoyés dans une compagnie de discipline.

La peine portée au présent article est prononcée contre les complices.

Si les complices sont des médecins, des officiers de santé ou des pharmaciens, la durée de l'emprisonnement est pour eux de deux mois à deux ans, indépendamment d'une amende de deux cents francs à mille francs, qui peut être aussi prononcée, et sans préjudice de peines plus graves dans les cas prévus par le Code pénal.

Art. 71. — Les médecins militaires ou civils qui, appelés au conseil de révision à l'effet de donner leur avis conformément aux articles 18, 19, 20 et 27 de la présente loi, ont reçu des dons ou agréé des promesses pour être favorables aux jeunes gens qu'ils doivent examiner, sont punis d'un emprisonnement de deux mois à deux ans.

Cette peine leur est appliquée, soit qu'au moment des dons ou promesses ils aient déjà été désignés pour assister au conseil de révision, soit que les dons ou promesses aient été agréés en prévision des fonctions qu'ils auraient à y remplir.

Il leur est défendu, sous la même peine, de rien recevoir, même pour une exemption ou dispense justement prononcée.

Ceux qui leur ont fait des dons ou promesses sont punis de la même peine.

Art. 72. — Tout fonctionnaire ou officier public, civil ou militaire qui, sous quelque prétexte que ce soit, a autorisé ou admis des exclusions, exemptions ou dispenses autres que celles déterminées par la présente loi, ou qui aura donné arbitrairement une extension quelconque, soit à la durée, soit aux règles ou conditions des appels, des engagements ou des rengagements, sera coupable d'abus d'autorité et puni des peines portées dans l'article 185 du Code pénal, sans préjudice de peines plus graves prononcées par ce Code dans les autres cas qu'il a prévus.

Art. 73. — Tout jeune soldat appelé, au domicile duquel un ordre de route a été régulièrement notifié, et qui n'est pas arrivé à sa destination au jour fixé par cet ordre, est, après un délai d'un mois en temps de paix et deux jours en temps de guerre, et hors le cas de force majeure, puni, comme insoumis, d'un emprisonnement d'un mois à un an en temps de paix et de deux à cinq ans en temps de guerre. Dans ce dernier cas, à l'expiration de sa peine, il est envoyé dans une compagnie de discipline.

En temps de guerre, les noms des insoumis sont affichés dans toutes les communes du canton de leur domicile ; ils restent affichés pendant toute la durée de la guerre. Le condamné pour insoumission ou désertion en temps de guerre sera, en outre, privé de ses droits électoraux.

Ces dispositions sont applicables à tout engagé volontaire qui, sans motifs légitimes, n'est pas arrivé à sa destination dans le délai fixé par sa feuille de route.

En cas d'absence du domicile, l'ordre de route est notifié au maire de la commune dans laquelle l'appelé a été porté sur la liste de recensement.

A l'égard des appelés, le délai d'un mois sera porté :

1° A deux mois, s'ils demeurent en Algérie, en Tunisie, ou en Europe ;

2° A six mois, s'ils demeurent dans tout autre pays.

En temps de guerre ou en cas de mobilisation par voie d'affiches et de publications sur la voie publique, les délais ci-dessus seront diminués de moitié.

L'insoumis est jugé par le conseil de guerre de la région de corps d'armée dans laquelle il est arrêté.

Le temps pendant lequel l'engagé volontaire ou le jeune soldat appelé aura été insoumis ne compte pas dans les années de service exigées.

La prescription contre l'action publique résultant de l'insoumission ne commence à courir que du jour où l'insoumis a atteint l'âge de 50 ans.

Art. 74. — Quiconque est reconnu coupable d'avoir sciemment recélé ou pris à son service un insoumis est puni d'un emprisonnement qui ne peut excéder six mois. Selon les circonstances, la peine peut être réduite à une amende de 50 à 500 francs.

Quiconque est convaincu d'avoir favorisé l'évasion d'un insoumis est puni d'un emprisonnement d'un mois à un an.

La même peine est prononcée contre ceux qui, par des manœuvres coupables, ont empêché ou retardé le départ des jeunes soldats.

Si le délit a été commis à l'aide d'un attroupement, la peine sera double.

Si le délinquant est fonctionnaire public, employé du gouvernement ou ministre d'un culte salarié par l'Etat, la peine peut être portée jusqu'à deux années d'emprisonnement, et il est, en outre, condamné à une amende qui ne pourra excéder 2.000 fr.

Art. 75. — En temps de paix, les militaires en congé rappelés sous les drapeaux, les hommes de la réserve et ceux de l'armée territoriale convoqués pour des manœuvres ou des exercices ou appartenant à des classes rappelées par décret, qui ne seront pas rendus le jour fixe au lieu indiqué par les ordres d'appel ou affiches seront passibles d'une punition disciplinaire.

En cas de récidive, les pénalités de l'article 73 ci-dessus, concernant l'insoumission des jeunes soldats appelés, seront applicables aux hommes désignés au paragraphe précédent.

En cas de mobilisation, les hommes appelés sont déclarés insoumis s'ils n'ont pas rejoint dans le délai de deux jours, sauf dans le cas prévu à l'article 56 de la présente loi.

Tout homme qui n'a pas rejoint au jour indiqué pour des manœuvres ou exercices peut être astreint par l'autorité militaire à faire ou à compléter dans un corps de troupe le temps de service pour lequel il était appelé.

Art. 76. — Les hommes liés au service dans les conditions mentionnées à l'article 30 ci-dessus qui n'ont pas fait les déclarations prescrites audit article, sont déférés aux tribunaux ordinaires et punis d'une amende de 10 fr. à 200 fr. Ils peuvent, en outre, être condamnés à un emprisonnoment de quinze jours à trois mois.

En temps de guerre, la peine est double.

Art. 77. — Les peines prononcées par les articles 71, 72, et 74 de la présente loi sont applicables aux tentatives des délits prévus par ces articles.

Art. 78. — Dans tous les cas non prévus par les dispositions précédentes, les tribunaux civils et militaires appliqueront les lois pénales ordinaires aux délits auxquels pourra donner lieu l'exécution du mode de recrutement déterminé par la présente loi.

Lorsque la peine de l'emprisonnement est prononcée par la présente loi, les juges peuvent, sauf dans les cas prévus par les articles 73 et 75 ci-dessus, user de la faculté exprimée par l'article 463 du Code pénal.

Art. 79. — Les crimes et délits prévus à l'article 57 ci-dessus, et énumérés dans le tableau D, annexé à la présente loi, sont punis des peines portées par les articles visés dans ce tableau ; il pourra toutefois être accordé des circonstances atténuantes, alors même que le Code de justice militaire ne les prévoit pas, aux hommes ayant moins de trois mois de présence sous les drapeaux.

En temps de guerre, aucune circonstance atténuante n'est admise.

Art. 80. — Lorsque, par application de la faculté accordée par les articles 52 et 79 de la présente loi, les tribunaux militaires auront admis des circonstances atténuantes en faveur des inculpés de crimes ou délits pour lesquels le Code de justice militaire ne les prévoit pas, les peines prononcées par ce Code seront modifiées ainsi qu'il suit :

Si la peine prononcée est celle de la mort, le conseil de guerre appliquera la peine des travaux forcés à perpétuité ou celle des travaux forcés à temps, sauf dans les cas prévus par les articles 209, 210, 211, 213, 217, 218, 220, 222, 223, 226, 227, et 228 du Code de justice militaire où la peine appliquée sera celle de la détention. Dans le cas de l'article 221 dudit Code, la peine appliquée sera celle des travaux forcés à perpétuité, des travaux forcés à temps, ou de la détention, suivant les circonstances.

Si la peine est celle des travaux forcés à perpétuité, le conseil de guerre appliquera la peine des travaux forcés à temps, ou celle de la réclusion.

Si la peine est celle des travaux forcés à temps, le conseil de guerre appliquera la peine de la réclusion ou celle de la dégradation militaire avec emprisonnement de deux à cinq ans.

Si la peine est celle de la détention ou de la réclusion, le conseil de guerre appliquera la peine de la dégradation militaire avec emprisonnement d'un à cinq ans.

Toutefois, si la peine prononcée par la loi est le maximum d'une peine afflictive, le conseil de guerre pourra toujours appliquer le minimum de cette peine.

Si la peine est celle de la dégradation militaire, le conseil de guerre appliquera un emprisonnement de trois mois à deux ans.

Si la peine est celle des travaux publics, le conseil de guerre appliquera un emprisonnement de deux mois à cinq ans.

Dans tous les cas où la peine de l'emprisonnement est prononcée par le Code de justice militaire, le conseil de guerre est autorisé à faire application de l'article 463 du Code pénal, sans toutefois que la peine de l'emprisonnement puisse être remplacée par une amende.

Nonobstant toute réduction de peine par suite de l'admission de circonstances atténuantes, la peine de la destitution sera toujours appliquée par le conseil de guerre dans les cas où elle est prononcée par le Code de justice militaire.

TITRE VI

Recrutement en Algérie et aux colonies

Art. 81. — Les dispositions de la présente loi sont applicables dans les colonies de la Guadeloupe, de la Martinique, de la Guyane et de la Réunion.

Elles sont également applicables en Algérie et dans toutes les colonies non désignées au paragraphe précédent, mais sous les réserves suivantes :

En dehors d'exceptions motivées, et dont il serait fait mention dans le compte rendu prévu par l'article 86 ci-après, les Français et naturalisés Français, résidant en Algérie ou dans l'une des colonies autre que la Guadeloupe, la Martinique, la Guyane et la Réunion, sont incorporés dans les corps stationnés soit en Algérie, soit aux colonies, et, après une année de présence effective sous les drapeaux, envoyés dans la disponibilité, s'ils ont satisfait aux conditions de conduite et d'instruction militaire déterminées par le Ministre de la Guerre.

S'il ne se trouve pas de corps stationné dans un rayon fixé par arrêté ministériel, ces jeunes gens sont dispensés de la présence effective sous les drapeaux. Dans le cas où cette situation se modifierait avant qu'ils aient atteint l'âge de 30 ans révolus, ils accompliraient une année de service dans le corps de troupe le plus voisin.

En cas de mobilisation générale, les hommes valides qui ont terminé leurs vingt années de service sont réincorporés avec la réserve de l'armée territoriale, sans cependant pouvoir être appelés à servir hors du territoire de l'Algérie et des colonies.

Si un Français ou naturalisé Français, ayant bénéficié des dispositions du paragraphe 2 du présent article, transportait son établissement en France avant l'âge de 30 ans accomplis, il devrait compléter, dans un des corps de la métropole, le temps de service dans l'armée active prescrit par l'article 37 de la présente loi, sans toutefois pouvoir être retenu sous les drapeaux au-delà de l'âge de 30 ans.

Les Français ou naturalisés Français établis dans un pays de protectorat où seront stationnées des troupes françaises pourront être admis, sur leur demande, à bénéficier des dispositions qui précèdent.

Art. 82. — Les jeunes gens inscrits sur les listes de recrutement de la métropole, résidant dans une colonie ou un pays de protectorat où il n'y aurait pas de troupes françaises stationnées, pourront, sur l'avis conforme du gouverneur ou du résident, bénéficier des dispositions contenues dans l'article 50 ci-dessus.

La même disposition s'applique aux jeunes gens inscrits sur les listes de recrutement d'une colonie autre que celle où ils résident.

Art. 83. — Les conditions spéciales de recrutement des corps étrangers et indigènes sont réglées par décret, jusqu'à ce qu'une loi spéciale ait déterminé les conditions du service militaire des indigènes.

TITRE VII

Dispositions particulières

Art. 84. — A partir du 1er novembre de la troisième année qui suivra la mise en vigueur de la présente loi, nul ne pourra être admis à exercer certains emplois salariés par l'Etat ou les départements, si, n'ayant pas été déclaré impropre au service militaire à l'appel de sa classe, il ne compte au moins cinq années de service actif dans les armées de terre ou de mer, dont deux comme officier, sous-officier, caporal ou brigadier, ou si, avant la date ci-dessus mentionnée, il n'a été retraité ou réformé.

Un règlement d'administration publique, qui devra être promulgué un an au plus après la mise en vigueur de la présente loi, déterminera les emplois ainsi réservés, les conditions auxquelles les candidats devront satisfaire pour les obtenir et le mode de recrutement de ces emplois en cas d'insuffisance de candidats remplissant les conditions voulues.

Art. 85. — Une loi spéciale déterminera :

1° Les mesures à prendre pour rendre uniforme, dans tous les lycées et établissements d'enseignement, l'application de la loi du 27 janvier 1880, imposant l'obligation des exercices ;

2° L'organisation de l'instruction militaire pour les jeunes gens de 17 à 20 ans et le mode de désignation des instructeurs.

Art. 86. — Chaque année, avant le 30 juin, il sera rendu compte aux Chambres, par le Ministre de la Guerre, de l'exécution des dispositions contenues dans la présente loi pendant l'année précédente.

TITRE VIII

Dispositions transitoires

Art. 87. — Les dispositions de la présente loi seront appliquées au plus tard dans les six mois qui suivront la date de sa promulgation.

Art. 88. — Les jeunes soldats ayant accompli trois ans de service dans l'armée active au moment de la mise en vigueur de la présente loi seront envoyés dans la réserve.

Toutefois, pendant un délai de deux années, le Ministre de la Guerre pourra conserver sous les drapeaux, dans les limites prévues par l'article 36 de la loi du 27 juillet 1872, les jeunes gens déjà incorporés conformément aux prescriptions de ladite loi.

Mention spéciale des décisions prises sera faite dans le compte rendu prescrit par l'article 86 ci-dessus.

Les mêmes dispositions sont applicables aux engagés volontaires qui en feront la demande.

Art. 89. — Les jeunes soldats qui, au moment de la mise en vigueur de la présente loi, appartiendraient à la deuxième portion du contingent en raison de leur numéro du tirage au sort, et qui n'auraient pas encore accompli le temps de service prescrit par l'article 40 de la loi du 27 juillet 1872, seront, à l'expiration de ce temps, envoyés en congé dans leurs foyers.

Art. 90. — Les sous-officiers qui se trouveront dans leur quatrième année de service au moment de la mise en vigueur de la présente loi pourront être maintenus sous les drapeaux, par décision ministérielle, jusqu'à l'expiration de cette quatrième année de service, alors même que la classe à laquelle ils appartiennent serait renvoyée dans ses foyers.

Les sous-officiers ainsi maintenus sous les drapeaux recevront la même haute paye que les sous-officiers rengagés et auront le droit de concourir pour les emplois civils visés par l'article 84 ci-dessus.

Art. 91. — Les jeunes gens qui, avant la mise en vigueur de la présente loi, seront admis à contracter un engagement conditionnel d'un an et ceux qui se trouvent dans la situation prévue par la loi du 31 décembre 1875 bénéficieront des dispositions des articles 53 à 57 inclus de la loi du 27 juillet 1872 ; mais les dispositions de l'article 38 de la loi du 24 juillet 1873 cesseront de leur être applicables.

Art. 92. — Les jeunes gens dispensés conditionnellement du service actif en temps de paix avant la mise en vigueur de la présente loi, conformément à l'article 20 de la loi du 27 juillet 1872, conserveront la situation qui leur est faite par ladite loi au point de vue des obligations du service militaire, sous la réserve des dispositions contenues dans l'article 93 ci-après.

Art. 93. — La présente loi est applicable aux hommes appelés en vertu des lois antérieures, libérés ou non du service militaire, jusqu'à ce qu'ils aient atteint l'âge de 45 ans.

Art. 94. — Dès la mise en vigueur de la présente loi, seront et demeureront abrogées :

La loi du 27 juillet 1872 sur le recrutement de l'armée ;

La loi du 6 novembre 1875, ayant pour objet de déterminer les conditions suivant lesquelles les Français domiciliés en Algérie seront soumis au service militaire ;

La loi du 18 novembre 1875, ayant pour objet de coordonner les lois des 27 juillet 1872, 24 juillet 1873, 13 mars, 19 mars et 6 novembre 1875, avec le Code de justice militaire ;

Les lois des 30 juillet, 4 décembre et 31 décembre 1875, et la loi du 29 juillet 1886 modifiant divers articles de la loi du 27 juillet 1872 ;

Et, d'une manière générale, toutes dispositions contraires à la présente loi.

La présente loi, délibérée et adoptée par le Sénat et par la Chambre des députés, sera exécutée comme loi de l'Etat.

Fait à Paris, le 15 juillet 1889.

CARNOT.

Par le Président de la République :

Le Ministre de la Guerre,

C. DE FREYCINET.

TITRE PREMIER

—

CHAPITRE PREMIER

—

DE LA FORMATION DES TABLEAUX DE RECENSEMENT

—

Opérations préliminaires

Conformément aux dispositions des articles 10, 11, 12, 13, 14 et 15 de la loi du 15 juillet 1889, chaque année, dans le courant du mois de décembre, les maires procèdent au recensement des jeunes gens nés ou domiciliés légalement dans leur commune qui ont atteint l'âge de 20 ans révolus ou atteindront cet âge, à l'expiration de l'année, c'est-à-dire au 1er janvier.

Documents à consulter

Les Maires doivent compulser à cet effet les registres de l'état civil, et tous autres documents auxquels ils jugent utile d'avoir recours, ainsi que la notoriété publique, notamment en ce qui concerne les jeunes gens qui, nés hors de la commune, y résident avec leurs parents ou tuteurs au moment de la formation des tableaux.

Minute des tableaux de recensement

A l'aide des divers renseignements qu'ils ont ainsi obtenus, les Maires établissent la minute du tableau de recensement, qui doit être terminée le 31 décembre.

Le tableau est ensuite publié et affiché à 8 jours d'intervalle un jour de dimanche devant la porte de la mairie, où l'extrait de publication doit, en outre, rester affiché pendant 8 jours au moins, conformément aux dispositions des articles 63 et 64 du code civil (1). La dernière publication du tableau de recensement doit avoir lieu au plus tard le 15 janvier (art. 10 de la loi).

Renseignements sur les jeunes gens domiciliés hors de la commune où ils sont nés

Les Maires transmettent immédiatement à leurs collègues, qui leur en accusent réception, les documents et renseignements concernant l'état civil des jeunes gens domiciliés hors de la commune où ils sont nés, attendu que ces jeunes gens doivent être portés sur les tableaux de recensement de leur domicile (2).

---

(1) Art. 63 et 64 du Code civil :

Art. 63. Avant la célébration du mariage, l'officier de l'état civil fera deux publications à huit jours d'intervalle, un jour de dimanche, devant la porte de la maison commune. Ces publications et l'acte qui en sera dressé énonceront les prénoms, noms, professions et domiciles des futurs époux, leur qualité de majeurs ou de mineurs, et les prénoms, noms, professions et domiciles de leurs pères et mères. Cet acte énoncera, en outre, les jours, lieux et heures où les publications auront été faites ; il sera inscrit sur un seul registre qui sera coté et paraphé comme il est dit en l'article 41, et déposé, à la fin de chaque année, au greffe du tribunal de l'arrondissement.

Art. 64. Un extrait de l'acte de publication sera et restera affiché à la porte de la maison commune pendant les huit jours d'intervalle de l'une à l'autre publication. Le mariage ne pourra être célébré avant le troisième jour depuis et non compris celui de la seconde publication.

(2) Dispositions du Code civil relatives au domicile :

Art. 102. — Le domicile de tout Français, quant à l'exercice de ses droits civils, est au lieu où il a son principal établissement.

Art 103. — Le changement de domicile s'opérera par le fait d'une habitation réelle dans un autre lieu, joint à l'intention d'y fixer son principal établissement.

Art. 104. — La preuve de l'intention résultera d'une déclaration expresse faite tant à la municipalité du lieu qu'on quittera qu'à celle du lieu où l'on aura transféré son domicile.

Art. 105. — A défaut de déclaration expresse, la peuve de l'intention dépendra des circonstances.

Art. 106. — Le citoyen appelé à une fonction publique tempo-

Les Maires apportent à ce travail un soin particulier, l'inexactitude ou l'insuffisance des documents ou des renseignements transmis ayant pour résultat de retarder la participation au tirage et, par suite, la libération des jeunes gens dont il s'agit.

Liste des omis dressée par les Préfets

Les Préfets font dresser, dans le mois de décembre, pour chaque commune, et la transmettent aux Maires, par l'intermédiaire des Sous-Préfets, la liste des jeunes gens qui ont été signalés comme omis sur les tableaux de recensement des années précédentes et qui, aux termes de l'article 15 de la loi du 15 juillet 1889, doivent être inscrits sur les prochains tableaux de recensement.

Les Maires ne perdront pas de vue que, contrairement à la législation antérieure aux termes de laquelle tout homme ayant atteint l'âge de 30 ans échappait au recrutement, la nouvelle loi dispose que les omis devront, en cas de découverte être inscrits sur les tableaux de recensement, à moins qu'ils n'aient *quarante cinq* ans accomplis à l'époque de la clôture des tableaux. Ces hommes sont soumis à toutes les obligations militaires de la classe avec laquelle ils prennent part au tirage. Toutefois, ils sont libérés à titre définitif à l'âge de quarante huit ans au plus tard.

Cette nouvelle disposition importante, en elle-même, et qui devrait être publiée et même affichée d'une manière permanente à la porte de la Mairie, aura pour résultat de diminuer le nombre des omis. L'art 69 de la loi que nous examinerons plus loin définit les pénalités auxquelles les omis peuvent s'exposer.

---

raire ou révocable conservera le domicile qu'il avait auparavant, s'il n'a pas manifesté d'intention contraire.

Art. 107. — L'acceptation de fonctions conférées à vie emportera translation immédiate du domicile du fonctionnaire dans le lieu où il doit exercer ces fonctions.

Art. 108. — La femme mariée n'a point d'autre domicile que celui de son mari ; le mineur non émancipé aura son domicile chez ses père, mère ou tuteur ; le majeur interdit aura le sien chez son tuteur.

Art. 109. — Les majeurs qui servent ou travaillent hatituellement chez autrui auront le même domicile que la personne qu'ils servent ou chez laquelle, ils travaillent, lorsqu'ils demeurent dans la même maison.

Omis dont la nationalité a été reconnue tardivement

Sont compris dans la liste des omis les jeunes gens qui, au moment de la formation des tableaux de recensement de leur classe, avaient été mis en demeure de justifier de leur extranéité et dont la qualité de Français n'a été reconnue qu'après le tirage de cette classe.

Omis condamnés

Les Préfets indiquent sur la liste des omis qu'ils adressent aux Maires ceux qui ont été condamnés par les tribunaux, conformément à l'article 69 de la loi. Ces indications sont reproduites sur les tableaux de recensement.

Ces omis sont inscrits en tête de la liste de tirage (art. 17).

Inscription des jeunes gens de la classe et des classes antérieures

Les Maires inscrivent sur les tableaux de recensement :

1° Les jeunes gens dont ils ont fait le recensement dans le courant du mois de décembre précédent et qu'ils ont reconnu devoir y figurer ;

2° Ceux que les autres Maires leur ont signalés et dont ils ont constaté le domicile légal dans leur commune [1].

Afin d'éviter que des jeunes gens soient inscrits dans deux cantons à la fois, les Maires du lieu du domicile légal donnent avis de l'inscription aux Maires du lieu de la résidence ;

3° Les omis des classes antérieures qui leur ont été signalés ou qu'ils ont découverts eux-mêmes.

Ces omis doivent être inscrits alors même qu'ils prétendent avoir plus de quarante-cinq ans accomplis, s'ils ne justifient de cet âge par la production de leur acte de naissance authentique.

Avis à publier par les Maires

Les Maires provoquent, au moyen d'avis publics, la déclaration à laquelle sont tenus, par l'article 10, § 1er de

---

(1) Voir l'art. 13 de la loi page 4.

la loi, les jeunes gens, leurs parents ou tuteurs, en leur indiquant qu'ils ont eux-mêmes intérêt à faire ces déclarations, puisque ceux des jeunes gens appelés par la loi qui seraient omis se trouveraient reportés à une classe suivante et retarderaient ainsi d'une ou plusieurs années leur libération.

Ces jeunes gens ne devront pas oublier que leur inscription sur les tableaux se poursuivra quand même jusqu'à l'âge de 45 ans révolus et que, dans ce cas, leur libération définitive n'aurait lieu que lorsqu'ils auront atteint l'âge de 48 ans.

Dispositions que doivent rappeler ces avis

Ces avis rappellent aussi qu'aux termes de l'article 14 de la loi, les jeunes gens sont, d'après la notoriété publique, considérés comme ayant l'âge requis et tenus de suivre la chance du numéro qui leur échoit au tirage, à moins qu'ils ne produisent avant ce tirage un extrait de naissance régulier, ou, à défaut, un document authentique (art. 46 du Code civil) constatant un âge différent [1].

Les Maires rappellent également les dispositions de l'article 69 de la loi, portant que les jeunes gens omis sur les tableaux de recensement par suite de fraudes ou de manœuvres seront déférés aux tribunaux ; qu'ils pourront être punis d'un emprisonnement d'un mois à un an, et que, dans le cas de condamnation, ils seront inscrits en tête de la liste de tirage, où les premiers numéros leur seront attribués de droit (art. 17).

Jeunes gens non inscrits sur les registres de l'état civil

Si un jeune homme présumé appartenir à la classe de l'année ne produit pas son acte de naissance et n'est pas porté sur les registres de l'état civil, il y a lieu de consulter sur son âge la notoriété publique (article 14 de la loi.) Le Maire procède, à cet effet, à une enquête admi-

---

(1) Article 46 du Code Civil :
Lorsqu'il n'aura point existé de registres ou qu'ils seront perdus, la preuve en sera reçue tant par titre que par témoins ; et, dans ce cas, les mariages, naissances et décès pourront être prouvés tant par les registres et papiers émanés des pères et mères décédés que par témoins.

nistrative ; il ne se borne pas dans cette enquête à recevoir les déclarations des personnes qui lui sont présentées par les parties, mais il provoque lui-même les déclarations des notables habitants et principalement des habitants qui ont des fils inscrits sur les tableaux de la classe.

Jeunes gens produisant un jugement

Il n'est pas nécessaire, en l'absence des registres de l'état civil, de consulter la notoriété publique pour les jeunes gens qui produisent à la place de leur acte de naissance un jugement régulier constatant leur âge et rendu contradictoirement avec le ministère public.

Jeunes gens absents ou condamnés

Les Maires consignent dans la colonne d'observations des tableaux de recensement les renseignements qu'ils ont obtenus, soit des parents, soit de la population, sur les jeunes gens absents et sur ceux qui se trouveraient dans les cas d'exclusion des rangs de l'armée, prévus par les articles 4 et 5 de la loi. Ces jeunes gens doivent être inscrits au lieu de leur domicile.

Ces mêmes renseignements doivent être portés également en regard des noms des condamnés dans les conditions déterminées par l'art. 6 (faits politiques), bien que ces condamnés ne soient nullement frappés d'exclusion.

Majeurs non mariés inscrits au domicile de leurs parents

Les jeunes gens qui atteignent leur majorité avant le tirage au sort doivent être inscrits au domicile de leurs parents, alors même qu'ils auraient un domicile distinct de celui de leur père ou de leur mère.

Il est fait exception à cette règle pour les jeunes gens mariés qu'ils soient majeurs ou mineurs, lorsqu'ils ont un domicile autre que celui de leur père ou de leur mère.

Ces derniers doivent être inscrits au lieu de leur domicile.

Jeunes gens dont le père est interdit

Quand le père est interdit et qu'il n'habite pas au même lieu que la mère, c'est le domicile de celle-ci qui devient le domicile légal du fils.

Elèves des hospices civils

Les jeunes gens placés sous la tutelle des commissions administratives des hospices sont, par mesure d'ordre, inscrits sur les tableaux de recensement de la commune où ils résident au moment de la formation de ces tableaux.

En conséquence, que ces jeunes gens soient mineurs, ou qu'ils soient majeurs à l'époque déterminée pour le tirage, ils doivent être inscrits dans la commune où ils résident et concourir au tirage dans le canton auquel appartient cette commune.

Chaque année, aussitôt que l'époque des opérations de la classe à appeler a été déterminée, les Préfets dressent un état de tous les élèves des hospices civils de leur département qui appartiennent par leur âge à la classe :

Pour ceux qui résident dans le département, ils envoient au maire de la commune tous les renseignements nécessaires à leur inscription sur les tableaux de recensement.

Pour ceux qui hahitent dans d'autres départements, ils transmettent aux préfets de ces départements les renseignements dont il s'agit.

Jeunes gens dont la nationalité paraît douteuse

Les Maires s'abstiennent d'inscrire les jeunes gens sur la nationalité desquels ils ont des doutes ; ils en réfèrent aux Préfets, qui statuent ou introduisent, au nom de l'administration, une instance devant le tribunal civil du domicile de la partie contre qui l'action est intentée, pour obtenir une solution judiciaire avant le tirage.

De leur côté les jeunes gens qui se prétendent étrangers, par application des articles 17 et 21 du code civil, peuvent introduire une instance devant les tribunaux civils par assignation faite au Préfet du département représentant l'Etat. Celui-ci transmet au Procureur l'ajournement qui lui a été signifié avec tous les renseignements qu'il possède, et le tribunal doit statuer sans délais.

Jeunes gens expatriés

Les jeunes gens qui ont émigré avec leur famille doivent être portés sur les listes de la classe à laquelle ils appartiennent par leur âge (article 13 de la loi), quelque éloignée que soit la date de leur départ, toutes les fois que leur existence est certaine. Or, elle doit être considérée comme certaine s'ils ont donné de leurs nouvelles pendant l'année qui précède leur inscription sur lesdites listes, ce dont les Maires prendront soin de s'assurer dès les derniers mois de la même année.

Si, au contraire, les nouvelles reçues de ces jeunes gens remontent à une date plus ancienne, les Maires s'abstiennent de les inscrire, mais ils les signalent immédiatement au Préfet du département, en lui indiquant, aussi exactement que possible, le lieu de leur résidence à l'étranger. De son côté, le Préfet doit s'adresser sans délai au Ministre des Affaires étrangères, afin d'obtenir par son intermédiaire les renseignements nécessaires pour que les jeunes gens dont il s'agit soient appelés à concourir comme omis au tirage de la classe suivante.

Ces jeunes gens doivent être inscrits dans la commune de leur dernière résidence en France.

Jeunes gens nés en France d'étrangers résidant en France

Ces jeunes gens doivent être inscrits sur les tableaux de recensement de la commune où ils sont domiciliés dans l'année qui suit leur majorité telle qu'elle est fixée par la loi française. Ils peuvent réclamer contre leur inscription lors du tirage au sort ou du conseil de révision. Mais s'ils ne réclament pas, le tirage au sort équivaudra pour eux à la déclaration prévue par l'art. 9 du Code civil. S'ils se font rayer, ils seront immédiatement déchus de toute faculté momentanée de conserver la qualité de français. Nous disons momentanée parce qu'aucune disposition législative n'interdit aux individus qui se trouveraient dans ce cas de recourir ultérieurement à la naturalisation prévue par la loi du 26 juin 1889.

Le gouvernement est seul juge d'accueillir ou de rejeter

une demande de naturalisation présentée par un homme qui se trouve dans ce cas.

Il est à remarquer que sous l'empire de l'ancienne législation, les jeunes gens nés en France d'étrangers n'étaient inscrits sur les tableaux qu'après qu'ils avaient eux mêmes fait la déclaration prévue par l'art. 9 du Code civil, tandis que maintenant ils sont recensés d'office, sauf aux intéressés à répudier leur inscription.

Jeunes gens étrangers résidant en France d'un père naturalisé français ou ayant recouvré la qualité de français

Ces jeunes gens doivent être inscrits sur les tableaux de recensement de la commune de leur domicile, s'ils étaient encore mineurs lorsque leur père a obtenu la naturalisation ou a recouvré la qualité de français. Néanmoins, ils ont la faculté de réclamer au moment du tirage ou du du conseil de révision contre leur inscription (art. 11 de la loi).

Individus devenus français par voie de naturalisation ou de réintégration

Aux termes de la loi du 27 juillet 1872, les individus devenus français par voie de naturalisation ou de réintégration n'étaient tenus à aucune obligation militaire. Ils ne pouvaient être inscrits que sur leur demande expresse et par simple mesure administrative.

Il n'en est plus de même, les individus quel que soit leur âge, à moins qu'ils n'aient dépassé 45 ans, doivent être inscrits d'office. Toutefois, ils ne sont assujettis qu'aux obligations de service de la classe à laquelle ils appartiennent par leur âge.

Ces jeunes gens ne sont pas des omis

Le Maires ne perdront pas de vue, de même que les Sous-Préfets, conseils de révision, et Commandants de recrutement que les individus inscrits sur les tableaux de recensement au titre de fils d'étrangers ou de naturalisés, ou de réintégrés dans la qualité de Français ne sauraient être considérés comme omis. Ces individus suivent purement et simplement le sort de la classe à laquelle ils appartiennent par leur âge.

Déclaration d'extranéité à exiger des jeunes gens qui se prétendent étrangers

Lorsque des jeunes gens excipent de leur qualité d'étranger, les Maires s'abstiennent de les porter sur les tableaux de recensement et les mettent en demeure de produire immédiatement les pièces justificatives de leur extranéité.

Cette prescription doit être ponctuellement suivie. Il est souvent arrivé, en effet, que des jeunes gens portés sur les tableaux de recensement, bien qu'ils se prétendissent étrangers, ont été rayés plus tard des listes de la classe parce que leur extranéité était reconnue par les tribunaux. Ces radiations entraînent des inconvénients qui sont tout aussi préjudiciables aux intérêts de l'armée qu'à ceux des populations ; aussi doivent-elles être évitées avec le plus grand soin.

Ils leur font signer, en outre, une déclaration ainsi conçue :

Je, soussigné (nom et prénoms du réclamant) né à. . . . . le . . . . domicilié à. . . . . . canton de . . . . déclare être fils d'étranger non naturalisé ; en conséquence, je demande à n'être pas soumis aux obligations du recrutement en France.

Fait à . . . . le . . . .

(Signature du réclamant)

Vu par nous, Maire de la commune de . . . .

Si la déclaration est faite par les parents ou les tuteurs des jeunes gens, elle est ainsi conçue :

Je soussigné (nom et prénoms), domicilié à. . . . . . . père, mère ou tuteur du sieur (nom et prénoms), né à . . . . le. . . . . . déclare que ce jeune homme est fils d'étranger non naturalisé, et je demande, en conséquence, qu'il ne soit pas soumis aux obligations du recrutement en France.

Fait à . . . . . le . . . .

(Signature du réclamant)

Vu par nous, Maire de la commune d. . . .

Intervention des tribunaux

La déclaration d'extranéité et les pièces produites sont transmises sur le champ par le maire au Préfet, qui dans le cas où la nationalité des jeunes gens ne lui paraît pas complètement démontrée, s'adresse aux tribunaux ; ceux-ci seuls étant compétents pour régler les questions d'état.

L'affaire est jugée contradictoirement avec le Préfet, à la requête de la partie la plus diligente. Le tribunal civil doit statuer sans délai, le Ministère public entendu.

Le délai de l'appel et du recours en cassation est de quinze jours francs, à partir de la signification de la décision attaquée. Le recours est, ainsi que l'appel, dispensé de la consignation d'amende. — L'affaire est portée directement devant la chambre civile.

Les actes sont visés pour timbre et enregistrés gratis (art. 31 de la loi).

Jugements portés à la connaissance des Sous-Préfets

Les Préfets font connaître sans délai les jugements intervenus aux Sous-Préfets, afin que ces fonctionnaires, lors de l'examen des tableaux de recensement et avant le tirage au sort, puissent inscrire sur ces tableaux ceux des jeunes gens dont il s'agit qui auront été déclarés français, ou rayer ceux qui auront été reconnus étrangers par les tribunaux civils.

Jeunes gens dont la nationalité est connue tardivement

Ceux de ces jeunes gens dont la nationalité française n'est reconnue qu'après le tirage, ou pour lesquels les Sous-Préfets ne sont pas informés en temps utile, sont nécessairement considérés comme omis, et portés, en conséquence, sur les tableaux de la classe suivante.

Tableaux modifiés tant qu'ils ne sont pas définitifs

Les tableaux de recensement ne sont définitifs que lorsqu'ils ont été examinés et arrêtés par les Sous-Préfets assistés des Maires du canton, opération qui a lieu le jour même du tirage ; jusqu'à ce moment, ils ne sont que provisoires et peuvent subir toutes les modifications qu'exige la position des jeunes gens ou des réclamations fondées.

Mutations survenues parmi les inscrits

Les Maires tiennent exactement note des mutations concernant les jeunes gens de la classe dans l'intervalle qui peut s'écouler entre le moment de l'ouverture du tableau de recensement (1er janvier) et celui de la publication ; ils vérifient, dans cet intervalle, l'exactitude des renseignements qui leur ont été fournis et ils dressent l'expédition qui doit être affichée.

Jeunes gens qui changent de domicile

En cas de changement survenu dans le domicile des jeunes gens avant le jour fixé pour le tirage, les Maires doivent les rayer desdits tableaux et en informer dans le plus bref délai leurs collègues, afin que l'inscription soit opérée dans le nouveau domicile, s'il en est temps encore.

Jeunes gens visités en France hors de leur département

Les Maires ont soin, d'ailleurs, de prévenir leurs administrés que, pour ne pas être exposés à des déplacements onéreux, les jeunes gens qui résident en France, hors de leur département, peuvent être autorisés par les Préfets à se faire visiter par le conseil de révision du département où ils se trouvent, mais que la demande doit en être faite, le jour même du tirage au sort, au fonctionnaire chargé de présider à cette opération dans le canton du domicile légal des jeunes gens.

Jeunes gens résidant en Algérie

Les jeunes gens résidant en Algérie, alors même que leur père, mère ou tuteur résideraient en France, doivent être inscrits, sur les tableaux de recensement du lieu de leur résidence en Algérie ; ils obtiennent leur radiation des tableaux de recensement en France en justifiant de leur inscription au lieu de leur résidence.

Sous l'ancienne législation ces jeunes gens étaient inscrits en France au domicile légal de leur père, mère ou tuteur, à moins qu'ils n'eussent pris l'engagement de rester pendant dix ans en Algérie, auquel cas seulement ils étaient rayés en France.

Jeunes gens domiciliés dans les colonies

Les jeunes gens qui ont leur domicile légal dans les colonies françaises ne sont pas inscrits sur les tableaux de recensement, attendu qu'ils sont tenus à un service dans une milice spéciale organisée pour la défense de ces colonies où, d'ailleurs, ils sont recensés.

Des individus condamnés

Les lois de 1832, 1868 et 1872 excluaient formellement de l'armée française et étaient par conséquent rayés des tableaux de recensement tous les individus condamnés :

1° A une peine afflictive et infamante ou à une peine infamante dans le cas prévu par l'art. 177 du Code pénal ;

2° Ceux qui ayant été condamnés à une peine correctionnelle de deux ans d'emprisonnement et au-dessus, ont été, en outre, par application de l'art. 42 du Code pénal, frappés de l'interdiction de tout ou partie de l'exercice des droits civiques, civils et de famille;

3° Les relégués collectifs et les relégués individuels.

La loi du 15 juillet 1889, tout en excluant ces condamnés des rangs de l'armée régulière, les maintient néanmoins sur les listes de recrutement et les met, soit pour leur temps de service actif, soit en cas de mobilisation, à la disposition du Ministre de la Marine qui détermine par des arrêtés spéciaux les services auxquels ils peuvent être affectés.

Les relégués individuels sont incorporés de droit par la loi elle-même dans les corps disciplinaires coloniaux.

Les uns et les autres sont donc maintenus sur les tableaux de recensement et sur les registres matricules.

Ces condamnés seront surtout utilisés, indépendamment des colonies, dans les ports de guerre et autres services de l'Etat.

Visite des jeunes gens qui résident en Algérie ou à l'étranger

Les Préfets autorisent également la visite au lieu de leur résidence des jeunes gens qui séjournent en Algérie ou à l'étranger, mais la demande doit en être faite au Maire de la commune du domicile, avant le tirage. Dès cette époque, les Maires adressent aux Préfets, par l'intermédiaire des Sous-Préfets, un extrait particulier des tableaux de recensement concernant chacun de ces jeunes gens.

Ils y joignent une feuille individuelle contenant tous les renseignements qui sont de nature à éclairer sur la position de famille de ces jeunes gens et à mettre à même d'en reconnaître l'identité.

Pour ceux qui résident en Algérie, les Préfets adressent immédiatement soit au Gouverneur général, lorsque le lieu de la résidence est inconnu, soit à leurs collègues d'Alger, d'Oran ou de Constantine, suivant le lieu de la résidence, tous les renseignements qu'ils ont recueillis sur ces jeunes gens.

Le résultat de la visite est envoyé directement aux Préfets par les soins de l'autorité qui y a présidé. A cet envoi doivent être jointes les pièces justificatives des droits à la dispense que les jeunes gens seraient dans le cas d'invoquer.

Pour ceux qui résident à l'étranger, les Préfets, sans avoir besoin de réclamer l'autorisation du Ministre de la Guerre, ni l'intermédiaire du Ministre des affaires étrangères, les signalent sans retard à nos agents à l'étranger, en leur transmettant tous les renseignements qu'ils ont recueillis sur ces jeunes gens.

Nos agents, aussitôt après la réception de ces pièces, font procéder, en leur présence, par le médecin attaché à l'ambassade ou au consulat, à la visite des jeunes gens qui leur ont été ainsi signalés, après avoir, au préalable, constaté leur identité. Ils transmettent sans retard et *directement* aux Préfets le résultat de cette visite, ainsi que les pièces justificatives des droits à la dispense que les jeunes gens seraient dans le cas d'invoquer.

Mais les Préfets ne doivent autoriser les jeunes gens résidant à l'étranger à se faire visiter au lieu de leur résidence que dans des cas exceptionnels, et alors seulement que ces jeunes gens ont à invoquer comme motif d'exemption une infirmité d'une nature telle que l'inaptitude au service militaire ne puisse faire doute pour personne. Les frais de visite sont à leur charge.

Le conseil de révision du domicile prend seul une décision définitive

Les jeunes gens qui demandent à être visités en France, hors de leur département, doivent être prévenus que le conseil de révision de la résidence ne fait qu'émettre un avis qui servira sans doute à éclairer le conseil de révision du domicile, mais que ce dernier n'est pas tenu de suivre pour sa décision.

A plus forte raison, l'avis émis pour les jeunes gens résidant en Algérie ou à l'étranger, ne saurait-il enchaîner la décision du conseil de révision. En conséquence, les Maires et les Sous-Préfets ne manquent pas de faire comprendre aux jeunes gens quelles sont les conséquences auxquelles ils s'exposent, en ne comparaissant pas devant le conseil de révision de leur domicile, appelé exclusivement à prendre une décision définitive à leur égard.

Mention sur les tableaux de recensement des motifs d'exemption et de dispense

Les Maires mentionnent sur les tableaux de recensement les motifs que les jeunes gens auraient à faire valoir soit pour être exemptés, soit pour être dispensés (art. 20, 21, 22, 23 et 50 de la loi) ; ils indiquent à ces jeunes gens ou aux personnes qui les représentent les pièces qu'ils auront à produire pour justifier de leurs droits, en les invitant à se les procurer en temps opportun. Ils recommandent, en outre, à ceux de ces jeunes gens qui seraient dans le cas d'invoquer la dispense comme frères de militaires en activité de service de réclamer sans retard, par lettres affranchies aux présidents des conseils d'administration des corps, le certificat d'activité indispensable pour la justification de leurs droits (1).

---

(1) Afin de faciliter aux jeunes gens le moyen de se procurer les certificats d'activité de leurs frères, les Maires dressent, dès la publication des tableaux du recensement, les états nominatifs de ces jeunes gens et les envoient immédiatement aux Préfets, qui à titre officieux écrivent directement aux conseils d'administration des corps pour la délivrance des certificats d'activité des hommes appartenant à l'armée de terre.

Il devra en être de même lorsqu'il s'agira d'obtenir l'extrait mortuaire d'un militaire dont le décès est récent. Dans les autres cas, la demande doit être adressée au Maire de la commune où le militaire était domicilié au moment de son entrée au service ; si l'acte de décès n'avait pas été inscrit sur le registre de ladite commune, la famille le réclamerait au Ministre de la Guerre (bureau des archives).

Pour les hommes non encore appelés à l'activité ou en congé de l'armée active, c'est aux commandants des dépôts de recrute-

Ils ont soin également de leur rappeler que les droits dont il n'est pas justifié devant le conseil de révision ne peuvent plus être utilement invoqués après la décision de ce conseil.

Pour les jeunes gens absents et qui ne seraient pas représentés, les Maires s'éclairent soit en consultant ceux de leurs administrés qui connaîtraient ces absents, soit par tout autre moyen qu'ils jugent convenable.

Ils doivent, d'ailleurs, s'informer de tous les changements survenus dans la position des jeunes gens pendant le temps qui s'écoule entre le tirage au sort et la décision du conseil de révision, afin d'être toujours au courant de leur situation, jusqu'au jour où il est définitivement statué à leur égard.

Mention sur les tableaux de la profession des jeunes gens

Les Maires doivent se confermer scrupuleusement aux prescriptions de la loi (art. 10) qui exige que la profession de chacun des jeunes gens soit mentionnée dans les tableaux de recensement.

Instruction des jeunes gens

Les Maires prennent sur l'instruction des jeunes gens des renseignements précis, qui sont indiqués de la manière suivante, en regard de chaque nom, dans la colonne ouverte à cet effet sur le tableaux de recensement :

Par le chiffre 1, pour le jeune homme qui sait lire ;

Par les chiffres 1 et 2, pour le jeune homme qui sait lire et écrire ;

Par les chiffres 1, 2 et 3, pour le jeune homme qui sait lire, écrire et compter ;

---

ment que devra être faite la demande du certificat constatant leur position sous le rapport du recrutement. Pour les hommes de l'armée de mer, les Préfets devront s'adresser directement au Ministre de la Marine et des colonies.

Mais il demeure bien entendu que l'intervention de l'autorité en cette circonstance est purement officieuse et n'engage en aucune façon sa responsabilité au sujet des erreurs, des irrégularités ou des retards qui pourraient avoir lieu. Il est essentiel que les Maires et les Sous-Préfets aient grand soin de ne pas le laisser ignorer aux jeunes gens et à leurs familles.

Par le chiffre 0, pour le jeune homme qui ne sait ni lire ni écrire :

Par la lettre D (douteux), pour le jeune homme dont on ignore le degré d'instruction.

Les Maires recueillent ces renseignements avec le plus grand soin et font comprendre aux jeunes gens qu'ils ont tout intérêt à indiquer exactement leur degré d'instruction, puisque leur déclaration donne les moyens de les classer dans les corps, de manière à utiliser leurs capacités de la façon qui peut leur être le plus profitable.

D'un autre côté, il est nécessaire, dans un but d'utilité publique, que le Gouvernement s'entoure de renseignements statistiques, aussi certains que possible, sur les progrès de l'instruction en France, et, à cet effet, les dispositions suivantes seront exécutées :

Il est ouvert sur la minute des tableaux de recensement une colonne assez large pour recevoir, avec la mention « certifié véritable, » écrite de leur main, les signatures des jeunes gens qui se sont fait inscrire, ou des personnes qui se sont présentées pour eux.

Ceux qui ne savent pas signer apposent une croix.

Pour les absents inscrits d'office, le Maire porte le mot : absent.

Les expéditions des tableaux de recensement doivent contenir également une colonne, dans laquelle les Maires inscrivent la mention que le jeune homme ou son représentant a signé, ou qu'il a apposé une croix, ou qu'il est absent.

Les Maires doivent réclamer le concours des instituteurs publics pour être plus complètement fixés sur le degré d'instruction des jeunes gens qu'ils ont à inscrire, surtout en ce qui concerne les absents.

Pièces non assujetties au timbre

Les certificats, les extraits d'actes de l'état civil, et généralement toutes les pièces que les jeunes gens ont à produire, soit pour leur inscription sur les tableaux de recensement, soit pour la justification devant les conseils de révision de leurs droits à la dispense, sont affranchis du droit de timbre, et doivent, en outre, être délivrés sans frais. Afin de prévenir toute difficulté en ce qui concerne la légalisation des extraits d'actes de l'état civil, il a été arrêté, de concert entre les départements de la Justice et de la Guerre, que les Préfets et les Sous-Préfets légaliseraient ces extraits.

Indication de l'emploi qui doit en être fait

Les fonctionnaires qui délivrent, visent et légalisent lesdites pièces veillent à ce que l'emploi spécial qui doit en être fait y soit expressément mentionné.

Engagés volontaires inscrits sur les tableaux de recensement

Les engagés volontaires sont inscrits au lieu du domicile de leurs père, mère ou tuteur. Dès le premier janvier de chaque année, les corps sont tenus d'adresser au Préfet du département, qui les transmet aux maires des communes intéressées, les états signalitiques concernant ces engagés.

Domicile des fonctionnaires

Le citoyen appelé à une fonction publique, temporaire ou révocable, conservera le domicile qu'il avait auparavant, s'il n'a pas manifesté d'intention contraire.

L'acceptation de fonctions conférées à vie emportera translation immédiate du domicile du fonctionnaire dans le lieu où il doit exercer ses fonctions (art. 106 et 107 du Code civil).

Domicile des majeurs

Les majeurs qui servent ou travaillent habituellement chez autrui auront le même domicile que la personne qu'ils servent ou chez laquelle ils travaillent, lorsqu'ils demeureront avec elle dans la même maison (art. 109 du code Napoléon).

Domicile de la femme mariée

La femme mariée n'a point d'autre domicile que celui de son mari.

Le mineur non émancipé aura son domicile chez ses père et mère ou tuteur.

Le majeur interdit aura le sien chez son tuteur (art. 108 du Code civil).

Envoi du tableau de recensement au Sous-Préfet

Après la 2e publication qui doit avoir lieu au plus tard le 15 janvier, les maires adressent au sous-Préfet une expédition de leurs tableaux de recensement et en conservent une à leur mairie.

Dans les bureaux des Préfectures et Sous-Préfectures, on examine si les inscriptions ont été régulièrement faites. Ce travail préliminaire, que la loi ne prévoit pas, est de toute utilité. On s'exposerait à des retards ou à des erreurs fâcheuses si toutes les opérations des pièces nécessaires au tirage au sort devaient être faites en séance même. Ce qui est surtout important, c'est l'appel nominal, à haute voix, de tous les inscrits, de prendre note de ceux qui ne répondent pas à l'appel et de questionner les maires et les conscrits sur les causes de l'absence.

Chapitre II

TIRAGE AU SORT

Itinéraire du tirage

Un décret fixe, chaque année, les époques auxquelles doivent s'effectuer l'examen des tableaux de recensement et le tirage au sort. Aussitôt après la réception de ce décret, le Préfet, après avoir pris l'avis des Sous-Préfets, arrête l'itinéraire par arrondissement et le fait publier sous forme de placard dans toutes les communes.

Avis à publier

Les Maires publient, dans les formes indiquées ci-dessus, d'après l'arrêté du Préfet, l'avis qui, aux termes du dernier paragraphe de l'article 16 de la loi sur le recrutement, doit indiquer les lieux, jour et heure où il sera procédé à l'examen desdits tableaux et à la désignation par le sort du numéro assigné à chaque jeune homme inscrit.

Cet avis emporte convocation pour les jeunes gens de la classe appelée, leurs parents ou tuteur, et l'obligation de se présenter doit y être expressément mentionnée.

Confection et remise par les Maires de deux expéditions des tableaux

Aussitôt la dernière publication faite du placard de recensement qui doit avoir lieu le 15 janvier, les Maires établissent deux expéditions des tableaux de recensement de leur commune, et en transmettent immédiatement une expédition au Sous-Préfet ou au fonctionnaire chargé de présider à la révision de ces tableaux et au tirage au sort.

Ordre d'inscription

Tous les jeunes gens sont inscrits sur ces expéditions dans l'ordre alphabétique rigoureux de leurs noms de famille, et au besoin de leurs prénoms s'il existe dans la même commune divers jeunes gens portant le même nom patronymique.

Sous-Préfet assisté des Maires du canton pour l'examen des tableaux

Le Sous-Préfet ou le fonctionnaire qui le remplace légalement préside à l'examen des tableaux de recensement dans l'étendue de l'arrondissement.

Conformément aux prescriptions de l'art. 16 de la loi, le président est assisté, dans le canton composé de plusieurs communes, des Maires du canton ; dans les communes qui forment un ou plusieurs cantons, du Maire et de ses adjoints.

Dans les villes divisées en plusieurs arrondissements, le Sous-Préfet ou son délégué est assisté d'un officier municipal de l'arrondissement.

Fonctionnaire chargé de présider à l'examen des tableaux dans les arrondissements chefs-lieux

Le Secrétaire général de la préfecture, ou un conseiller de préfecture désigné par le Préfet préside à l'examen des tableaux des cantons, formant l'arrondissement du chef-lieu du département.

Dans les arrondissements des chefs-lieux du département qui ont un nombre considérable de cantons, le Préfet peut désigner des conseillers de préfecture, qui opèrent simultanément avec le Secrétaire général de la préfecture.

Maires suppléés par leurs adjoints

Lorsque des motifs légitimes les empêchent d'assister à l'examen des tableaux de recensement, les Maires doivent se faire remplacer par un de leurs adjoints.

Ils sont porteurs d'une expédition du tableau de recensement de leur commune.

Présence de la gendarmerie

Un officier de gendarmerie et, suivant les circonstances, une ou deux brigades de cette arme doivent, sur la réquisition du Sous-Préfet, se rendre au lieu de réunion, pour maintenir le bon ordre.

Examen des tableaux au chef-lieu de canton

L'examen des tableaux de recensement et le tirage au sort devant avoir lieu par canton, le Sous-Préfet se transporte, à cet effet, dans chaque chef-lieu de canton.

Lecture des tableaux

Après avoir fait une lecture publique et à haute voix du tableau de recensement de chacune des communes du canton, le Sous-Préfet demande aux personnes présentes si elles ont quelques observations ou réclamations à présenter, tant au sujet des inscriptions portées sur le dit tableau, qu'à l'égard des omissions qui auraient pu être commises.

Dans tous les cas, le Sous-Préfet ne statue qu'après avois pris l'avis des maires (art. 16 de la loi).

Jeunes gens inscrits d'après la notoriété publique

Sont maintenus sur les tableaux de recensement les jeunes gens que la notoriété publique a désignés comme ayant l'âge requis, et qui n'ont pas justifié d'un âge différent dans les formes voulues par l'art. 14 de la loi.

Jeunes gens omis et signalés par la notoriété publique

A moins de preuves irrécusables, le Sous-Préfet doit refuser d'inscrire d'après la notoriété publique les jeunes gens qui, n'ayant pas été portés sur les tableaux de recensement par les Maires, n'ont pas été mis en demeure de justifier de leur âge conformément à l'art. 14 de la loi ; mais il prend note de leur position pour qu'ils soient inscrits, s'il y a lieu, dans la commune de leur domicile, sur les tableaux de la classe suivante.

Radiation des tableaux

Sont seuls rayés des tableaux de recensement les omis inscrits par les maires qui justifient par documents authentiques avoir 45 ans accomplis au moment du tirage.

L'ancienne législation prescrivait également la radiation des tableaux d'une certaine catégorie de condamnés. Les condamnés, dans le cas prévus par les articles 4 et 5 de la loi du 15 juillet 1889, doivent être maintenus aussi bien sur les tableaux de recensement que sur les listes de recrutement cantonal, ils sont exclus de l'armée régulière, mais mis à la disposition du Ministre de la Marine et des colonies qui détermine par des arrêtés spéciaux les services auxquels ils peuvent être affectés.

Le Sous-Préfet statue sur les exclusions opérées par les Maires

S'il y a contestation relativement à des refus d'inscriptions provenant du fait des maires, le Sous-Préfet statue conformément à la loi, et effectue les inscriptions qu'il juge devoir être faites.

Dans les cas douteux le Sous-Préfet doit s'abstenir

Les jeunes gens qui auraient été portés mal à propos sur les tableaux de recensement en sont rayés ; toutefois, lorsqu'il y a doute, le Sous-Préfet s'abstient de prononcer et maintient les réclamations sur les tableaux, sauf décision définitive du conseil de révision.

Annotation sur l'expédition du tableau

Le Sous-Préfet annote sur l'une des expéditions du tableau, dans la colonne ménagée à cet effet, tous les changements et corrections auxquels l'examen a donné lieu ; il y fait connaître les motifs de ces changements ou corrections.

Tableaux de recensement rectifiés et signés

Le tableau rectifié de chaque commune est définitivement arrêté par le Sous-Préfet, et signé, séance tenante, tant par lui que par l'officier municipal qui l'a assisté (art. 16 de la loi).

Derniers avertissements aux jeunes gens

Aussitôt les travaux définitivement arrêtés, les jeunes gens, leurs parents ou tuteurs sont prévenus que les réclamations qu'ils auraient encore à faire relativement à la formation et à la rectification de ces tableaux doivent désormais être portées devant le conseil de révision.

Tirage au sort

Les opérations du tirage au sort commencent immédiatement après que les tableaux de recensement de toutes les communes du canton ont été rectifiés et définitivement arrêtés.

Ordre dans lequel les communes doivent tirer au sort

Dans les cantons composés de plusieurs communes, le Sous-Préfet, en présence des maires qui l'assistent, fait d'abord inscrire sur des carrés de papiers de la même dimension les noms de toutes les communes composant le canton ; il en donne ensuite lecture à haute voix, et après avoir fermé et roulé tous les bulletins de la même manière, il les jette et les mêle dans l'urne destinée à les recevoir. A mesure que le nom d'une commune est tiré de l'urne, ce nom est inscrit sur une liste particulière devant servir à règler, conformément à l'art. 16 de la loi, l'ordre dans lequel l'appel des communes sera fait au moment où les jeunes gens doivent prendre leurs numéros.

Liste préparée à l'avance

La liste de tirage est établie sur un cadre imprimé ; elle est préparée à l'avance pour chaque canton par les soins du Sous-Préfet. (La série des numéros peut être portée à l'avance sur les listes).

Numéros de tirage imprimés

Les numéros de tirage sont imprimés sur des bulletins individuels, uniformes et paraphés par le Sous-Préfet.

Numéros formant une série continue

La totalité des bulletins forme, depuis le n° 1, une série continue de numéros égale au nombre des jeunes gens appelés à concourir au tirage et inscrits sur les tableaux de recensement rectifiés et arrêtés par le fonctionnaire qui préside le tirage.

Bulletins vérifiés par le Sous-Préfet

Le Sous-Préfet compte lui-même publiquement les bulletins, vérifie le numéro de chacun d'eux et, après s'être assuré qu'il n'y a erreur ni dans la quantité des bulletins, ni dans l'inscription des numéros, il en fait la déclaration à haute voix (art. 17 de la loi).

Numéros attribués aux omis condamnés

Le Sous-Préfet met de côté les premiers numéros qui doivent être attribués de droit : 1° aux jeunes gens omis des classes antérieures, condamnés par les tribunaux en vertu de l'article 69 de la loi (fraudes ou manœuvres) ; 2° aux jeunes gens omis des années précédentes. Il inscrit en même temps les noms de ces jeunes gens en tête de la liste de tirage, en observant l'ordre où ils se trouvent portés sur les tableaux de recensement, ainsi que l'ordre dans lequel chaque commune doit participer au tirage.

Numéros placés dans les olives

Après le retranchement des numéros attribués aux omis et aux condamnés, le Sous-Préfet place chacun des numéros restant dans un étui ou olive de la même dimension, vérifie de nouveau si le nombre en est égal à celui des jeunes gens appelés à tirer au sort et les mêle dans l'urne destinée à les recevoir (1).

---

(1) Si, par exemple, dans un canton il existe 250 jeunes gens appelés à y concourir et que sur ce nombre il y en ait trois condamnés pour omission, il ne devra être déposé dans l'urne que 247 numéros ou olives, à partir du n° 4, puisque les n°s 1, 2 et 3 auront été mis à l'écart et affectés aux trois omis.

Ordre d'appel des jeunes gens

Le tirage au sort pour chaque commune s'effectue d'après l'ordre qui a été réglé par le sort, mais les jeunes gens sont appelés dans l'ordre de leur inscription sur les tableaux de recensement en observant l'ordre alphabétique.

Identité des jeunes gens constatée

Afin de constater l'identité des jeunes gens, le Sous-Préfet fait décliner à chacun d'eux, au moment où il vient prendre un numéro dans l'urne, ses nom et prénoms, ainsi que ceux de ses père et mère, et, au besoin même, lui adresse quelques questions sur sa famille, sa filiation, etc.

Il arrive, en effet, que des jeunes gens tirent un numéro à l'appel d'un autre nom que le leur et ne répondent pas à l'appel de leur propre nom. D'autres encore, soit par ignorance, soit par calcul, prennent part au tirage au sort à la place des frères plus âgés portés sur les tableaux de recensement, bien qu'ils soient décédés en bas âge (1).

Tirage et proclamation des numéros

Chaque conscrit prend dans l'urne un numéro qui est remis au Sous-Préfet et proclamé immédiatement par ce fonctionnaire (art. 17 de la loi).

Absents suppléés

Les parents ou, à leur défaut, le Maire de la commune, tirent à la place des absents, toujours en suivant l'ordre dans lequel ils sont inscrits sur les tableaux de recensement.

---

(1) Dans de telles circonstances, l'inscription opérée sur les tableaux de recensement se rapportant au jeune homme décédé, et non à son frère puiné, ce dernier ne saurait se prévaloir des conséquences du tirage au sort, si elles lui sont favorables, pas plus que si elles lui sont contraires, elles ne sauraient lui être opposées. Il y a lieu de rayer purement et simplement des dits tableaux le jeune homme décédé ; le frère puiné doit être reporté au tirage de la classe à laquelle il appartient par son âge.

Inscription des jeunes gens sur la liste

Aussitôt qu'un numéro a été proclamé, les nom, prénoms et surnoms du jeune homme auquel il appartient sont inscrits en regard de ce numéro sur la liste préparée à l'avance.

L'opération du tirage au sort ne peut être recommencée

D'après la législation ancienne, chacun gardait le numéro qu'il avait tiré. Les nouvelles instructions prescrivent, au contraire, que chacun doit garder le numéro qu'il aura tiré ou qu'on aurait tiré pour lui. Il en résulte que, si un conscrit tire un numéro à l'appel d'un nom autre que le sien, ce numéro devra être attribué à l'inscrit au nom duquel il aura été tiré ; et le jeune conscrit devra tirer de nouveau pour son compte à l'appel de son propre nom, l'opération du tirage ne pouvant, sous aucun prétexte, être recommencée (art. 17 de la loi).

Responsabilité en cas d'erreur

Toute erreur en matière de tirage au sort a une extrême gravité. Les fonctionnaires chargés de présider à cette opération doivent donc, sous peine d'engager sérieusement leur responsabilité, se conformer scrupuleusement à toutes les recommandations réglementaires.

Nombre des numéros inférieur à celui des inscrits

Si, malgré les précautions prescrites par la loi, il arrivait que le nombre des numéros déposés dans l'urne fût inférieur à celui des jeunes gens inscrits, ceux qui ne se trouveraient pas pourvus de numéros, seront placés sur la liste cantonale à la suite des jeunes gens qui ont participé au tirage au sort. Il sera procédé entre eux, *séance tenante*, à un tirage supplémentaire qui déterminera l'ordre selon lequel ils seront inscrits sur ladite liste.

Jeunes gens au sujet desquels aucun motif d'exemption ou de dispense n'aura été indiqué

Des annotations sur la liste de tirage font connaître :

1° Les jeunes gens qui, s'étant présentés n'auraient à faire valoir aucun motif d'exemption ou de dispense [1] ;

2° Les jeunes gens qui, absents ont été représentés par leurs parents ou par les Maires et au sujet desquels aucune observation n'aura été faite pour réclamer l'exemption ou la dispense [2] ;

3° Les absents qui ne se sont pas fait représenter [3].

Mention spéciale relativement aux infirmités présumées simulées ou aux mutilations volontaires

Lorsque les jeunes gens sont dans le cas de demander l'exemption pour infirmités de nature à faire naître des soupçons, le Sous-Préfet consulte le maire de la commune, et, s'il résulte de sa déclaration ou de la notoriété publique que les infirmités peuvent être simulées ou paraissent provenir de mutilation volontaire une annotation dans ce sens est portée sur la liste de tirage.

Jeunes gens examinés dans le lieu de leur résidence

Le Sous-Préfet annote sur la liste de tirage les jeunes gens qui demandent ou ont demandé à être visités dans le lieu de leur résidence, en France, en Algérie ou à l'étranger.

Degré d'instruction des jeunes gens

Le Sous-Préfet doit s'assurer, en séance du tirage de l'exactitude des renseignements portés sur les tableaux de recensement au sujet du degré d'instruction et de la profession des jeunes gens, soit en les questionnant, soit par tout autre moyen. Il rectifie ou complète ces renseignements, s'il y a lieu.

---

(1) On mettra en regard du nom : *Présent, point de réclamation.*

(2) *Absent, s'est fait représenter, point de réclamation.*

(3) *Absent et ne s'est pas fait représenter.*

Liste de tirage lue à haute voix

Toutes les opérations du tirage étant terminées, la liste de tirage est lue à haute voix, puis arrêtée et signée de la même manière que le tableau de recensement et annexée avec le dit tableau au procès-verbal des opérations. Elle est, en outre, publiée et affichée dans chaque commune du canton (art. 17).

La liste est signée par le Sous-Préfet et par les Maires

La liste de tirage est arrêtée et signée par le Sous-Préfet et par les Maires du canton, (séance tenante) elle est ensuite annexée avec les tableaux de recensement rectifiés, au procès-verbal des opérations (art. 17 de la loi).

Procès-verbal des opérations de tirage

Le procès-verbal est dressé par le Sous-Préfet et est signé tant par lui que par tous les maires du canton ; il doit mentionner avec soin : la date et la nature des opérations, leur durée, le nombre des jeunes gens par commune compris définitivement sur les tableaux et appelés à tirer au sort, l'ordre dans lequel les communes ont été désignées pour le tirage, les nom et prénoms des omis condamnés auxquels les premiers numéros ont du être affectés ; enfin, tous les incidents qui, à raison de leur nature ou de leur importance, doivent être signalés.

Destruction des bulletins

Tous les bulletins ayant servi au tirage au sort sont détruits immédiatement.

Dans un petit nombre de départements du midi de la France, on passe outre à cette prescription, et les Sous-Préfets de certains arrondissements, en vue de respecter certains usages locaux, laissent aux conscrits le numéro de tirage qu'ils ont amené. Nous ne pensons pas que cette manière de procéder, agréable aux conscrits, puisse présenter des inconvénients sérieux. Dans tous les cas elle est contraire aux dispositions légales.

Publication de la liste

La liste de tirage est publiée et affichée dans chaque commune du canton, conformément au dernier paragraphe de l'article 17 de la loi. (Cette publication résulte du fait du dépôt au secrétariat de la mairie d'une expédition annotée du tableau de recensement.

Documents à établir par les Sous-Préfets après le tirage au sort

Immédiatement après les opérations du tirage de chaque canton, le Sous-Préfet envoie au Préfet du département un état indiquant le nombre des inscrits par canton de son arrondissement, une expédition authentique de la liste de tirage et le procès-verbal des opérations de tirage.

De plus, les Sous-Préfets transmettent au commandant du bureau de recrutement de la subdivision, 15 jours au moins avant le commencement des opérations de révision, une expédition conforme de la liste de tirage de chaque canton.

Documents relatifs aux jeunes gens à examiner au lieu de leur résidence

Le Sous-Préfet adresse au Préfet, dans le plus bref délai, un extrait particulier de la liste de tirage dont les modèles lui sont fournis par le Préfet, concernant chacun des jeunes gens qui demandent à être examinés dans le département de leur résidence. Il y joint une feuille individuelle de renseignements.

Seconde expédition des tableaux

Dès les opérations du tirage terminées, le Sous-Préfet remet aux maires, dûment rectifiée et arrêtée, la seconde expédition des tableaux de recensement.

Renseignements à adresser au Ministre de la guerre après les opérations du tirage

Immédiatement après le tirage au sort, le Préfet rend compte au Ministre de la Guerre, de la manière dont se sont effectuées les opérations du recensement et du tirage en faisant connaître avec détail toutes les circonstances, importantes qui se rattachent à l'exécution de la loi ainsi que les erreurs qui ont pu être commises.

Il joint à ce compte rendu :

1° Un état indiquant, par canton, les jeunes gens inscrits sur la liste du tirage ;

2° Un exemplaire des arrêtés qu'il a pris et des instructions qu'il a adressées, tant aux Sous-Préfets qu'aux Maires, pour l'exécution de ces opérations.

Chapitre III

CONSEIL DE RÉVISION

Epoques des opérations de révision

Un décret du chef de l'État, pris sur les propositions du Ministre de la Guerre, fixe l'époque à laquelle les opérations de révision devront commencer, et l'époque à laquelle elles devront être terminées.

Le Ministre de la Guerre notifie le décret aux Préfets en même temps qu'il leur adresse ses instructions particulières sur la manière dont les opérations de révision doivent être exécutées.

Itinéraire et tournée des conseils de révision

Dès que les Préfets ont reçu notification du décret portant fixation de l'ouverture des opérations de révision, ils règlent leur itinéraire de révision de concert avec les généraux commandant les subdivisions, et le communique au général commandant le corps d'armée.

Si un ou plusieurs cantons de deux départements limitrophes font partie de la même subdivision, les Préfets intéressés se consultent afin que le commandant des bureaux du recrutement puisse opérer successivement dans les deux départements.

L'itinéraire, sous forme de placard, est transmis aux Maires qui l'affichent et le publient dans toute l'étendue de leur commune. Ce placard peut tenir lieu de convocation individuelle pour les jeunes gens qui n'en aurait pas reçu.

Fixation de l'heure d'ouverture des séances

Les Préfets veilleront à ce que le conseil de révision soit réuni de bonne heure dans la localité où il doit siéger, afin qu'il puisse visiter sans précipitation les jeunes gens, examiner leurs réclamations et prendre sur les lieux tous les renseignements nécessaires pour statuer en connaissance de cause, tant au point de vue des réclamations légales que les jeunes gens auront ultérieurement à faire valoir, qu'au point de vue des infirmités faciles à simuler, telles que la surdité, l'épilepsie, l'idiotisme, la myopie, etc.

L'itinéraire doit être envoyé au Ministre de la Guerre

Aussitôt que l'itinéraire est arrêté, les Préfets en adressent un exemplaire au Ministre de la Guerre. Ils y joignent leurs explications, s'ils ont usé, pour le règlement de cet itinéraire de la faculté de réunir exceptionnellement plusieurs cantons et faire exécuter les opérations dans un même lieu, ainsi que le leur permet l'article 19 de la loi.

Composition des conseils de révision

Le conseil de révision se compose, savoir : du préfet, président, ou à son défaut du secrétaire général, et, exceptionnellement du vice-président du conseil de préfecture, ou d'un conseiller de préfecture délégué par le Préfet ; d'un conseiller de préfecture désigné par le préfet ; d'un membre du conseil général du département autre que le représentant élu dans le canton où la révision a lieu ; d'un membre du conseil d'arrondissement, également autre que le représentant élu dans le canton où la révision a lieu.

Les conseillers général et d'arrondissement sont désignés par la commission départementale, conformément à l'art 82 de la loi du 10 août 1871.

Dans le territoire de Belfort, un deuxième membre du conseil général est adjoint au conseil.

D'un officier général ou supérieur désigné par l'autorité militaire, un sous-intendant militaire, le commandant de recrutement, un médecin militaire ou, à défaut, un médecin civil désigné par l'autorité militaire, assistent aux opérations (art. 18 de la loi).

Absence du conseiller général ou du conseiller d'arrondissement

En cas d'empêchement des membres du conseil général ou du conseil d'arrondissement, ceux-ci doivent en prévenir le Préfet assez à temps, afin que ce fonctionnaire puisse, ainsi que le lui prescrit l'article 18 de la loi, les faire suppléer d'office par des membres appartenant à la même assemblée que l'absent, mais en aucun cas, bien entendu, ils ne peuvent être les représentants élus du canton où la révision a lieu.

Si un suppléant ne peut être désigné en temps utile, il convient de passer outre, pourvu que le conseil soit composé de quatre membres *au moins* ; mais alors s'il y a partage de voix, la décision doit être ajournée, la voix du président n'étant pas prépondérante.

Sous l'empire de la loi du 27 juillet 1872, le Préfet n'avait pas le droit, même en cas d'urgence, de désigner d'office, en dehors de la commission départementale, les conseillers général et d'arrondissement. La nouvelle loi prévoyant implicitement, l'impossibilité matérielle dans laquelle peut se trouver l'administration préfectorale de réunir utilement la commission départementale pour faire ces désignations, a laissé aux Préfets la faculté de faire suppléer d'office le conseiller absent.

Dans les colonies, les attributions du préfet, des conseillers de préfecture et des conseillers d'arrondissement sont dévolues aux directeurs de l'intérieur, aux conseillers généraux.

Dans les colonies où il n'existe ni conseil privé, ni conseils généraux, des décrets du chef de l'État, règlent, chaque année, la composition des conseils de révision de ces colonies (art. 18 de la loi).

Présence du général commandant la subdivision militaire

Les généraux commandant les subdivisions territoriales ne peuvent, hors le cas de maladie ou de raisons majeures de service, dont ils auraient à rendre compte sur le champ par la voie hiérarchique, se dispenser de remplir les fonctions de membres du conseil de révision dans le département de leur résidence.

Aucune autorisation d'absence ne doit être accordée au général désigné pour assister le conseil de révision

Sauf les cas d'extrême urgence, les généraux commandant les divisions ne devront pas accorder de permission d'absence aux officiers généraux sous leurs ordres, ni transmettre pour eux au Ministre de la Guerre des demandes de congé pour le temps que dureront les opérations des conseils de révision.

Officiers supérieurs appelés pour suppléer le général

Toutes les fois que les généraux subdivisionnaires ne peuvent assister le conseil de révision, les généraux divisionnaires doivent autant que possible, désigner pour les suppléer, des officiers supérieurs, du grade de colonel ou, à défaut, de lieutenant-colonel.

Membre de l'intendance

Le membre de l'intendance appelé à assister aux opérations du conseil de révision doit être un sous-intendant militaire ou, à son défaut et exceptionnellement, un adjoint de 1re classe à l'intendance.

Rôle du membre de l'intendance auprès du conseil de révision

Le rôle du membre de l'intendance consiste à veiller à la stricte application de la loi et des instructions ministérielles. Il n'a pas voix délibérative.

Il remplit, en quelque sorte, auprès du conseil de révision, les fonctions de ministère public auprès des tribunaux civils, et la loi lui donne toute latitude pour faire insérer au procès-verbal les observations qu'il juge convenable de faire. Il doit être entendu toutes les fois qu'il le demande.

Présence et assistance du commandant du dépôt de recrutement au conseil de révision

C'est en vertu de la loi que le commandant du dépôt de recrutement de la subdivision est admis au conseil.

Il n'a ni voix délibérative ni voix consultative, son rôle consiste surtout à annoter toutes les demandes de choix d'armes ou autres que peuvent faire les conscrits et les renseignements utiles pour la confection du registre matricule.

Quinze jours avant la tournée de révision les Préfets et les Sous-Préfets sont tenus de lui envoyer une expédition de la liste de tirage de chaque canton, au moyen de laquelle il prépare ses feuilles de tournées.

Rôle du commandant du dépôt de recrutement dans les séances du conseil

A l'aide de la liste de tirage, qui doit lui servir ultérieurement à établir le registre matricule prescrit par l'art. 36 de la loi, le commandant de recrutement dresse un carnet de tournée sur lequel, au cours de la séance, il prend note de l'aptitude militaire de chaque homme, de sa profession, de sa taille, de sa constitution et de l'arme à laquelle l'homme demande à être affecté. Il prend note des absents et des motifs de leur absence.

Un sous-officier accompagne le commandant du dépôt de recrutement

Le sous-officier prend, pendant la séance, le signalement des jeunes gens examinés et reconnus aptes à l'un des services de l'armée.

Assistance des médecins militaires

A moins d'impossibilité absolue, des médecins, ayant au moins le grade de médecin-major, doivent être exclusivement employés auprès des conseils de révision.

Deux médecins peuvent-ils être désignés pour visiter les jeunes gens d'un même canton ?

Si le chiffre des hommes à visiter est trop considérable, deux médecins peuvent être désignés pour visiter les jeunes gens, d'un même canton. Dans ce cas, les Préfets doivent se concerter au préalable avec les généraux divisionnaires.

Compte à rendre au Ministre quand deux médecins sont jugés nécessaires

Les Préfets sont tenus de faire connaître au Ministre les cantons pour lesquels deux médecins sont jugés nécessaires. Ils font connaître également le nombre des inscrits à visiter dans ces cantons.

Le médecin supplémentaire n'accompagne le conseil que dans les cantons où il aura été indispensable de le désigner exceptionnellement.

Par qui les médecins militaires sont-ils désignés ?

Sous l'empire de la loi du 27 juillet 1872, et de la circulaire ministérielle du 28 avril 1873, les médecins militaires étaient désignés par l'intendant militaire divisionnaire. La loi du 16 mars 1882 a abrogé ces dispositions et a décidé qu'à l'avenir les médecins militaires seraient désignés par le directeur du service de santé attaché à chaque corps d'armée.

Les Préfets doivent donc, le cas échéant, s'adresser au directeur du service de santé attaché au siège du corps d'armée, pour la désignation de tout médecin pouvant concourir à l'examen physique des jeunes gens des classes appelées. Il arrive souvent que les Préfets, dans des cas urgents, délèguent des médecins civils pour procéder à la visite de jeunes gens malades. Ce mode de procéder est contraire aux instructions, et est par conséquent irrégulier. Dans tous les cas, la visite à domicile doit toujours être faite en présence d'un officier de gendarmerie qui signe avec le médecin, le procès-verbal de visite.

En cas d'insuffisance de médecins-majors dans une division

Toutes les fois qu'il y a insuffisance de médecins-majors dans un corps d'armée, le directeur du service de santé militaire doit se concerter avec ses collègues, afin que ceux-ci, après en avoir référé au général en chef, mettent à sa disposition le nombre de médecins nécessaire pour parer à cette insuffisance.

Les médecins doivent, autant que possible, être étrangers au département dans lequel ils sont appelés à opérer, mais surtout ils ne doivent, sauf les cas d'extrême urgence, opérer au lieu de leur résidence ou garnison.

Le nom du médecin ne doit pas être connu d'avance

Les noms des médecins ne doivent être connus que le jour le plus rapproché possible de celui où commencent les opérations du conseil. La correspondance pour cette désignation doit être rigoureusement confidentielle.

Il est expressément interdit aux médecins d'examiner des jeunes gens hors de la présence du conseil de révision, à moins que le conseil ne les délègue pour la visite à domicile, et dans ce cas en présence d'un officier de gendarmerie.

La loi spécifie les pénalités qu'ils encourraient s'ils recevaient des dons ou s'ils agréaient des promesses pour favoriser les jeunes gens soumis à leur examen (art. 69 de la loi).

Présence du Sous-Préfet et des Maires aux séances du conseil de révision

Le Sous-Préfet ou le fonctionnaire qui a présidé à sa place l'opération du tirage et les Maires des communes du canton sont tenus d'être présents au conseil de révision. Ceux qui, sans excuse légitime, s'abstiendraient d'y assister manqueraient à un devoir que la loi leur impose.

Leur présence est, dailleurs, de toute utilité pour éclairer le conseil sur les divers renseignements dont il peut avoir besoin sous divers rapports.

La loi leur confère, d'ailleurs, le droit de présenter des observations (art. 18).

SÉANCES DES CONSEILS DE RÉVISION

Marque distinctives des membres du conseil de révision. Leur place et leur rang

Les membres du conseil de révision, ainsi que les fonctionnaires civils ou militaires, doivent être revêtus du costume ou des insignes extérieurs auxquels on peut reconnaître leur caractère public.

Le Préfet ou le fonctionnaire qui le supplée préside le conseil.

Le général, ou l'officier supérieur qui le supplée, prend, quel que soit son grade, rang à la droite du président.

Le conseiller de préfecture se place à la gauche du président.

Le conseiller général occupe la seconde place à droite, et le conseiller d'arrondissement la seconde à gauche du président. Le sous-intendant et le commandant de recrutement n'ont pas de place assignée d'avance.

Publicité des séances ; elles doivent s'ouvrir à l'heure fixée

Les séances des conseils de révision sont publiques ; elles doivent s'ouvrir à l'heure précise fixée par la convocation. Les procès-verbaux doivent indiquer non seulement les heures d'ouverture et de levée des séances, mais aussi celle de la convocation, et signaler les causes des retards qui auraient pu se produire.

Présence et service de la gendarmerie au conseil de révision

Le président du conseil requiert un officier de gendarmerie, et le nombre de gendarmes qu'il juge nécessaire pour l'exécution de toutes les mesures qui intéressent la police des séances et l'accomplissement des prescriptions de la loi.

L'officier de gendarmerie ne peut se dispenser, sur la réquisition du Préfet, d'assister en personne aux séances du conseil de révision.

Les gendarmes sont employés pour assurer le bon ordre et prêter main-forte, au besoin, pour l'exécution de la loi. Un gendarme est généralement chargé de faire l'appel des conscrits et de les toiser.

Intérêt des jeunes gens à se faire visiter par le médecin devant le conseil

Les jeunes gens ont un très grand intérêt à être visités et les maires doivent le leur rappeler. Telle infirmité dont ils ne soupçonnent pas l'existence peut, en effet, motiver l'exemption du service militaire, si elle est constatée par le médecin qui assiste le conseil de révision, tandis qu'une fois inscrits sur le registre matricule comme absents, ils ne sauraient être réformés que s'ils se trouvaient dans l'impossibilité absolue de faire aucun service.

Cas où le conseil de révision peut statuer en l'absence des jeunes gens

L'ancienne législation laissait aux conseils de révision la faculté de déterminer, suivant les circonstances, le mode de visite des jeunes gens appelés. Le conseil, en vertu de son pouvoir discrétionnaire, pouvait appliquer l'exemption à un individu absent dont l'inaptitude lui paraissait suffisamment établie, tant par les pièces produites que d'après les renseignements pris par l'administration locale.

L'art. 19 de la nouvelle loi a modifié profondément cette manière de procéder en décidant que si les conscrits ne se rendent pas à la convocation qui leur est faite, s'ils ne se font pas représenter, ou s'ils n'ont pas obtenu un délai, il est procédé comme s'ils étaient présents. Il est donc indispensable, que les jeunes gens, quelles que soient les infirmités dont ils peuvent être atteints de se présenter devant le conseil ; et en cas d'impossibilité de demander un ajournement ou leur visite à domicile. Néanmoins, dans la pratique, les conseils de révision seront certainement contraints d'admettre la notoriété publique, surtout si les intéressés produisent des documents d'une authenticité incontestable.

Mesures étalonnées pour l'usage du conseil de révision

Chaque chef-lieu de canton doit tenir à la disposition du conseil un double mètre étalonné. L'état de cet instrument est contrôlé annuellement par le vérificateur des poids et mesures, et, autant que possible, avant la tournée du conseil.

Dans le cas où les jeunes gens seraient examinés hors du chef-lieu de canton, le conseil aurait à transporter avec lui un double mètre.

DÉCISIONS DES CONSEILS DE RÉVISION

Nombre de voix nécessaire pour la validité d'une décision

Pour qu'une décision du conseil de révision soit valable, il faut que quatre membres au moins soient présents, et que la décision soit prise à la majorité de trois voix. Il faut de plus que parmi ces quatre membres soient compris le président et l'officier général ou supérieur. L'absence d'un de ces deux membres entâcherait la décision de nullité (art. 18 de la loi).

Séances du conseil de révision

L'article 18 de la loi a décidé, contrairement aux dispositions antérieures, que toutes les opérations du recrutement auraient lieu en séance publique.

Il s'ensuit que la constatation de l'aptitude physique, faite autrefois à huis-clos, doit avoir lieu en public, sans aucune restriction. Cependant, la loi laissant au président la police de la salle des séances lui confère implicitement la faculté d'apprécier, de concert avec les autres membres du conseil, les cas où le huis-clos pourrait être jugé nécessaire pour la visite d'un ou plusieurs conscrits.

Comment les voix sont recueillies par le président

Les voix sont recueillies par celle du membre qui prend séance le dernier (1° conseiller d'arrondissement, 2° conseiller général, 3° conseiller de préfecture, le général ou son suppléant).

Les conseils sont seuls juges des documents qui leur sont soumis

L'article 18 de la loi admet, comme preuve des droits des parties, des certificats ainsi que des documents authentiques, et les conseils de révision en sont les seuls juges, en tant que les jeunes gens ne sont pas encore inscrits sur les registres matricules. Une fois cette inscription faite, qui ne peut avoir lieu qu'après décision du conseil de révision, l'examen des pièces et les droits à conférer appartiennent aux conseils d'administration des corps auxquels les intéressés sont affectés.

Irrévocabilité en principe des décisions du conseil révision

Bien que, d'après l'art. 32 de la loi, les décisions du conseil de révision puissent être attaquées devant le Conseil d'Etat pour incompétence, excès de pouvoir ou violation de la loi, elles n'en conservent pas moins le caractère d'irrévocabilité qu'elles avaient sous l'empire de l'ancienne législation. Néanmoins, tout homme valide étant tenu d'accomplir, une année de service, et pouvant revendiquer après son incorporation des droits à la dispense auprès des conseils d'administration des corps, les décisions du conseil de révision n'empruntent un caractère d'irrévocabilité que pour les cas d'exemption physique.

Le conseil excèderait ses pouvoirs, et sa décision serait certainement infirmée par le conseil d'Etat, s'il statuait définitivement par exemple sur des hommes qui, condamnés pour faits politiques ou connexes à des faits politiques ou qui portés sur les tableaux de recensement, justifieraient en séance du conseil, de réclamations ne pouvant être tranchées que par les tribunaux civils. Dans ces cas le conseil ne peut prendre qu'une décision conditionnelle (art. 31).

Le recours au conseil d'Etat n'a pas d'effet suspensif, et l'annulation de la décision du conseil de révision profite toujours aux parties lésées.

Ajournement en cas de décision judiciaire à intervenir

Lorsqu'un jeune homme forme une réclamation qui touche à son état ou à ses droits civils, le conseil de révision doit, par application de l'art. 31 de la loi, ajourner sa décision jusqu'à ce que les tribunaux aient statué. Il se borne à constater l'aptitude au service du réclamant.

Délais que peut accorder le conseil pour production de pièces. Leur durée

Les jeunes gens peuvent sur leur demande obtenir du conseil de révision des délais pour se présenter, ou pour réunir les pièces justificatives de leur réclamation.

L'ancienne législation ne permettait pas d'étendre la durée de ces délais au-delà de 20 jours. Par une décision ministérielle du 9 mars 1878 ce délai fut réduit à 10 jours. La nouvelle loi s'est bornée à maintenir le principe sans déterminer la durée. Il en résulte que la décision du 9 mars 1878 précitée, reste en vigueur et que les conseils de révision peuvent ajourner leur décision à telle séance qu'ils jugent convenable, dans le délai de 10 jours.

Dans la pratique les conseils de révision sont souvent amenés à accorder, malgré eux, des délais plus considérables, pour la seule raison que ces conseils peuvent ne pas siéger à l'époque déterminée pour l'expiration du délai accordé. D'ailleurs, nous estimons qu'il serait plus équitable, aussi bien dans l'intérêt de l'État, que des jeunes gens, de proroger ces délais, lorsqu'il est constaté, que la solution de la question qui l'a motivé est indépendante de la volonté des intéressés, à la condition toutefois que le conseil puisse statuer avant l'époque fixée pour la clôture des opérations de la classe.

Conséquence du délai au point de vue des droits à l'exemption ou à la dispense

L'appelé, qui a obtenu un délai pour se présenter ou pour produire des pièces, bénéficie des droits à l'exemption ou à la dispense qui peuvent naître en sa faveur pendant la durée de l'ajournement, de même qu'il se trouverait privé des droits dont il s'agit, si, pendant ce laps de temps, ces droits cessaient d'exister.

Constatation de l'identité du jeune homme qui se présente après avoir obtenu un délai

Quand le conseil de révision statue sur des ajournés, il doit s'assurer de leur identité, afin d'éviter des substitutions de personnes d'autant plus faciles que l'appelé se présente alors dans un canton où il n'est pas connu.

Le président du conseil de révision doit, dans ce cas, poser à l'ajourné telles questions qu'il jugera utiles, sur la filiation des père, mère, date de naissance, etc., de manière à éviter toute substitution.

Vérification des tableaux de recensement et de l'opération du tirage par le conseil de révision. Radiations

Le conseil de révision constate la validité des inscriptions effectuées sur les tableaux de recensement, et la régularité de l'opération du tirage. Il raye de la liste tout jeune homme qui lui parait avoir été inscrit contrairement aux prescriptions de la loi et statue sur toutes les réclamations qui lui sont présentées au sujet du tirage.

Il raye également les jeunes gens qui, depuis le tirage, sont décédés, uo ont perdu la qualité de français ; il prend note de ceux qui, par suite de condamnations judiciaires, seraient exclus de l'armée, par application de l'article 4 de la loi, mais qui doivent être mis à la disposition du Ministre de la Marine.

Le Préfet peut-il se faire remplacer à la présidence du conseil

Les Préfets sont tenus, autant que possible, de présider en personne le conseil de révision. Toutefois, par application de l'art. 18 de la loi, ils peuvent se faire remplacer soit par le secrétaire général, soit par le vice-président du conseil de préfecture ou par un conseiller de préfecture délégué. Dans ce cas, ils doivent en rendre compte au Ministre de la Guerre, faire connaître la durée de l'absence et les circonstances qui la motivent. Dans l'intérêt des populations surtout, les Préfets ne doivent user de cette faculté que le moins possible.

Dans quelles circonstances le conseiller de préfecture peut-il remplacer le Préfet comme président

Ainsi que nous l'avons dit plus haut, le conseiller de préfecture qui fait partie du conseil ne peut remplacer le Préfet comme président, que si un évènement imprévu exige l'absence du Préfet, du secrétaire général et du vice-président du conseil de préfecture, si cette absence devait se prolonger, un nouveau conseiller doit être immédiatement appelé dans le conseil et le Préfet, rend compte au Ministre des circonstances qui ont motivé la désignation d'un conseiller comme président.

La voix du président est-elle prépondérante ?

Si par suite d'une absence le conseil de révision ne se compose que de 4 membres, il peut délibérer ; mais la voix du président n'est pas prépondérante. La décision ne peut être prise qu'à la majorité de trois voix ; en cas de partage elle est ajournée (art. 18 de la loi).

Par qui les conseillers général et d'arrondissement sont-ils désignés

Les conseillers généraux et d'arrondissement appelés à faire partie du conseil de révision sont désignés par la commission départementale du conseil général, conformément à l'article 82 de la loi du 10 août 1871 (1).

Toutefois, le Préfet, en cas d'urgence, peut, par application de l'art. 18 de la loi, les faire suppléer d'office, à la condition, bien entendu, que les membres désignés par lui ne soient pas les représentants élus du canton où la révision a lieu.

Le conseil de révision peut-il prendre une décision en l'absence du membre de l'intendance ?

Le conseil ne peut ni délibérer ni prendre une décision hors la présence du membre de l'intendance. D'ailleurs, le président du conseil doit veiller à ce que ce fonctionnaire puisse efficacement et librement remplir la mission importante que la loi lui confie.

Ajournement à un nouvel examen pour faiblesse de constitution ou défaut de taille

Le conseil de révision devra éviter de prononcer l'ajournement pour faiblesse de constitution, sans l'avis formel du médecin militaire, signalant les jeunes gens soumis à son examen comme insuffisamment développés, mais susceptibles, avant une ou deux années, de devenir aptes au service armé.

Quant aux hommes qui n'ont pas la taille réglementaire de 1 m. 54 centimètres, ils doivent nécessairement être ajournés à l'année suivante, et une deuxième année, s'il y a lieu. Après deux visites successives à une année d'intervalle il est statué définitivement ; ils sont alors ou incorporés dans l'armée active ou dans l'armée auxiliaire pour être soumis aux obligations de la classe à laquelle ils appartiennent (art. 27).

---

(1) Art. 82 de la loi du 10 août 1871 :

« La commission départementale assigne à chaque membre du conseil général et aux membres des autres conseils électifs le canton pour lequel ils devront siéger dans le conseil de révision.

« Le projet portait : la commission départementale *désigne* les membres du conseil général ou des autres conseils électifs qui siègent. »

Cas où le conseil de révision ne peut prononcer l'ajournement à un nouvel examen

Les jeunes gens qui sont appelés à concourir au tirage comme omis ne peuvent être ajournés à l'année suivante si leur omission remonte à plus d'un an. Le conseil de révision doit statuer sur eux sans ajournement. En fixant à deux années au plus la durée possible de l'ajournement, le législateur en édictant les dispositions *de l'art.* 27 *de la loi* a cru, avec raison, que l'homme âgé de 23 ans, qui n'est pas apte à un service armé, n'est plus susceptible de le devenir.

Absents sans motifs légitimes

Tous les individus inscrits sur la première partie de la liste de recrutement comme absents et qui, au moment de leur appel à l'activité, ne justifient pas devant l'autorité militaire des causes légitimes qui les ont empêchés de se présenter devant le conseil de révision, doivent toujours être dirigés sur un corps, à moins qu'ils ne soient reconnus absolument impropres à toute espèce de service.

Les jeunes gens ont donc tout intérêt à se faire examiner par le conseil de révision.

Jeunes gens prévenus de s'être rendus impropres au service

La tentative de mutilation volontaire est punie comme le fait.

La loi punit de la même peine la tentative et le fait de s'être volontairement rendu impropre au service militaire. Le conseil de révision n'a donc pas à distinguer entre les deux cas.

Lorsqu'un jeune homme paraît s'être mutilé ou avoir provoqué une infirmité, soit temporaire, soit permanente, dans le but de se soustraire à ses obligations militaires, le conseil de révision doit ajourner sa décision et le déférer aux tribunaux.

Condamnés pour s'être rendus impropres au service

Dans le cas de condamnation, le conseil de révision doit toujours refuser l'exemption définitive, alors même que l'homme est matériellement impropre à toute espèce de service.

Les Préfets notifient immédiatement les condamnations aux généraux commandant les divisions territoriales, en leur faisant connaître la peine prononcée, le lieu où elle est subie, et la date à laquelle a commencé la détention. Si la condamnation entraîne l'exclusion des rangs de l'armée, l'homme doit être néanmoins maintenu sur le registre matricule et mis à la disposition du Ministre de la Marine.

Destination à donner aux jeunes gens condamnés

Les généraux divisionnaires prescrivent les mesures nécessaires pour qu'à leur sortie de prison les jeunes gens soient, sans délai, dirigés sur la deuxième compagnie de pionniers de discipline.

Jeunes gens condamnés pour faits postérieurs à la révision

La disposition qui précède s'applique également aux jeunes gens qui, dans l'intervalle de la clôture de la liste cantonale ou à leur mise en activité, auront pour le même délit, été déférés aux tribunaux par l'autorité militaire, et auront été condamnés.

Convocation des jeunes gens devant le conseil de révision

Tous les jeunes gens indistinctement doivent être convoqués devant le conseil de révision.

Aux termes de la loi, tout français valide est appelé à faire partie de l'armée active pendant 3 ans et des réserves jusqu'à l'âge de 45 ans. De là la nécessité de faire comparaître, chaque année, devant le conseil de révision tous les jeunes gens inscrits sur les listes de tirage de la classe, ainsi que tous les jeunes gens des classes antérieures ajournés à un nouvel examen.

Par qui sont établis les ordres de convocation ?

Les ordres de convocation devant le conseil de révision sont établis par les Préfets et Sous-Préfets. Ils sont individuels, et doivent indiquer le lieu, jour et heure de la réunion du conseil pour chaque canton.

Toutefois, les jeunes gens sont tenus de se rendre devant le conseil de révision alors même qu'ils n'auraient pas reçu de convocation individuelle. La convocation par voie d'affiche est suffisante, et ils ne sauraient se prévaloir du fait qu'ils n'ont pas été convoqués individuellement pour ne pas se présenter.

Notification des ordres de convocation

Elle est faite par les maires, au domicile et huit jours au moins d'avance, savoir :

1° A tous les jeunes gens maintenus sur le tableau de recensement tel qu'il a été rectifié le jour du tirage ;

2° Aux jeunes gens ajournés les années précédentes, par application de l'art. 27 de la loi.

Jeunes gens indûment exemptés ou dispensés

Quand un jeune homme est signalé comme ayant été indûment exempté ou dispensé, le Préfet en rend compte au Ministre de la Guerre, qui, suivant le cas, défère l'homme aux tribunaux civils, ou lui fait simplement application du dernier alinéa de l'art. 69 de la loi en le rétablissant en tête de la 1re partie de la classe appelée.

Réclamations des jeunes gens contre les décisions du conseil de révision

C'est aux Préfets que doivent être adressées les réclamations des jeunes gens qui peuvent se croire lésés par les décisions des conseils de révision.

Ce fonctionnaire transmet au Ministre de la Guerre celles qui lui paraissent fondées. Il y joint le dossier sur le vu duquel le conseil de révision a statué.

Procès-verbal des séances du conseil de révision

Il est tenu en séance du conseil de révision, dans chaque canton, un procès-verbal des opérations effectuées. Ce procès-verbal (1) indique la date, l'heure de l'ouverture de la séance, l'heure pour laquelle la convocation avait été faite, les circonstances qui auraient pu motiver un retard, les noms et qualités des membres du conseil de révision, ainsi que des fonctionnaires civils et militaires qui ont assisté à la séance, en exécution de l'art. 18 de la loi. Il mentionne, en outre, les décisions rendues à l'égard de chacun des jeunes gens, les observations du sous-intendant militaire, les incidents qui peuvent s'être produits et l'heure à laquelle la séance a été levée.

Il est lu en séance publique.

Le procès-verbal n'est signé que par les membres du conseil de révision.

Liste de recrutement cantonal

La liste de recrutement cantonal, qui n'est autre que la liste de tirage dressée au moyen du tableau de recensement, est préparée à l'avance par les soins du Préfet: elle est établie nominativement et par ordre de numéros du tirage en commençant par le n° 1, jusqu'au dernier numéro représentant le nombre total des conscrits qui ont pris part au tirage dans le canton; elle contient, en outre, tous les renseignements nécessaires en regard de chaque nom, ainsi que les réclamations que les conscrits ont pu formuler.

Après que le conseil de révision a définitivement statué sur les cas d'exemption, de dispense ou autres auxquelles les opérations peuvent donner lieu, la liste de recrutement cantonal de la classe est arrêtée et signée par tous les membres du conseil.

Cette liste est divisée en sept parties, comprenant par ordre de numéros de tirage :

1° Tous les jeunes gens déclarés propres au service militaire et qui ne doivent pas être classés dans les catégories suivantes ;

(1) Il est généralement tenu en séance par le secrétaire qui accompagne le Préfet dans la tournée, dans le cas où il tiendrait les dossiers, c'est le conseiller de préfecture qui tient alors le procès-verbal.

2° Les jeunes gens dispensés en vertu de l'article 21 de la loi, (aîné d'orphelins, unique ou aîné de veuve, petit-fils de veuve, frère au service, etc., etc.) ;

3° Les jeunes gens dispensés en vertu des articles 23 et 50, (enseignement, élèves ecclésiastiques, et les jeunes gens dispensés du service pendant la durée de leur séjour à l'étranger) ;

4° Les jeunes gens liés au service en vertu d'un engagement volontaire, d'un brevet ou d'une commission, et les marins inscrits ;

5° Les ajournés à un nouvel examen pour faiblesse ou défaut de taille ;

6° Les jeunes gens qui ont été classés dans les services auxiliaires de l'armée ;

7° Les jeunes gens exclus en vertu de l'art. 4 de la loi, (condamnés mis à la disposition du ministre de la Marine).

La liste de recrutement devant rester établie par rang du numéro du tirage au sort, ces 7 catégories sont indiquées, dans la colonne affectée à cet usage par la seule mention de 1 à 7 selon les cas.

Comptes à rendre après la révision

Les Préfets, les généraux subdivisionnaires, les sous-intendants militaires adressent chaque année au Ministre un rapport sur les opérations de la révision.

Avec ce rapport les Préfets envoient, un compte numérique et sommaire sur les jeunes gens de la classe.

Des imprimés pour l'établissement de ces documents sont transmis annuellement, par le Ministre, à chacun de ces fonctionnaires. Les Préfets dressent, en outre, et envoient au Ministre, dans le mois qui suit la fin de la tournée de révision, un état nominatif des jeunes gens auxquels a été fait application de l'article 23 de la loi.

DE LA VISITE DES ÉTRANGERS AU DÉPARTEMENT

Des étrangers au département

On entend par étranger au département tout conscrit qui, ayant pris part au tirage au sort dans le département où sont légalement domiciliés ses parents au moment du tirage, se trouve résider dans un autre département à l'époque de la réunion du conseil de révision, chargé de la formation de la classe à laquelle il appartient.

De la visite des jeunes gens au lieu de leur résidence

Lorsqu'un jeune conscrit ou un ajourné à un an, se trouve à l'époque de la réunion du conseil de révision, *hors du département dans lequel il a tiré au sort*, il peut demander et obtenir facilement l'autorisation d'être examiné au lieu de sa résidence.

Il s'adresse à cet effet au Préfet du département dans lequel il a tiré au sort en lui fournissant toutes les indications nécessaires à l'établissement des pièces ; savoir : nom, prénoms, canton du tirage, numéro échu et adresse exacte des parents ou tuteur.

Le Préfet qui est saisi de cette demande fait alors établir par le maire de la commune :

1° Extrait du tableau de recensement et de la liste de tirage ;

2° Une feuille de renseignements.

Ces pièces revêtues de la signature du Sous-Préfet sont adressées au Préfet du département de la résidence du conscrit.

Convocation des jeunes gens étrangers au département

Les étrangers au département sont convoqués dans les mêmes formes que les jeunes gens de la classe dès que le Préfet a reçu les pièces nécessaires à la visite.

La première séance qui se tient au chef-lieu du département est consacrée aux étrangers. Si les jeunes gens à examiner sont en trop grand nombre il peut être tenu plusieurs séances.

Les étrangers au département peuvent-ils être visités avant l'époque de l'ouverture des opérations de révision ?

Dès que le Ministre de la Guerre a fait connaître aux Préfets l'époque à laquelle les opérations de révision devront s'effectuer, rien ne s'oppose à ce que les jeunes gens étrangers au département soient examinés quelques jours avant le commencement des dites opérations, de manière à mettre en mesure le conseil de révision du domicile légal, qui seul prononce définitivement, de statuer à leur égard sans avoir à accorder de délai.

Identité, constatation, mesures à prendre en cas de doute

Lorsque les jeunes gens se présentent devant le conseil de révision ou devant les autorités chargées de les examiner au lieu de leur résidence, ils doivent être munis de pièces authentiques constatant leur identité.

D'ailleurs, au moyen des pièces déjà reçues, le Président s'assurera de leur identité en leur adressant des questions sur leur état civil, leur filiation, date de naissance, etc.

Si des doutes subsistent sur leur idendité, le conseil de révision ne doit pas donner d'avis sur l'aptitude physique. Il renvoi simplement au Préfet du domicile les pièces qu'il avait reçues après y avoir consigné les circonstances pour lesquelles le conseil s'est abstenu. Dans ce cas, l'intéressé devra se présenter devant le conseil de révision de son département.

Le conseil de révision du lieu de la résidence peut-il accorder de délai ?

Non, il ne peut accorder aucun délai aux jeunes gens qui en feraient la demande, s'ils ne se rendent pas à la séance ; leur non-comparution est constatée sur l'extrait de la liste de tirage qui doit être renvoyée au Préfet du domicile légal dans les deux jours qui suivent.

Toutefois, ces prescriptions ne sont pas toujours observées, et nous estimons qu'il doit en être ainsi, attendu que, par suite de circonstances indépendantes de la volonté de l'intéressé, il peut se faire qu'il ne puisse se présenter le jour même de la convocation. Ce qu'il importe, c'est que le résultat de la visite puisse parvenir au Préfet du département où le conscrit a tiré au sort, avant la clôture des opérations de révision.

Le conseil de révision du domicile peut seul statuer

Seul le conseil de révision du domicile légal prononce définitivement ; celui de la résidence ne donne qu'un avis. Le premier conseil a donc toujours le droit, dans l'intérêt des jeunes gens, comme dans celui de l'armée, d'examiner de nouveau l'homme qui a été visité au lieu de sa résidence, s'il se présente devant lui en temps utile.

Renvoi des pièces concernant les étrangers au département

Le Préfet du département de la résidence doit renvoyer, annotées de l'avis du conseil, dans les deux jours qui suivent la date fixée pour la visite, à son collègue du département du domicile légal, les pièces qui lui avaient été transmises, savoir : extrait de la liste de tirage avec feuille de renseignements annotés de l'avis du conseil de révision et signés du président du conseil.

Jeunes gens autorisés à être visités en Algérie ou à l'étranger

Les Préfets peuvent autoriser les jeunes gens à se faire examiner en Algérie ou à l'étranger. Les pièces (extrait de la liste de tirage et feuilles de renseignements) sont envoyées soit au Préfet de la province de la résidence du conscrit, soit directement à l'agent consulaire.

Nous ajouterons, cependant, en ce qui concerne les jeunes gens qui désirent se faire visiter à l'étranger, que les Préfets ne doivent accorder ces autorisations que dans des cas exceptionnels.

DES EXEMPTIONS DÉFINITIVES. OBLIGATIONS MILITAIRES

Exemptions

Sont seuls exemptés du service les hommes atteints d'infirmités qui les rendent impropres à tout service actif ou auxiliaire.

Dans tous les autres cas, c'est le mot de dispense qu'il faut employer. (Voir la nomenclature des infirmités, ou maladies pouvant motiver l'exemption).

L'exemption doit être prononcée de préférence à la dispense

Sous l'empire de l'ancienne législation les hommes, qui avaient obtenu la dispense à un titre légal, restaient dans leurs foyers à l'appel de leur classe.

La loi du 15 juillet 1889, art. 21, imposant l'obligation d'une année de service à quiconque est reconnu bon, le conseil de révision doit forcément se prononcer tout d'abord sur l'état physique, sauf à statuer ensuite sur le cas de dispense invoqué. L'exemption fixe, en effet, les jeunes gens d'une manière définitive ; tandis que la dispense est seulement conditionnelle et subordonnée à l'année de service à accomplir avant de bénéficier de la dispense accordée par le conseil de révision.

Il importe, d'ailleurs, dans l'intérêt de l'État, de ne pas faire figurer sur les listes de recrutement des hommes qui, à leur appel à l'activité, constitueraient des non-valeurs. Les conseils de révision ne sauraient donc trop s'inspirer de ces considérations et, dans les cas douteux, il doit ajourner à un nouvel examen ou classer dans le service auxiliaire tout homme dont la constitution physique laisse à désirer pour faire un service actif.

L'exemption peut-elle être accordée sans avoir entendu le médecin militaire ?

Malgré les pouvoirs discrétionnaires dont les conseils de révision sont investis ils ne peuvent prononcer l'exemption pour infirmités sans avoir entendu le médecin militaire chargé d'assister à la séance.

Celui-ci doit, de son côté, *motiver son avis* et fournir au conseil toutes les explications qu'il pourrait lui demander, tant au point de vue de savoir si l'homme doit être exempté définitivement ou classé dans le service auxiliaire, ou bien ajourné à un nouvel examen, c'est-à-dire à un an.

Les jeunes gens peuvent-ils être envoyés dans les hôpitaux par les conseils de révision ?

Dans aucun cas, le conseil de révision, ne peut envoyer un jeune homme à l'hôpital pour l'y faire observer à loisir (circulaire du 28 avril 1873).

Cette prescription n'est pas toujours scrupuleusement suivie. Les conseils de révision ne doivent pas perdre de vue que la loi, toutes les fois qu'il y a doute, tend plutôt à favoriser les particuliers.

Il est, d'ailleurs, sous tous les rapports, dans l'intérêt de l'Etat de ne comprendre dans l'armée que des hommes parfaitement aptes au service armé.

Enquête à faire pour les infirmités faciles à simuler

Toutes les fois que l'exemption est demandée pour surdité, bégayement, épilepsie, folie, myopie, en un mot, toute infirmité non apparente ou pouvant être facilement simulée, le Préfet, avant même le commencement des opérations, fait procéder à une enquête sur les lieux, par les soins de la gendarmerie. Cette enquête devra relater les noms et prénoms des personnes interrogées et tous les renseignements de nature à éclairer le conseil de révision.

Si l'infirmité n'est alléguée qu'en séance du conseil, celui-ci accorde alors un délai, et le Préfet procède immédiatement à l'enquête dont il s'agit.

Devant qui la visite à domicile doit-elle être faite

Quand un homme est atteint d'une maladie ou d'une infirmité qui le met dans l'impossibilité absolue de se rendre devant le conseil de révision le jour fixé, le conseil peut lui accorder un délai, ou déléguer un médecin militaire pour le faire visiter à domicile. Cette visite devra être faite devant l'officier de gendarmerie de l'arrondissement qui dresse procès-verbal et l'envoi immédiatement au Préfet, revêtu de sa signature et de celle du médecin qui a opéré la visite pour être soumis au conseil qui statue.

Certificat d'exemption

Tout homme reconnu impropre au service actif ou auxiliaire reçoit, sur sa demande, du Préfet ou du Sous-Préfet, un certificat constatant sa situation au point de vue du recrutement qu'il est tenu de représenter à toute réquisition des autorités militaire, judiciaire ou civile.

La possession de cette pièce pouvait ne pas avoir un grand intérêt sous l'ancienne législation. Mais aujourd'hui que tout exempté, ajourné, classé dans les services auxiliaires, dispensé ou bénéficiant, à un titre quelconque, de l'exonération du service actif dans l'armée, est assujetti à une taxe militaire annuelle, il est indispensable que les hommes non soumis au service actif, aient ce certificat en leur possession.

Nomenclature des maladies ou infirmités qui peuvent motiver l'exemption du service militaire

Faiblesse de constitution.

MALADIES GÉNÉRALES

Scrofules.
Anémie.
Cachexies diverses.
Scorbut.
Diabète sucré.
Albuminurie.
Cancer.
Mélanose.
Tubercules.
Syphilis.
Morve et farcin.
Pellagre.

MALADIES DES TISSUS

Maladies de la peau.

Eczéma chronique.
Lichen chronique.
Psoriasis.
Icthyose.
Pityriasis.
Impétigo chronique.
Ecthima cachecticum, rupia, pemphygus.
Acné.
Lupus.
Affections parasitaires, herpès, pityriasis versicolor.
Sycosis.
Favus.
Eléphantiasis.
Nævi materni.
Productions cornées.
Ulcères.
Cicatrices.

Maladies du tissu cellulaire.

Maigreur.
Obésité.
Anasarque, œdème.
Abcès.
Lipômes, kystes.

Maladies des membranes séreuses.

Epanchements.

Maladies des vaisseaux sanguins.

Tumeurs érectiles.
Varices.
Anévrysmes.

Maladies du système lymphatique.

Adénites.

Maladies des nerfs

Paralysies.
Contractures.
Spasmes.
Tremblement.
Névralgies.
Névrômes.

Maladies du système musculaire.

Rupture musculaire.
Rétractions.
Atrophies.
Hydropisies des gaines tendineuses.

Maladies des articulations.

Arthrite chronique, hydarthrose.
Tumeurs blanches.
Corps mobiles.
Ankylose.
Déformation, distension, relâchement.

Maladies des os.

Périostite.
Ostéite.
Nécrose et carie.
Périostose, exostose.
Tumeurs et déformations.

MALADIES DES RÉGIONS

Maladies du cuir chevelu et du crâne

Favus.
Herpès tonsurant.
Porrigo decalvans.

Pilyriasis.
Eczéma et impétigo chroniques.
Alopécie.
Tumeurs de la tête.
Ossification imparfaite.
Cicatrices, lésions étendues.

Maladies de l'encéphale et de la moelle

Idiotie et crétinisme.
Aliénation mentale.
Paralysie générale progressive.
Delirium tremens.
Epilepsie.
Epilepsie alcoolique.
Vertige épileptiforme.
Catalepsie.
Chorée.
Tétanie.
Somnambulisme.
Nostalgie.
Aphasie.
Ataxie locomotrice.
Atrophie musculaire progressive.
Sclérose musculaire.

MALADIES DES OREILLES

Perte du pavillon, atrophie, hypertrophie, tumeurs.
Atrésie du conduit auditif.
Polypes.
Corps étrangers.
Affections de l'oreille externe et moyenne.
Inflammations des cellules mastoïdiennes.
Affections de l'oreille interne.
Surdité.
Surdi-mutité.

MALADIES DE LA FACE

Aspect général.
Difformités du front.
Mutilations.
Tumeurs diverses.
Ulcères.
Fistules.
Dermatoses.
Névralgies.
Paralysies.

Maladies des sinus de la face.

Maladies des os maxillaires.

Difformités.
Division, perforation du palais.
Mutilations, lésions pathologiques.
Lésions diverses.

MALADIES DES YEUX

Maladies des paupières.

Destruction, division.
Cicatrices.
Entropion, ectropion.
Tumeurs.
Blépharite ciliaire.
Trichiasis.
Chute de la paupière.
Paralysie de l'orbiculaire.
Blépharospasme.

Maladies des voies lacrymales.

Tumeurs de la glande lacrymale.
Epiphora.
Dacryocystite, tumeur et fistule lacrymales.

Maladies de la conjonctive.

Conjonctivités aiguës.
Conjonctivités chroniques.
Ptérygion.
Xérophtalmie.
Tumeurs de la conjonctive.

Maladies de la caroncule lacrymale

Maladies de la cornée.

Plaies.
Kératites.
Opacités.
Staphylôme pellucide.

Maladies de la sclérotique.

Staphylôme antérieur.

Maladies de l'iris.

Vices de conformation.
Adhérences.

Myosis.
Mydriase.
Tremblement de l'iris.
Iritis chronique.

Maladies du cristallin.

Luxation.
Opacités.

Maladies du corps vitré.

Corsps étrangers, ramollissement.

Maladies de la choroïde.

Anomalies.
Choroïdites.
Tumeurs.

Maladies de la rétine et du nerf optique.

Rétinites.
Décollement de la rétine.
Névro-rétinite.
Amblyopie.
Héméralopie.

Anomalies de réfraction.

Myopie.
Hypermétropie.
Astygmatisme.

Maladies du globe oculaire.

Perte, désorganisation, atrophie.
Buphthalmie.
Exophthalmie.

Maladies des muscles de l'œil.

Paralysie, rétraction.
Strabisme.
Diplopie.
Nystagmus.

Maladie de l'orbite.

MALADIES DU NEZ

Difformité.
Couperose, lupus.
Polypes.
Ozène.

MALADIES DE LA BOUCHE

Maladies des lèvres.

Bec-de-lièvre.
Cicatrices.
Hypertrophie.
Tumeurs.
Paralysie de l'orbiculaire.

Maladies des gencives et de la muqueuse buccale.

Stomatites.
Epulis.

Maladies des dents.

Dents mauvaises.
Dents surnuméraires.
Fistules dentaires.
Fétidité de l'haleine.

Maladies de la langue.

Difformités de la langue.
Tumeurs.
Bégaiement.
Mutisme.

Affections des glandes salivaires.

Grenouillette.
Tumeurs.
Fistules salivaires.
Hypertrophie des amygdales.

Affections de la voûte et du voile du palais

Vices de conformation.
Adhérences pharyngiennes.
Paralysie du voile du palais.
Tumeurs.
Hypertrophie de la luette.

MALADIES DU COU

Vices de conformation.
Plaies.
Abcès, cicatrices.
Adénites.
Tumeurs de la parotide.
Goitres, kystes du corps thyroïde.
Tumeurs diverses.
Torticolis.

Maladies du larynx.

Plaies, fractures.
Laryngites.
Déformation, destruction de l'épiglotte.

Rétrécissement, déformation du larynx.
Polypes.
Nécrose.
Aphonie.

Maladies du pharynx.

Anomalies, rétrécissement du pharynx.
Lésions traumatiques.
Pharyngites.
Ulcères.

Maladies de l'œsophage.

Rétrécissement de l'œsophage.
Dilatation.
Corps étrangers.
Ulcérations, cancer.
Œsophagisme.
Paralysie de l'œsophage.

MALADIES DE LA POITRINE

Parois thoraciques.

Difformités.
Lésions traumatiques.
Carie, nécrose, etc.
Ostéite, abcès ossifluents.

Maladies de la glande mammaire.

Affections intra-thoraciques.

Lésions traumatiques du poumon.
Hernie du poumon.
Phthisie pulmonaire.
Hémoptysie.
Bronchite et pneumonie chroniques.
Emphysème pulmonaire.
Asthme.
Epanchements pleuraux.

Maladies du cœur et de l'aorte.

Cyanose.
Transposition des organes.
Péricardite et endocardite.
Hypertrophie du cœur.
Dilatation du cœur.
Insuffisance et rétrécissement des ouvertures cardiaques.
Anévrysme de l'aorte thoracique.

MALADIES DE L'ABDOMEN

Affections des parois abdominales.
Hernies.
Affections du péritoine.
Ascite.
Tympanite.
Tumeurs de l'abdomen.
Maladies de l'estomac et des intestins.
Lésions organiques, hématémèse.
Affections du foie et de la rate.

MALADIES DU RACHIS

Spina-bifida.
Déviations du rachis.
Raccourcissement de la taille, simulation.
Fractures, luxations, carie.
Arthropathies rachidiennes.
Mal de Pott.
Lumbago.
Hernies lombaires.

MALADIES DU BASSIN

Vices de conformation.
Relâchement des symphyses.
Arthropathies.
Psoïtis.
Phlegmons et abcès.

Maladies de la région ano-périnéale

Plaies, contusions du périnée.
Plaies de l'anus.
Phlegmons et abcès.
Fissure à l'anus.
Fistules urinaires et fistules à l'anus.
Affections syphilitiques.
Affections du rectum.
Rétrécissement du rectum.
Hémorrhoïdes.
Chute du rectum.

Incontinence des matières fécales.

MALADIES DES VOIES URINAIRES

Lésions traumatiques des reins.
Néphrites.
Calculs rénaux, abcès, kystes.

Maladies de la vessie.

Vice de conformation.
Lésions traumatiques.
Cystites.
Corps étrangers, calculs vésicaux.
Lésions organiques.
Incontinence d'urine.
Rétention d'urine.
Hématurie.

Maladies de l'urèthre.

Vices de conformation.
Epispadias.
Hypospadias.
Fistules uréthrales.
Corps étrangers.
Rétrécissements.
Uréthrite.
Maladies de la prostate.

Maladies des organes génitaux

Maladies du pénis et du scrotum.

Vices de conformation, affections du pénis.
Affections des bourses.

Maladies du cordon spermatique et du testicule.

Varicocèle.
Hydrocèle, hématocèle.
Perte, atrophie du testicule.
Anorchidie.
Tumeurs du testicule.
Spermatorrhée.

MALADIES DES MEMBRES

Anomalie des membres.
Inégalité.
Déviation.
Atrophie.
Lésions traumatiques.
Lésions pathologiques.
Varices.
Hygroma, kystes synoviaux.
Névralgies, rhumathisme, goutte.
Lésions et mutilations des doigts.
Incurvation, flexion, extension permanente des doigts.
Doigts palmés.
Difformités professionnelles des membres.
Pied bot.
Pied plat.
Pied creux.
Orteils surnuméraires.
Direction vicieuse, chevauchement des orteils.
Orteils en marteau, marche sur l'ongle.
Orteils palmés.
Mutilation des orteils.
Exostose sous-unguéale du gros orteil.
Cors, oignons.
Mal perforant.
Affections des ongles.
Transpiration fétide des pieds.
Claudication.

DES AJOURNÉS A UN AN

Ajournement à un an

L'ajournement à un nouvel examen prévu par la loi du 27 juillet 1872 a été maintenu par la loi du 15 juillet 1889, art. 27. Cette mesure consiste à renvoyer à un ou deux ans tout homme qui n'a pas la taille réglementaire (1) ou qui est jugé incapable de faire un bon service immédiat par suite de faiblesse de constitution. L'homme ne peut être ajourné que pendant 2 ans ; la 2e année, le conseil de révision doit prononcer définitivement. Cette mesure, on le comprend, produit de bons résultats. Bon nombre d'hommes, jadis libérés de tout service au moment de l'appel de leur classe, augmentent maintenant le contingent de l'armée.

De son côté, le conseil de révision trouve, dans cette disposition de la loi, une plus grande latitude dans les décisions qu'il a à prendre.

Ajourné à un ou deux ans reconnu bon

L'ajourné reconnu bon est soumis, selon la catégorie dans laquelle il est placé (armée active ou armée auxiliaire) aux obligations de la classe à laquelle il appartient par son âge. Ainsi, par exemple, celui qui n'a fait l'objet que d'un seul ajournement devra accomplir deux années de service actif, et celui qui a été ajourné pendant deux années de suite n'aura qu'une année de service actif à accomplir.

Les ajournés reconnus bons peuvent, bien entendu, se prévaloir des droits à la dispense, si ces droits existent au moment de la décision les déclarant bons.

Nous faisons remarquer de plus que le droit à la dispense basé sur la présence d'un frère sous les drapeaux qui existait au moment de l'ajournement peut être valablement invoqué l'année suivante, lors même que pendant l'ajournement le frère du réclamant aurait cessé d'être présent sous les drapeaux. Par suite, l'ajourné d'un an

---

(1) 1 mètre 54.

n'aura qu'une année de service actif à faire. Quant à celui qui a fait l'objet de deux ajournements successifs, ses droits à la dispense sont sans effet puisque tout citoyen, quelle que soit sa situation, est tenu d'accomplir une année de service actif.

Tout ajourné, pendant que dure l'ajournement, est passible de la taxe annuelle militaire.

Le défaut de taille ne peut entraîner l'exemption de l'ajourné

Le défaut de taille persistant pendant deux années ne saurait motiver, en aucun cas, l'exemption. L'homme qui n'a pas la taille d'un mètre 54 centimètres doit être classé dans le service auxiliaire. Il devient passible de la taxe militaire annuelle à laquelle, d'ailleurs, il a été assujetti pendant la durée de l'ajournement (voir taxe militaire).

Ajournés qui demandent à être visités dans un autre département

Les Préfets ne doivent accorder que très exceptionnellement, et seulement après avoir examiné les motifs allégués, d'autorisations à se faire visiter dans un autre département, aux jeunes gens ajournés pour faiblesse de complexion. Comme le conseil de révision du département dans lequel l'ajourné a pris part au tirage doit statuer en dernier ressort, il importe qu'il puisse se rendre de visu un compte exact de l'état physique du conscrit.

Ces visites dans un autre département ont lieu dans les mêmes formes que nous avons indiquées plus haut, et les jeunes gens doivent le demander au préalable au Préfet du département dans lequel ils ont tiré au sort.

DES SURSIS D'APPEL

Différence entre le sursis d'appel, l'exemption et la dispense

Le sursis d'appel n'est qu'une simple faveur momentanée. L'homme qui en fait l'objet est tenu de remplir dans l'armée les années de service qui incombent à sa classe et au numéro qui lui est échu au tirage.

L'exemption qui n'est accordée que pour infirmités, est au contraire une mesure définitive. En aucun cas l'homme ne saurait plus être appelé. Il est, en un mot, en dehors de la loi de recrutement.

La dispense, ainsi que le mot l'indique, est un droit légal qui, existant au moment du conseil de révision, dispense l'homme de faire toute la durée du service actif et est renvoyé dans ses foyers après une année de présence sous les drapeaux. Mais ce droit n'est ni imprescriptible ni immuable, puisque s'il vient à cesser l'homme est immédiatement appelé sous les drapeaux pour y accomplir le temps de service qui reste à faire à la classe et à la portion du contingent auxquelles il appartient.

Il est, d'ailleurs, à remarquer que la loi du 15 juillet 1889 supprime, d'une manière absolue, le sursis d'appel dans les conditions déterminées antérieurement par l'article 23 de la loi du 27 juillet 1872, qui permettait aux jeunes gens des classes appelées de solliciter des sursis pendant la durée desquels ils restaient dans leurs foyers.

Il n'en est plus de même aujourd'hui : tout homme valide doit, quelle que soit sa situation, accomplir d'abord une année de service actif; ce n'est qu'après l'expiration de cette année de service qu'il peut être renvoyé dans ses foyers, non en sursis, mais en congé jusqu'à son passage dans la réserve. Ces dispositions s'appliquent tout aussi bien aux hommes qui ont légalement le droit d'être dispensés en vertu de l'article 21 de la loi du 15 juillet 1889, qu'à ceux qui contractent un engagement décennal dans l'enseignement, qui sont élèves ecclésiastiques, etc., ou qui poursuivent l'achèvement de leurs études.

Voir la nomenclature des cas de renvois des hommes en congé en attendant leur passage dans la réserve, pages 7 à 10, (articles 21, 22 et 23 de la loi.)

Substitution de numéros de tirage

L'article 28 de la loi du 27 juillet 1872 admettait la substitution de numéros de tirage entre frères de la même classe et du même canton, si celui qui se présentait, comme substituant, était reconnu propre au service armé.

La loi du 15 juillet 1889 en imposant le service obligatoire personnel à tout homme valide a, conséquemment, supprimé le principe de la substitution qui n'existe plus.

Nous ne parlons donc de cette question qu'afin d'éviter, autant que possible, la production des demandes de cette nature aux conseils de révision, qui ne peuvent en tenir, aucun compte.

DU SERVICE AUXILIAIRE

Notice sur le service auxiliaire

Le législateur de 1872 en instituant le service auxiliaire a eu évidemment pour but de réserver à l'armée active, en cas de guerre, toutes les forces vives de la nation. C'est pourquoi il a pensé qu'un homme d'une complexion faible ou de petite stature, mais non infirme, pouvait rendre des services dans des corps spéciaux et non mobilisables. Antérieurement à 1872 il n'y avait pas de juste milieu : l'homme était bon pour le service, ou définitivement exempté de tout service.

Nous résumons dans le paragraphe qui suit les obligations qui sont imposées aux hommes classés dans le service auxiliaire. Nous pensons qu'il est utile de faire connaître sommairement la composition et le recrutement de ce service.

Tout homme reconnu par le conseil de révision incapable de faire un bon service actif dans l'armée, soit par suite de faiblesse ou de défaut de taille, est ajourné à un ou deux ans. Si après les deux ajournements l'état physique général de l'homme ne comporte pas l'exemption définitive, il est classé dans le service auxiliaire. Il est assujetti, à moins d'indigence notoire, à la taxe annuelle militaire ; et peut se marier sans autorisation de l'autorité militaire.

Obligations imposées aux hommes du service auxiliaire

Les jeunes gens classés dans les services auxiliaires (1) sont, comme les autres jeunes gens de leur classe, à la disposition du Ministre de la Guerre pour tout le temps qu'ils ont à accomplir, en vertu de *l'art. 37 de la loi*. Ils ne peuvent être affectés à aucun service armé. Ils sont

(1) Sont compris dans cette catégorie les hommes qui, lors de la formation de leur classe, ont été exemptés du service actif et classés dans le service auxiliaire pour défaut de taille ou pour toute autre cause.

destinés à compléter, en cas de guerre, le personnel nécessaire aux services ci-après désignés, et peuvent, le cas échéant, être mis à la disposition de l'industrie privée pour l'exécution de travaux relatifs à l'armée.

En temps de paix, ils peuvent être soumis à des revues d'appel au chef-lieu du canton où ils ont tiré au sort ou au lieu de leur résidence. Les Préfets, dans l'itinéraire du conseil de révision, pour chaque année, qui est publié par voie d'affiche dans toutes les communes, font connaître les classes qui sont soumises à la revue d'appel. Chaque homme du service auxiliaire peut donc ainsi savoir annuellement s'il est soumis à cette revue. Ils reçoivent un livret individuel et un ordre d'appel également individuel indiquant le service dans lequel ils sont classés (circ. du 28 mars 1877).

Tableau des services auxquels ils peuvent être affectés

1° — Travaux de fabrication et de réparation du matériel de toute nature.

2° — Travaux relatifs aux fortifications et aux batiments militaires.

3° — Travaux concernant la construction, la réparation et l'exploitation des voies ferrées et des lignes télégraphiques.

4° — Hôpitaux et ambulances.

5° — Magasins d'habillement, d'équipement, de harnachement et de campement.

6° — Subsistances, manutentions, magasins.

7° — Transports militaires.

8° — Bureaux des états-majors, du recrutement, de l'administration et des dépôts des différents corps de troupe.

Ils sont affectés à ces divers services en raison de leurs aptitudes professionnelles, d'après les indications prises, en séance de révision, par le commandant du recrutement.

Répartition dans les divers services auxiliaires

La répartition est établie et transmise aussitôt la clôture des listes de recrutement cantonal, au général commandant le corps d'armée par l'officier de recrutement qui, pendant les opérations de révision, a pris des renseignements sur la profession, le degré d'instruction et l'aptitude physique de chacun des hommes compris dans le service auxiliaire ; elle est susceptible, au besoin, de modifications ultérieures et est adressée, en juillet de chaque année, par les généraux en chef au Ministre de la Guerre qui arrête et détermine, le cas échéant, le nombre d'hommes qu'ils devront fournir aux corps d'armée voisins ou en recevoir, suivant les ressources que présentent les régions (circ. du 28 mars 1877).

DE LA DISPENSE LÉGALE DU SERVICE MILITAIRE, EN TEMPS DE PAIX, APRÈS UNE ANNÉE DE SERVICE.

Dispensés

Sous l'empire de l'ancienne législation,les conscrits qui justifiaient devant le conseil de révision de droits à la dispense prévue par la loi, restaient dans leurs foyers au moment de l'appel des hommes de leur classe ; ils n'étaient soumis qu'aux périodes d'instruction réglementaire, 28 et 13 jours. La loi du 15 juillet 1889, en prescrivant que tout homme valide est soumis à l'appel, impose aux conscrits ayant des droits à la dispense, l'obligation de servir une année avant de bénéficier de leurs droits.

Ce n'est donc qu'après une année de service dans l'armée active que, en temps de paix, les hommes dispensés par le conseil de révision, sont renvoyés en congé dans leurs foyers, sur leur demande, si leurs droits subsistent encore, jusqu'à la date de leur passage dans la réserve de l'armée active (art. 21).

Du droit à la dispense

Antérieurement à la loi du 15 juillet 1889, la dispense n'était acquise que tout autant que justification en était faite devant le conseil de révision. Il n'en est plus de même aujourd'hui, le droit à la dispense est acquis alors même qu'il se produirait postérieurement à la décision du conseil. L'intéressé, qu'il soit appelé ou engagé volontaire, est, sur sa demande, dès qu'il compte une année de présence sous les drapeaux, renvoyé en congé dans ses foyers jusqu'à la date de son passage dans la réserve de l'armée active (art. 21).

La dispense se répète dans la même famille autant de fois que les mêmes droits s'y reproduisent.

Les réclamations doivent, autant que possible, être faites avant ou à l'occasion du tirage au sort, et les pièces justificatives transmises au Préfet, par l'intermédiaire du maire, plusieurs jours avant le commencement des opérations de révision.

La dispense n'est due qu'aux enfants légitimes

Seuls les enfants légitimes sont admis à jouir des droits à la dispense. Les enfants naturels reconnus ou non reconnus en sont formellement exclus. Mais, contrairement aux anciennes dispositions, la loi du 15 juillet 1889 admet les enfants naturels reconnus par le père ou par la mère, à concourir au bénéfice de la dispense, après une année de service, prévue à titre de soutien indispensable de famille.

Enfants légitimés ou adoptifs

La loi n'ayant pas prévu le cas des enfants légitimés ou adoptifs, et se bornant à spécifier d'une manière générale que la dispense n'est applicable qu'aux enfants légitimes, nous estimons que ce droit doit être conféré également, après une année de service, aux enfants légitimés ou adoptifs. C'est, d'ailleurs, ainsi qu'on procédait antérieurement à la promulgation de la nouvelle loi, sauf l'année de présence que la loi ne prévoyait pas alors.

Conscrit ayant plusieurs droits à invoquer simultanément

En vertu de ce principe que la loi doit être appliquée dans le sens le plus favorable aux intérêts des familles, lorsqu'un jeune homme a plusieurs droits à invoquer, la dispense au titre des paragraphes 3°, 4°, 5° et 6° de l'art. 21, doit être prononcée de préférence à la dispense prévue par les paragraphes 1° et 2°.

Par analogie, la dispense, en vertu des paragraphes 3°, 4° et 5°, doit être accordée plutôt que la dispense résultant du paragraphe 6° (frère mort en activité de service ou réformé).

Ce dernier droit, en effet, étant permanent, peut être réservé et profiter ultérieurement à un autre membre de la famille.

Aîné d'orphelins de père et de mère.
Exemples où la dispense doit être accordée ou refusée

Tout conscrit qui réclame la dispense comme aîné d'orphelins de père et de mère doit justifier qu'il n'existe pas d'enfant mâle plus âgé que lui, et qu'il a un ou plusieurs frères, une ou plusieurs sœurs, nés après lui.

Ainsi la dispense doit être accordée :

1° A celui qui a un ou plusieurs frères, une ou plusieurs sœurs du même lit, alors même que la mère serait décédée après un second mariage et que le second mari serait encore vivant ;

2° A celui qui a une sœur plus jeune que lui, même si elle est mariée ;

D'ailleurs, la dispense à titre d'aîné d'orphelins ne saurait être refusée par le motif que les grands-pères paternels ou maternels seraient vivants.

La dispense doit être au contraire refusée :

1° Au jeune homme qui n'a que des sœurs plus âgées que lui ;

2° Au jeune homme seul survivant d'un premier lit et dont les frères ou sœurs d'un second lit ont conservé leur mère.

Fils d'un père aveugle

La dispense à titre de fils d'un père aveugle ne saurait être accordée qu'autant que la cécité est complète. L'état du père doit être constaté en présence du conseil de révision par le médecin attaché à ce conseil.

Fils de septuagénaire

Aux termes de la loi, la dispense est acquise au fils de l'homme *entré dans sa soixante-dizième année*. Ce serait donc à tort si le conseil de révision exigeait la preuve que le père du réclamant a soixante-dix ans révolus. Il suffit de 69 ans 1 jour pour que le droit à la dispense soit ouvert.

Fils puîné

Lorsque le puîné d'une famille réclame la dispense en se fondant sur ce que son frère aîné est aveugle ou atteint d'une infirmité incurable qui le rend impotent, le conseil de révision doit exiger la comparution du frère du réclamant et faire constater son état par le médecin militaire. Si l'impotence est constatée, le conseil de révision doit accorder la dispense au puîné alors même que l'aîné aurait été, lors de la formation de la classe, reconnu propre au service et dispensé à l'un des titres prévus par l'art. 21.

Puîné d'orphelins de père et de mère n'ayant d'autre frère que son aîné

Si l'aîné d'une famille d'orphelins de père et de mère est impotent, la dispense est dûe au puîné, alors même qu'il n'existerait pas d'autre frère ou sœur. Dans ce cas, l'impotence de frère aîné doit être constatée par le médecin militaire devant le conseil de révision.

Petit-fils d'une veuve dont le fils ou le gendre est impotent

La dispense n'est pas dûe à titre de petit-fils de veuve à un jeune homme dont la grand'mère a un fils ou un gendre impotent. Il n'y a que l'impotence seule du frère aîné qui ouvre le droit à la dispense en faveur du puîné.

Cas où l'impotent ne peut se présenter devant le conseil de révision

Lorsque les hommes appelés devant le conseil pour faire constater leur état d'impotence sont hors d'état de se présenter ; le conseil délègue, pour les examiner, un médecin militaire. La visite doit avoir lieu en présence d'un officier de gendarmerie qui signe le procès-verbal de visite avec le médecin.

Petit-fils d'une veuve remariée

Lorsqu'une femme veuve se remarie et que son second mari est septuagénaire ou aveugle, le fils issu du premier mariage ne peut obtenir la dispense ni comme fils de veuve, puisque sa mère est remariée, ni comme fils de septuagénaire ou d'aveugle, puisque le septuagénaire ou l'aveugle n'est pas son père.

Petit-fils d'une veuve dont le gendre est veuf sans enfants

A droit à la dispense le petit-fils d'une femme dont le gendre vit encore, mais est veuf sans enfants. Ce dernier est en effet devenu étranger à la famille.

Le fils de veuve ayant des frères consanguins plus âgés que lui a droit à la dispense

Les fils aîné ou unique d'un deuxième lit dont le père est décédé a droit à la dispense, à titre de fils de veuve, alors même qu'il aurait des frères consanguins plus âgés que lui.

Fils d'une veuve ou d'un septuagénaire subissant une peine infamante

Les jeunes gens ont droit à la dispense comme fils de veuve ou de septuagénaire, bien que cette veuve ou ce vieillard subisse une peine infamante (solut. du 12 janvier 1824).

Fils et petit-fils de veuve ou d'une femme dont le mari a été légalement déclaré absent

La nouvelle législation assimile au fils de la veuve le fils d'une femme dont le mari a été légalement déclaré absent.

Il ressort de cette disposition que celui qui ne peut présenter l'acte de décès de son père doit désormais s'adresser aux tribunaux pour faire soit établir l'acte de décès, soit déclarer légalement l'absence. La production d'un acte de notoriété n'est pas suffisante pour permettre au conseil de révision d'accorder la dispense.

Conditions exigées pour qu'un homme soit légalement déclaré absent

Le jugement ordonnant l'enquête en vue de constater l'absence ne suffit pas pour établir le droit à la dispense. Il faut que l'absence soit déclarée. Or, le jugement de déclaration d'absence ne peut être rendu qu'un an après le jugement qui a ordonné l'enquête (art. 119 du Code civil) (1).

Enfants issus d'un mariage annulé

Ne peut obtenir la dispense prévue par l'art. 21 de la loi, le fils d'une femme dont le mariage a été annulé, attendu que cette dispense ne saurait être acquise que sur la production de l'acte de décès de son père.

Les dispositions du paragraphe 2° de l'art. 21 de la loi ne sont susceptibles d'aucune extension

La dispense *ne peut être accordée*, par extension des dispositions du paragraphe 2° de l'art. 21 de la loi, au fils d'un homme *impotent* ou *aliéné*, etc. Dans ces cas, c'est l'art. 22 qu'il y a lieu d'appliquer au réclamant si le conseil de révision trouve que sa position est digne de le faire comprendre parmi les soutiens de famille après une année de service.

Aîné de deux frères jumeaux concourant au même tirage

Lorsque deux frères jumeaux concourent au même tirage, la dispense est dûe à l'aîné, quel que soit le numéro échu au plus jeune, si celui-ci est reconnu apte au service.

Si l'aîné est appelé par son numéro de tirage à être visité le premier, le conseil doit ajourner sa décision jusqu'à ce qu'il ait constaté que le plus jeune n'est pas susceptible d'être exempté.

Constatation de la primogéniture de deux frères jumeaux

Elle est constatée par l'acte de naissance. Dans le cas où l'acte de naissance n'indiquerait pas l'ordre de la primogéniture et s'il s'élevait des doutes ou une contestation à ce sujet, le conseil de révision doit faire procéder à une enquête sur les lieux, et, au besoin, renvoyer l'affaire devant les tribunaux civils qui trancheront la question.

---

(1) Art. 119 du Code civil. « Le jugement de déclaration d'absence ne sera rendu qu'un an après le jugement qui aura ordonné l'enquête.

Cas où le plus jeune des deux frères jumeaux ne se présente pas ou est ajourné

Lorsque le plus jeune des deux frères ne se présente pas devant le conseil de révision ou s'il était ajourné à un nouvel examen (art. 27 de la loi) la dispense ne saurait être accordée à l'aîné.

Dans le cas où le frère cadet serait déclaré apte au service armé à l'expiration de l'ajournement, l'aîné serait renvoyé dans ses foyers en congé, sur la proposition qui serait faite par le Préfet au Ministre de la Guerre.

Ces dispositions s'appliquent, dans leur ensemble, aux frères jumeaux concourant au même tirage par suite d'omission.

Dispensés auxquels l'art. 25 *de la loi est applicable*

Sont seuls soumis à toutes les obligations de la classe à laquelle ils appartiennent, quand les causes de dispense viennent à cesser : 1° les dispensés en vertu de l'art. 21, paragraphes 1°, 2° et 3° savoir : aîné d'orphelins de père et de mère ; fils unique où l'aîné des fils, etc., etc.

Tous les dispensés en vertu des articles 22 et 23, soutiens de famille, instruction publique, séminaristes, écoles, etc.

Quant aux hommes qui obtiennent les dispenses au titre des paragraphes 4°, 5° et 6° (frères au service ou morts au service) elle leur est acquise à titre définitif, attendu qu'elle est fondée sur des services rendus au pays, et non sur une situation de famille que des évènements ultérieurs peuvent modifier.

Les prescriptions relatives aux omis ne sont pas applicables aux jeunes gens inscrits en vertu des art. 11 *et* 12 *de la loi (fils d'étrangers)*

Les dispositions du dernier alinéa de l'art. 21 de la loi qui refuse aux omis le bénéfice des causes de dispense survenues postérieurement à la clôture des opérations de la classe à laquelle ils appartiennent par leur âge, ne sont pas applicables aux jeunes gens que concerne les art. 11 et 12 (individus nés en France de parents étrangers, etc.)

Ces jeunes gens, en effet, ne sauraient être considérés comme omis, puisque c'est la loi elle-même qui s'oppose à ce qu'ils prennent part au tirage avec la classe dont ils devaient faire partie par leur âge.

Ils sont donc admis au bénéfice de la dispense si le droit existe au moment de la révision.

Fils unique ou aîné des fils d'une famille de sept enfants au moins

Dans un intérêt patriotique facile à concevoir, l'art. 21 de la loi a créé un droit qui n'existait pas antérieurement. Désormais le fils unique ou l'aîné des fils d'une famille de sept enfants sera renvoyé dans ses foyers, en congé, dès qu'il aura accompli une année de service.

Fils puîné d'une famille de sept enfants

Aura droit à la dispense s'il est constaté par le conseil de révision que l'aîné est impotent. Ce dernier devra comparaître devant le conseil. En cas d'impossibilité, il sera visité à domicile par un médecin militaire en présence d'un officier de gendarmerie qui signera avec le médecin le procès-verbal de visite, sur le vu duquel le conseil de révision statuera.

Cas de dispense survenu entre la clôture des opérations de révision et l'appel de la classe

L'homme qui viendrait à se trouver dans l'un des cas de dispense prévus par l'art. 21 de la loi, §§ 1°, 2° et 3° (aîné d'orphelins, aîné ou unique de veuve, unique ou aîné d'une famille de sept enfants, etc., etc.) entre la clôture des opérations de révision et l'appel de la classe, c'est-à-dire du mois de juin au 16 novembre, doit faire établir les pièces justificatives de son cas de dispense (voir nomenclature des pièces à fournir pour chaque cas), et les faire parvenir, par les soins de la gendarmerie ou du Préfet, au commandant du dépôt de recrutement qui en prend note sur le registre matricule.

Il est bien entendu que l'homme qui se trouverait dans ce cas doit rejoindre son corps en même temps que les hommes de sa classe, et ne bénéficiera de la dispense qu'après avoir accompli une année de service actif. Si la cause de dispense vient à cesser, il est rappelé sous les drapeaux pour accomplir le temps de service imposé aux hommes de sa classe.

Cas de dispense survenu après l'incorporation

Lorsque après l'incorporation tout militaire vient à se trouver dans l'un des cas de dispense prévus par l'art. 21 de la loi, §§ 1°, 2° et 3° (aîné d'orphelins, aîné ou unique de veuve, de septuagénaire, unique ou aîné d'une famille de sept enfants, etc., etc.) est, sur sa demande, renvoyé dans ses foyers, en disponibilité, dès qu'il a accompli une année de service actif.

Il doit, à cet effet, produire les pièces justificatives de son cas de dispense (voyez nomenclature des pièces à produire pour chaque cas).

Ces pièces, établies dans les formes ordinaires, revêtues du visa du Préfet ou du Sous-Préfet, sont transmises au corps dans lequel l'homme est incorporé par la gendarmerie ou le Préfet.

Dès la réception de ces pièces, si le militaire a déjà accompli son année de service, il est immédiatement renvoyé dans ses foyers en disponibilité. Dans le cas contraire, son renvoi n'a lieu qu'après l'expiration de l'année de service à laquelle tout homme valide est astreint.

Dans ses foyers il est soumis aux obligations et conditions des soutiens de famille (voyez obligations imposées aux soutiens de famille).

Frères de militaires dans l'armée active

Tout homme lié au service à un titre qui l'oblige à faire partie de l'armée active *pendant trois ans*, c'est-à-dire les appelés de la 1re portion et les engagés volontaires de trois, quatre ou cinq ans et au-delà (armée de terre et de mer), ouvre le droit à la dispense en faveur de son frère.

Il est arrivé fréquemment que des conseils de révision, sous l'empire de l'ancienne législation et se basant, d'ailleurs, sur les instructions ministérielles refusaient la dispense aux jeunes gens qui la réclamaient comme frères d'hommes appartenant à des classes précédentes, incorporés après un ou deux ajournements. Cette question qui se représentera fréquemment encore comporte, ce nous semble, une annotation spéciale que nous formulerons ci-après et aussi succintement que possible.

Frères d'ajournés des classes antérieures

Le paragraphe 5 de l'art. 21 dit « celui dont un frère sera présent sous les drapeaux au moment de l'appel de la classe, soit comme officier, soit comme appelé ou engagé volontaire *pour trois ans au moins*, etc... »

En appliquant à la lettre les dispositions de cet article il s'ensuivrait que l'ajourné d'un ou deux ans n'ayant à faire dans l'armée active, s'il est reconnu bon, que deux ou une année, ne pourrait conférer la dispense à son frère.

Nous croyons le contraire, et nous estimons que les mots de trois ans s'appliquent exclusivement aux engagés volontaires, et que les hommes qui, après un ajournement ou même deux, sont appelés sous les drapeaux après avoir été inscrits sur la première partie de la liste du recrutement cantonal, doivent conférer la dispense à leurs frères s'ils sont présents au corps au moment de l'appel de la classe de ces derniers. Par contre, nous pensons que cette mesure ne saurait avoir d'effet rétroactif et que les hommes incorporés antérieurement à la décision du conseil de révision, doivent accomplir le service actif auquel ils sont assujettis par leur numéro de tirage.

La situation des frères appelés à conférer la dispense devra être constatée devant le conseil de révision au moyen d'un certificat délivré par le commandant de recrutement de la subdivision du domicile des intéressés.

Sont considérés comme présents sous les drapeaux et à ce titre confèrent la dispense

Sont considérés comme présents au corps et par suite confèrent la dispense, les sous-officiers, caporaux ou brigadiers et soldats des corps de troupe composant les armées de terre ou de mer qui se trouvent dans l'une des positions suivantes :

A leur corps ou en mission,
En congé de semestre,
En congé de convalescence,
En congé temporaire,
En congé en attendant leur passage dans la réserve,
En permission d'absence,
En route pour rejoindre.

Cas où la dispense doit être refusée au titre de frère au service

La dispense doit être refusée à celui dont le frère est :
1° Désigné pour passer dans la disponibilité ;

2° Inscrit sur les contrôles de la disponibilité ou. de la réserve ;

3° Rentré au drapeau après avoir été envoyé en disponibilité ;

4° Classé dans le service auxiliaire.

Certificats de présence sous les drapeaux

Pour les militaires de l'armée de terre, c'est au conseil d'administration du corps où ils servent que les certificats de présence sous les drapeaux doivent *être réclamés* par les intéressés, *directement et par lettres affranchies.*

Quant aux militaires de l'armée de mer, lorsqu'ils se trouveront trop éloignés pour que les corps répondent en temps utile aux demandes des familles, ces demandes devront être adressées au ministère de la Marine qui, suivant les cas, fera établir ou établira lui-même le certificat de présence ou délivrera un simple relevé de service indiquant qu'à la date des dernières mutations connues, l'homme était présent au drapeau.

Les commandants de recrutement et les conseils d'administration des corps sont tenus de donner tous les renseignements nécessaires aux familles et de n'apporter aucun retard dans l'envoi des certificats.

Si ces derniers ne peuvent les envoyer ils en feront connaître sur le champ les motifs. En cas de mutation du militaire, ils transmettront de suite la demande à l'autorité militaire compétente et préviendront la famille.

La dispense est accordée à un seul frère pour un même cas

La nouvelle législation ayant écarté le principe de la déduction qui existait autrefois, le droit à la dispense ouvert par un jeune homme profite donc toujours désormais à la famille,qu'elle que soit la position des frères plus âgés.

Un militaire ne peut, durant tout le cours de son service, conférer qu'une seule dispense, soit par le fait de sa présence au drapeau, soit par le fait de son décès, de sa réforme ou de son admission à la retraite.

Militaires qui ne confèrent que la dispense prévue par le § 6 *de l'art.* 21 *de la loi*

L'engagé conditionnel d'un an, le jeune soldat assimilé à l'engagé conditionnel, le jeune soldat de la 2e portion, les jeunes gens placés dans la réserve de l'armée active ou dans le service auxiliaire, les hommes renvoyés en congé comme soutiens indispensables de famille, les membres de l'enseignement, les séminaristes, en un mot, tous les hommes qui se trouvent dans les cas prévus par l'art. 23 de la loi, ne peuvent conférer la dispense à leur frère que, en cas de décès dans leurs foyers des suites d'une maladie notoirement contractée pendant leur séjour sous les drapeaux.

Néanmoins, l'homme qui étant lié au service pour une durée supérieure aux prescriptions de la loi, par suite de rengagements successifs, nous pensons qu'il doit conférer la dispense, si renvoyé, dans la réserve de l'armée active avant l'époque où devait expirer son service légal, il vient à décéder des suites d'une maladie, lors même que la maladie aurait été contractée *postérieurement* à son inscription dans la réserve.

L'inscrit maritime ouvre le droit à la dispense prévue par le § 6 de l'art. 21, alors même *qu'il n'est pas lié* au service en vertu de la loi sur le recrutement, pourvu seulement qu'il soit *au service de l'Etat*.

Frère d'un inscrit maritime

Le frère d'un inscrit maritime confère la dispense pendant les trois années que passe dans l'armée active la classe avec laquelle il a concouru au tirage. Cette constatation est faite devant le conseil de révision par un certificat délivré à cet effet par le Préfet.

Marins immatriculés et ouvriers maritimes

Pour être immatriculé il faut avoir 18 ans révolus et 18 mois de navigation au moins, ou deux campagnes au long cours ou deux années de petite pêche. Les ouvriers maritimes ne sont classés et admis dans les arsenaux de l'Etat qu'en justifiant de l'âge de 17 révolus et d'une année d'apprentissage au moins.

Ils ne confèrent la dispense à leur frère que tout autant qu'ils sont liés au service en vertu d'un engagement de trois, quatre ou cinq ans.

Inscrit maritime renonciataire

Alors même qu'il aurait droit à la dispense à l'un des titres prévus par la loi, s'il n'en a pas justifié devant le conseil de révision, le renonciataire est mis à la disposition du Ministre de la Guerre pour servir dans l'armée de terre jusqu'à la libération de la classe à laquelle il appartient.

L'inscrit maritime qui se fait rayer du rôle de l'inscription est tenu d'en faire la déclaration au maire de sa commune dans le délai de deux mois, de retirer une expédidition de sa déclaration et de l'adresser au Préfet ; s'il ne remplissait pas ces formalités il serait déféré aux tribunaux et puni d'une amende de 10 francs à 200 francs ; il serait, en outre, condamné à un emprisonnement de 15 jours à trois mois. En temps de guerre la peine est double (art. 30 et 76 de la loi).

Volontaire ou aspirant de marine

N'ont pas droit à la dispense s'ils ne sont pas liés au service en vertu d'un engagement volontaire de trois quatre ou cinq ans.

Engagé réformé ou rayé par annulation d'engagement avant le tirage au sort de sa classe

L'engagé volontaire renvoyé dans ses foyers avec un congé de réforme n° 2 ou par suite de l'annulation de son acte d'engagement, et appelé plus tard à concourir au tirage au sort de sa classe, ne saurait être inscrit sur la quatrième partie de la liste de recrutement, c'est-à-dire dispensé.

Le conseil de révision doit agir à son égard comme s'il n'avait pas appartenu à l'armée. S'il est reconnu propre au service, il lui est tenu compte du temps qu'il a déjà passé sous les drapeaux.

Quant à celui qui, pendant la durée de son engagement, a été réformé pour blessures reçues ou pour infirmités contractées dans les armées de terre et de mer, il doit être porté sur la liste de tirage avec la mention suivante :

« Dégagé de toute obligation militaire, a produit un congé de réforme n° 1. »

Engagé malade

Aussitôt l'engagement souscrit l'homme appartient définitivement à l'armée ; il doit, dès lors, être admis d'urgence à l'hôpital militaire le plus proche pour y être soigné. Il ouvre le droit à la dispense.

Engagé mort en route

L'engagé mort en route étant considéré comme présent au corps, ouvre le droit à la dispense à son frère.

Engagé non arrivé au corps

L'engagé non arrivé au corps est poursuivi, comme insoumis, après un mois à partir du jour où il a reçu sa feuille de route. Cet homme n'ouvre aucun droit à son frère, puisqu'il ne compte pas comme présent au corps.

Frères du même tirage et ayant un frère au service

Lorsque deux frères concourant au même tirage justifient, en outre, de la présence d'un autre frère sous les drapeaux, cette justification n'a d'objet que pour le cas où l'un des deux frères serait reconnu impropre au service ou ajourné à un an.

Dans aucun cas, le plus jeune des deux frères concourant au même tirage ne saurait bénéficier de la dispense prévue par le § 5 de l'art 21 de la loi, quoiqu'il procure lui-même la dispense à son frère aîné, en vertu du § 4.

Frères de jeunes gens en sursis d'appel

Les hommes en sursis d'appel ne peuvent conférer la dispense à leurs frères pendant toute la durée du sursis. Dès l'expiration le droit est ouvert. Cette disposition est purement transitoire, la loi du 15 juillet 1889, n'ayant pas prévu explicitement le sursis d'appel ; elle cessera du jour où tous les hommes qui ont bénéficié des dispositions de la loi du 27 juillet 1872, auront épuisé les délais de sursis à eux accordés.

Les frères des dispensés comme soutiens de famille n'ont pas droit à la dispense

Les jeunes gens dispensés en vertu de l'art. 22 de la loi, à titre de soutiens indispensables de famille, ne confèrent pas à leurs frères la dispense prévue par le § 5 de l'art. 21, non seulement tant qu'ils demeurent dans leurs foyers, mais alors même qu'ils se trouveraient sous les drapeaux, soit par suite de renonciation volontaire à la qualité de soutien de famille, soit parce qu'ils auraient perdu cette qualité. Ces hommes, en effet, ne sont tenus de faire que le temps d'activité qui reste dû par leur classe au moment où ils cessent d'être soutiens de famille.

Frères de militaires ayant servi dans l'armée auxiliaire

Les hommes ayant appartenu pendant les années 1870-1871 à l'armée auxiliaire (1) et qui sont morts ou disparus dans des circonstances de guerre, ou qui ont été soit réformés, soit retraités pour blessures reçues dans un service commandé, ouvrent, en faveur de leurs frères, le droit à la dispense.

Dans le cas où les réclamations présentées à ce titre ne pourraient être appuyées des pièces réglementaires, il y serait suppléé par des actes de notoriété.

Frères de militaires détenus en vertu d'un jugement

Un militaire détenu en vertu d'un jugement ne peut, pendant la durée de sa détention, conférer la dispense à son frère ; mais le droit revit à l'expiration de la peine et subsiste pendant tout le temps que ce militaire passe au drapeau, s'il se trouve, bien entendu, lié au service à un titre qui l'oblige à faire partie de l'armée active pendant trois, quatre ou cinq ans et au-delà.

Frères de militaires décédés, réformés ou admis à la retraite

La dispense prévue par le § 6 de l'article 21 de la loi, est due au frère du militaire qui est décédé ou qui a été, soit réformé, soit admis à la retraite pour blessures reçues dans un service commandé ou pour infirmités contractées dans les armées de terre ou de mer, alors qu'il se trouvait dans une des positions qui lui eût permis de conférer la dispense aux termes du § 5 de l'article 21 précité.

---

(1) Savoir : garde nationale mobile, garde nationale mobilisée, corps francs dont l'existence a été légalement reconnue, garde nationale sédentaire des villes assiégées.

Frères de militaires disparus. — Justification

Les frères de militaires disparus ou présumés morts aux armées, ont droit à la dispense, s'ils produisent à l'appui de leur réclamation l'acte de disparition, et un relevé des services.

Les intéressés devront, à cet effet, avant le commencement des opérations de révision, réclamer les deux pièces dont il s'agit au corps dans lequel était affecté le militaire disparu ou présumé mort, et, au besoin, aux ministres de la Guerre ou de la Marine.

La dispense, à titre de frère de militaire retraité ou réformé, est due lors-même que ce frère est décédé

Tout militaire reformé ou retraité pour blessures reçues dans un service commandé, ou pour infirmités contractées dans les armées de terre et de mer, alors même qu'il ne serait plus vivant, confère la dispense à son frère.

Dans ce cas, les conseils de révision doivent s'abstenir d'exiger d'autre justification que celle de la réforme ou de l'admission à la retraite.

Frère du gendarme commissionné ou de l'officier

Le gendarme lié au service en vertu d'une commission ministérielle, et l'officier (1), dans quelque position, d'ailleurs, qu'il se trouve, sauf le cas de mise en réforme par mesure disciplinaire, procurent à leurs frères la dispense prévue par l'article 21 de la loi § 5.

---

(1) *La qualification d'officier est due :*

POUR L'ARMÉE DE TERRE :

Aux adjudants d'administration des bureaux de l'intendance ;
Aux adjudants d'administration des hôpitaux militaires ;
Aux adjudants d'administration des subsistances militaires ;
Aux adjudants d'administration de l'habillement et de campement ;
Aux adjudants d'administration du service de la justice militaire ;
Aux chefs et sous-chefs ouvriers d'Etat du génie ;
Aux gardes du génie et de l'artillerie ;

Frères de militaires et marins retenus sous les drapeaux au-delà de leur temps de service

Ces militaires procurent la dispense à leurs frères s'ils sont retenus au drapeau postérieurement à l'époque où, d'après la loi, ils devraient passer soit dans la réserve de l'armée active, soit dans l'armée territoriale, et cela pendant tout le temps qu'ils se trouvent dans cette position.

Frères d'élèves des écoles Polytechnique, Forestière et Centrale des arts et manufactures

Les élèves sont considérés (art. 28 de la loi) comme présents sous les drapeaux dans l'armée active pendant le temps par eux passé dans les dites écoles. Ils sont inscrits sur la 4e partie de la liste de recrutement cantonal.

Néanmoins, pendant qu'ils se trouvent dans cette position, ils ne peuvent conférer la dispense à leurs frères.

Justifications qui sont imposées aux élèves de ces écoles

Les élèves des écoles polytechnique, forestière et centrale des arts et manufactures doivent être inscrits sur la 4e partie de la liste de recrutement. S'ils justifient par pièces authentiques qu'ils ont souscrit un engagement volontaire de trois ans pour les deux premières écoles et de quatre ans pour l'école centrale ; ils reçoivent dans ces écoles, l'instruction militaire complète et sont à la disposition du Ministre de la Guerre. S'ils ne satisfont pas aux examens de sortie ou s'ils sont renvoyés pour inconduite, ils sont incorporés dans un corps de troupe

---

Aux contrôleurs d'armes ;
Aux chefs de musique ;
Aux aides vétérinaires ;

Pour l'armée de mer :

Aux aspirants de 1re classe de la marine ;
Aux aides-commissaires de la marine ;
Aux aides-médecins et pharmaciens de la marine ;
Aux sous-ingénieurs hydrographes de 3e classe :
Aux sous-ingénieurs de 3e classe du génie maritime ;
Aux élèves de l'école d'application du génie maritime.

pour y terminer le temps de service qu'il leur reste à accomplir.

Les élèves des écoles polytechnique qui ont satisfait aux examens de sortie et qui sont admis dans des services civils recrutés à l'école, et ceux de l'école forestière qui entrent dans leur administration, sont nommés sous-lieutenants de réserve et accomplissent en cette qualité la troisième année de service. S'ils donnent leur démission d'officier de réserve avant l'accomplissement de leur troisième année de service, ils restent soumis à toutes les conséquences de l'engagement volontaire de trois ans contracté par eux lors de leur entrée à l'école.

Les élèves de l'école centrale des arts et manufactures quittant l'école après avoir satisfait aux examens de sortie accomplissent une année de service et peuvent être nommés sous-lieutenants de réserve.

Jeunes gens annotés comme présents dans l'armée active

Sont annotés comme présents dans l'armée active et inscrits sur la 4e partie de la liste de recrutement, indépendamment des élèves des écoles polytechnique, forestière et centrale des arts et manufactures désignés par l'art. 28 de la loi :

1° Les engagés volontaires de trois, quatre ou cinq ans;
2° Les engagés conditionnels d'un an;
3° Les jeunes gens liés au service dans les armées de terre ou de mer en vertu d'un brevet ou d'une commission;
4° Les inscrits maritimes.

C'est aux familles qu'il appartient de justifier, par pièces authentiques [1], devant les conseils de révision, que ces jeunes gens se trouvent dans l'une de ces positions.

Engagé volontaire reconnu déserteur

Lorsque le conseil de révision est appelé à statuer sur un engagé volontaire reconnu déserteur, il ne doit pas se préoccuper de la question de désertion. Il doit simplement inscrire cet homme sur la 4e partie de la liste de recrutement cantonal (solution ministérielle).

---

(1) Certificat de présence au corps.

Instituteurs laïques

Avant la promulgation de la loi du 15 juillet 1889, les instituteurs laïques étaient définitivement dispensés de tout service actif, en temps de paix, s'ils souscrivaient, préalablement au tirage au sort de leur classe, un engagement de se vouer pendant dix ans à l'enseignement public. Ils n'étaient tenus qu'aux périodes d'appel d'instruction réglementaire dont ils étaient la plupart du temps dispensés. Mais l'art. 23 de la nouvelle loi a décidé que les instituteurs, comme tout citoyen français, devaient être soumis à l'appel pendant un an et être ensuite renvoyés en congé dans leurs foyers jusqu'à l'époque de leur passage dans la réserve.

Ainsi donc tout instituteur qui désire bénéficier des ces dispositions doit, comme par le passé, souscrire, avant le tirage au sort, un engagement de se vouer pendant dix ans à l'enseignement public. Cet engagement est souscrit devant le recteur d'académie qui le vise. S'il renonce à l'enseignement avant l'expiration des dix années, ou si à l'expiration de l'année qui suivra son année de service, il n'a pas obtenu un emploi d'instituteur, professeur ou maître répétiteur, il est appelé sous les drapeaux pour y accomplir les deux autres années de service imposées aux hommes de sa classe.

Congrégations religieuses

De même que les instituteurs, les membres des congrégations religieuses qui, avant le tirage au sort, souscrivent un engagement de se vouer pendant dix ans dans les écoles françaises d'Orient et d'Afrique, subventionnées par le gouvernement français, profitent des avantages accordés par l'article 23 de la loi et sont renvoyés en congé après une année de présence au corps. Si pour des causes dépendantes de leur volonté, ils ne satisfont pas à leurs engagements, ils sont, bien entendu, astreints à accomplir dans l'armée active les deux autres années de service.

La vérification de la situation de ces dispensés est faite annuellement par les soins des Préfets, qui en rendent compte aux conseils de révision.

NOMS DES CONGRÉGATIONS RELIGIEUSES SOCIÉTÉS, ET ŒUVRES DIVERSES	Date des autorisations
Frères de la Croix de Jésus, à Monestruel .	4 mai 1854
Frères de Saint-Viateur, aux Ternes . . .	10 janvier 1830
Frères de Saint-François d'Assises, à Saint-Antoine des Bois	4 mai 1854
Frères de l'instruction chrétienne, à Saint-Paul-Trois-Châteaux	11 juin 1823
Frères de l'instruction chrétienne, au Paradis-les-Puy	29 novemb. 1829
Frères des écoles chrétiennes de la Miséricorde, à Montebourg	4 septemb. 1856
Frères de la doctrine chrétienne, dits de Sion-Vandemont, à Vézélise	17 juillet 1822
Frères de la doctrine chrétienne, dits de Lamenais, à Ploermel	1er mai 1822
Petits Frères de Marie, ci-devant dans la Loire, actuellement à St-Denis-Laval . .	12 novemb. 1868
Frères de Saint-Joseph, à Oullins	6 mai 1853
Frères de Saint-Viateur, à Vourles. . . .	10 juin 1830
Frères de Saint-Joseph, au Mans	23 juin 1823
Frères des écoles chrétiennes, dits de St-Yon, à Paris	17 mars 1808
Frères de Saint-Antoine, à Paris	23 juin 1823
Frères de la sainteté de Marie, ci-devant à Bordeaux, actuellement à Paris	16 novemb. 1825 18 août 1860
Frères de Saint-Joseph, à St-Fuscien	3 décembre 1823
Frères de l'instruction chrétienne du Saint-Esprit, dits de Saint-Gabriel, à St-Laurent-sur-Sèvre	17 septemb. 1823 3 mars 1853
Frères de Notre-Dame du Bon Secours, à Oran	16 avril 1853
Société pour l'instruction mutuelle élémentaire, instituée à Nantes	21 janvier 1816
Société des écoles chrétiennes du faubourg St-Antoine	23 juin 1820
Société d'instruction primaire du Rhône . .	15 avril 1829
Société d'encouragement pour l'instruction primaire parmi les protestants de France .	15 juillet 1829
Société d'instruction primaire de Paris . .	29 avril 1831
Société d'instruction primaire d'Angers . .	3 décembre 1831
Société pour l'instruction primaire dans l'arrondissement de Mirecourt (Vosges)	2 mars 1832
Sociétés de bienfaisance établies dans le département de Seine-et-Oise, à Montfort-l'Amaury, à Houdan et à Nantes. . . .	8 avril 1832
Société industrielle, à Nantes	21 mai 1845
Ecole-asile Fenélon, à Vaujours (Seine-Oise).	5 février 1852
Société du la Providence, à Nantes. . . .	3 mars 1853
Œuvre de la Providence, à Grenoble . . .	12 septemb. 1857

Société Philomatique, à Bordeaux	27 juillet 1859
Société Philotechnique	11 mai 1861
Œuvres des écoles de Bellevue, à Meudon (Seine-et-Oise)	7 août 1867
Société d'éducation de Lyon.	31 août 1867
Association Polytechnique, à Paris. . . .	30 juin 1869
Orphelinat protestant de Plaisance. . . .	25 juillet 1870

Elèves ecclésiastiques

Sur le vu du certificat délivré par l'autorité diocésaine, évêque ou archevêque, constatant que le réclamant est autorisé à continuer ses études ecclésiastiques, tout élève ecclésiastique est renvoyé en congé après une année de service, jusqu'à la date de son passage dans la réserve. Mais, si à l'âge de vingt-six ans, l'intéressé n'était pas pourvu d'un emploi de ministre de l'un des cultes reconnus par l'Etat, il est rappelé sous les drapeaux pour y accomplir les deux années de service ; il suit ensuite le sort de sa classe pour les autres obligations militaires.

Chaque année les autorités diocésaines sont tenues, sur la demande du Préfet, de faire connaître la situation de ces dispensés.

En cas de mobilisation les élèves ecclésiastiques sont versés dans le service de santé, mais ils sont astreints à quatre semaines d'exercice dans le cours de l'année qui précède leur passage dans la réserve de l'armée active.

Dispenses pour terminer les études universitaires

Après une année de présence sous les drapeaux sont renvoyés en congé dans leurs foyers, sur leur demande, jusqu'à la date de leur passage dans la réserve de l'armée active, les jeunes gens qui justifient, par des certificats réguliers délivrés par les Facultés, qu'ils poursuivent leurs études en vue d'obtenir :

1° Le diplôme de licencié ès-lettres, ès-sciences, de *docteur en droit*, de docteur en médecine, de pharmacien de 1re classe, de vétérinaire, ou le titre d'interne des hôpitaux nommé au concours dans une ville où il existe une Faculté de médecine ;

2° Le diplôme délivré par l'école des Chartes, des langues orientales vivantes ou d'administration de la marine;

3° Le diplôme supérieur délivré aux élèves externes par l'école des ponts-et-chaussées, supérieure des mines ou l'école du génie maritime ;

4° Le diplôme supérieur délivré par l'Institut national agronomique, école des haras du Pin, aux élèves internes, écoles nationales d'agriculture de Grandjouan, Grignon, Montpellier, école des mines de St-Etienne, les écoles des maîtres ouvriers mineurs d'Alais et de Douai, écoles des arts et métiers d'Aix, Angers et Châlons, école des hautes études commerciales et écoles supérieures de commerce reconnues par l'Etat ;

5° Prix de Rome ou médaille d'Etat dans les concours annuels de l'école nationale des beaux-arts, du conservatoire de musique et de l'école nationale des arts décoratifs ;

6° Enfin, les jeunes gens exerçant des industries d'art qui sont désignés par un jury d'Etat départemental formé d'ouvriers et de patrons. Le nombre de ces jeunes gens ne pourra jamais dépasser un demi pour cent du contingent de leur classe à incorporer pour trois ans.

Tous les jeunes gens qui précèdent doivent justifier annuellement de leur situation devant le conseil de révision et, s'ils ne remplissent pas les conditions en vue desquelles ils ont été renvoyés en congé, ou si à l'âge de 26 ans, ils n'ont pas obtenu les diplômes ou prix spécifiés au § 5, ils sont immédiatement rappelés sous les drapeaux pour y accomplir deux années de service actif. Ils peuvent se marier sans autorisation tant qu'ils sont dans leurs foyers en congé.

Etudiants en médecine et en pharmacie

Dès qu'ils ont accompli une année de présence sous les drapeaux, les étudiants en médecine et en pharmacie sont renvoyés en congé dans leurs foyers jusqu'à la date de leur passage dans la réserve ; ils sont astreints à quatre semaines de présence sous les drapeaux dans le courant de l'année qui précède leur passage dans la réserve de l'armée active ; mais en cas de mobilisation, ils sont versés dans le service de santé (hôpitaux, ambulances, etc.), ils peuvent se marier sans autorisation de l'autorité militaire tant qu'ils se trouvent dans leurs foyers.

Conscrits résidant à l'étranger hors d'Europe

Suivant les prescriptions de l'art. 50 de la loi, en temps de paix, les jeunes gens qui, avant l'âge de 19 ans révolus, ont établi leur résidence à l'étranger, hors d'Europe, et qui y occuperont une situation régulière, pourront, sur l'avis du consul de France, être dispensés du service militaire pendant la durée de leur séjour à l'étranger. Ils devront justifier de leur situation chaque année.

Il faut entendre par une situation régulière, non seulement le désir de résider à l'étranger, mais bien d'y occuper soit un emploi, soit un établissement industriel, une exploitation agricole quelconque qui nécessite la présence de l'intéressé sur les lieux. Les jeunes gens qui se trouvent dans ce cas, doivent donc, avant l'âge de dix-neuf ans accomplis, se présenter au consul de France de leur résidence et lui déclarer, avec preuves à l'appui, qu'ils désirent bénéficier de la faveur accordée par la loi. L'agent consulaire ou diplomatique contrôle ces renseignements et les transmet, avec son avis, au Ministre des Affaires étrangères qui les fait parvenir au Préfet du département dans lequel l'intéressé a pris part au tirage au sort. Ces renseignements sont fournis par les intéressés et envoyés annuellement en France pour être soumis aux conseils de révision. Ceux dont la position viendrait à se modifier sont tenus de rentrer en France pour y accomplir les années de service de leur classe.

Quant à ceux qui, avant l'âge de trente ans, rentrent en France, ils sont immédiatement incorporés dans le corps auquel ils ont été affectés et y accomplissent le service actif prescrit par la loi, sans toutefois pouvoir être retenus sous les drapeaux au-delà de l'âge de trente ans. Ils sont ensuite soumis à toutes les obligations de leur classe jusqu'à l'âge de 45 ans. S'ils rentrent après trente ans, ils ne sont soumis qu'aux obligations imposées aux hommes de la réserve et de l'armée territoriale.

Néanmoins, cette disposition n'est pas impérative, puisque ces jeunes gens peuvent, pendant la durée de leur établissement à l'étranger et pour les besoins de leurs affaires commerciales ou industrielles, venir accidentellement en France pour une durée de trois mois, sans être soumis aux obligations militaires, mais à condition d'aviser le consul de France de ce voyage et de la durée de l'absence; ils doivent faire constater au consulat leur départ et leur retour.

Quant à ceux qui ne désirent pas profiter de ces dispositions, mais qui sont retenus à l'étranger jusqu'à l'époque de l'appel de leur classe, ils conservent la faculté de demander à être examinés au lieu de leur résidence par le médecin attaché au consulat et devant le consul, à la condition expresse qu'ils en feront la demande au Préfet du département de leur domicile légal en France, avant ou pendant le tirage au sort de leur classe au plus tard. S'ils sont reconnus bons ils devront rejoindre leur corps en même temps que les autres jeunes gens de la métropole.

Ouvriers exerçant des industries d'art

Parmi les innovations démocratiques introduites par la loi du 15 juillet 1889 figure notamment celle qui accorde la dispense aux ouvriers exerçant une industrie d'art.

Ces jeunes gens devront, comme tous les dispensés des autres catégories, accomplir une année de service actif avant de bénéficier de cette faveur. La loi n'a pas défini la nomenclature des industries d'art qui donneront lieu à la dispense, mais l'esprit de la loi étant évidemment de favoriser dans une large mesure l'essor des industries, le règlement d'administration publique laissera très certainement au jury de chaque département une certaine latitude d'appréciation de celles de ces industries qui devront le plus être favorisées dans l'intérêt du pays où elles sont exercées.

Les dispensés à ce titre, comme l'indique le § 3 de l'art. 23 de la loi, ne pourront, en aucun cas, dépasser un demi pour cent du contingent départemental à incorporer pour trois ans ; ce chiffre pourra ne pas être atteint.

Le jury, nommé par l'Etat et formé d'ouvriers et de patrons, choisis parmi les diverses industries d'art, siégera au chef-lieu du département. Sa mission sera à peu près la même que celle du conseil de révision départemental. Il examinera les dossiers de dispenses qui lui seront soumis et en arrêtera la liste dans les conditions indiquées plus haut.

Une fois la liste arrêtée, le Préfet la transmet au général commandant la subdivision qui la fait parvenir au recrutement, lequel fait les annotations nécessaires sur le registre matricule.

Liste des dispensés. Publication

La loi a prescrit que la liste de tous les dispensés en vertu des articles 21, 22, 23 et 50, (hommes renvoyés en congé après une année de service), sera publiée dans chaque département dans le *bulletin administratif* et les noms de ces dispensés publiés et affichés dans chaque commune respective à la porte de la mairie. La mesure de publicité prévue par la loi évitera toute espèce de manœuvre délictueuse.

En cas de guerre ces dispensés sont appelés sous les drapeaux dans les corps auxquels ils sont affectés et marchent avec les hommes de leur classe ; ils ne confèrent la dispense à leur frère que tout autant qu'ils se trouveraient sous les drapeaux pour y accomplir trois années de service actif.

Ils sont astreints aux formalités relatives, aux changements de résidence (voyez le paragraphe traitant de cette question).

Cas où un conscrit serait l'objet de deux décisions

Les décisions du conseil de révision ayant un caractère d'irrévocabilité, sauf les cas de manœuvres ou fraudes, un conscrit ne saurait être l'objet de deux décisions alors même quelles revêtraient la même forme. Si une semblable situation venait à se présenter, c'est la première décision prise qui seule est valable dans toute sa plénitude ; la seconde serait nulle de plein droit ; ni le préfet, ni le commandant de recrutement ne doivent pour l'établissement de leurs travaux respectifs, en tenir compte.

Nous allons plus loin, et nous estimons qu'une décision prise en dehors de toute fraude ou manœuvres, doit profiter au conscrit alors même qu'elle l'exempterait indûment et définitivement de tout service militaire.

DES SOUTIENS DE FAMILLE

Soutiens de famille des classes appelées

Sous l'ancienne législation, c'était en vertu d'une mesure bienveillante de l'administration qu'un certain nombre de jeunes gens étaient maintenus dans leurs foyers à titre de soutiens indispensables de famille.

La loi de 1872 avait légalement consacré ce principe, et enfin, la loi du 15 juillet 1889, en le maintenant, augmente très sensiblement le nombre des soutiens de famille pour chaque appel.

On peut diviser les soutiens de famille en deux catégories. La première, ceux qui obtiennent ce bénéfice par les conseils de révision départementaux à l'époque de la formation des classes, 5 % sur les inscrits de la 1re partie de recrutement cantonal, autrement dit sur les hommes reconnus bons pour le service et qui n'ont fait valoir aucun cas de dispense.

La deuxième, comprend ceux des hommes qui, après avoir servi un an ou deux ans dans l'armée active, peuvent être renvoyés, par les chefs de corps, dans leurs foyers, en congé à titre de soutiens indispensables de famille : 1 % par année. Cette proportion est calculée sur le nombre d'hommes de la même classe et du même département présents au corps. Les intéressés doivent justifier de la nécessité de leur présence dans leurs foyers par la production d'un certificat de trois pères de famille, établi et signé par le maire et visé par le Préfet, accompagné d'une délibération du conseil municipal également visé par le Préfet ou le Sous-Préfet.

Les propositions à titre de soutien de famille, pour les deux cas qui précèdent sont faites, sur la demande écrite des intéressés, par les conseils municipaux qui donnent leur avis. Les pièces du dossier (voir pièces à fournir) sont soumises au conseil de révision cantonal qui prend sur les lieux telles informations utiles, examine l'état physique du père du conscrit, s'il y a lieu, donne son avis sur l'opportunité de la demande et remet le dossier au Préfet qui le soumet ultérieurement au conseil de révision départemental qui statue définitivement.

CONSEIL DE RÉVISION DÉPARTEMENTAL

Soutiens de famille

Lorsque le conseil de révision qui procède dans tous les cantons du département a terminé ses opérations et aux époques fixées par le Ministre de la Guerre, (2me quinzaine de septembre, ou 1re quinzaine d'octobre), le conseil de révision départemental composé comme il est dit page 67, mais auquel sont adjoints deux autres membres du conseil général, également désignés par la commission départementale, se réunit au chef-lieu du département en vue d'examiner et d'arrêter la liste des hommes de la classe et des ajournés de la classe précédente qui, après avoir accompli un année de service actif, seront renvoyés en congé dans leurs foyers jusqu'à leur passage dans la réserve de l'armée active.

Choix des soutiens de famille

Les jeunes gens qui demandent à être renvoyés dans leurs foyers après une année de service actif sont choisis parmi ceux qui se trouvent compris dans la première partie des listes de recrutement cantonal.

Aux termes de l'article 22 de la loi, les intéressés doivent formuler leur demande au maire de leur résidence avant le tirage au sort ; il leur en est donné récépissé. Dans la pratique, et il ne saurait en être autrement, les demandes des soutiens de famille sont reçues même après le tirage, à la condition toutefois qu'elles soient déposées quelque temps avant la réunion du conseil de révision départemental, c'est-à-dire que l'administration ait le temps matériel de les instruire régulièrement. Il est, en effet, évident que la situation d'une famille peut se modifier profondément entre le tirage au sort et la réunion du conseil. Rejeter ces demandes, se serait aller à l'encontre de l'esprit du législateur dont l'idée dominante est de conserver à la famille le soutien qui lui est nécessaire. S'il est vrai que ces jeunes gens, ont toujours la faculté de revendiquer cette faveur au corps après avoir accompli une année de service à laquelle tous les hommes indistinctement sont astreints, il est également juste de constater que les corps ne peuvent accorder que le 1 °/₀, et que, d'ailleurs, les conseils de révision sont toujours mieux placés pour se rendre compte de la véritable situation de famille de l'intéressé.

Obligations militaires imposées aux soutiens de famille désignés par le conseil de révision départemental

Les jeunes gens désignés par les conseils de révision départementaux comme soutiens indispensables de famille sont tenus, avant de bénéficier de cette faveur, d'accomplir l'année de service dans l'armée active, imposée à tout homme valide. Ce n'est donc qu'à l'expiration de l'année que les corps renvoient les soutiens de famille dans leurs foyers. Ils suivent le sort de la classe avec les mêmes obligations, à moins qu'ils ne soient reconnus par le conseil de révision qui révise annuellement la situation de famille de ces hommes, ne plus justifier la faveur dont ils jouissent. Dans ce cas, ils sont de nouveau appelés sous les drapeaux pour y accomplir le service actif qui incombe à la classe à laquelle ils appartiennent.

Pièces à produire à l'appui des demandes de soutiens de famille

Chaque demande de soutien de famille doit être déposée entre les mains du maire du lieu du domicile légal et accompagnée :

1° D'une expédition de la délibération du conseil municipal qui propose ;

2° D'un certificat, modèle n° 5, établissant la situation de famille signé de trois pères de famille résidant dans la commune et ayant un fils sous les drapeaux, à défaut, dans la réserve de l'armée active, et jouissant de leurs droits civils et politiques.

3° D'un relevé du rôle des contributions à la charge de la famille.

Epoque de la désignation des soutiens de famille

Jusqu'à ce jour, depuis l'application de la loi du 27 juillet 1872, les conseils de révision, constitués dans les formes prescrites par l'art 32 de cette loi arrêtait la liste des soutiens de famille dans les 20 jours qui suivaient la date fixée pour la fin de la tournée.

Cette manière de procéder a été abandonnée. Désormais, la liste des soutiens de famille n'est arrêtée que quelques jours seulement avant la mise en route de la classe, par le conseil de révision départemental, composé comme il est dit plus haut (voir composition du conseil de révision), mais auquel sont adjoints deux autres membres du conseil général également désignés par la commission départementale.

Ce conseil siège au chef-lieu du département.

Chiffre maximum des désignations

La proportion des jeunes gens susceptibles, en temps de paix, d'être dispensés, à titre de soutiens de famille, peut s'élever, par département à 5 °/₀ (1) ; sur les inscrits de la 1re partie de la liste, autrement dit, sur le nombre

(1) Une fraction de 1 à 20 donne droit à un soutien de famille ; une fraction de 21 à 40 donne droit à deux, ainsi de suite.

d'hommes astreints à faire trois années de service actif; elle ne saurait être dépassée, mais elle peut aussi n'être pas atteinte.

Les enfants naturels légalement reconnus peuvent demander la dispense comme soutiens de famille

La qualité d'enfant légitime exigée des jeunes gens qui réclament l'application de l'art. 21 de la loi n'est pas indispensable dans le cas prévu par l'art. 22. Les enfants naturels peuvent donc, par suite, réclamer la dispense à titre de soutiens de famille, mais à la condition qu'ils aient été *légalement reconnus* (circ. du 19 mars 1874).

La liste des soutiens de famille ne peut pas être modifiée après la mise en route

Du moment où les hommes ont été incorporés ou même seulement mis en route, ils ne peuvent plus être portés sur la liste des soutiens de famille, en remplacement de ceux qui seraient décédés ou reconnus indignes de continuer à y figurer.

Dans ce cas c'est au corps à statuer sur ces demandes, mais seulement après que les intéressés ont accompli une année de service actif.

Liste des soutiens de famille des classes d'appel

Lorsque le conseil de révision départemental, composé comme il est dit plus haut, a arrêté définitivement la liste des hommes susceptibles d'être renvoyés dans leurs foyers, à titre de soutiens de famille, après avoir accompli une année de service, le Préfet du département adresse cette liste au général commandant la subdivision, lequel la transmet au commandant de recrutement qui annote en conséquence le registre matricule et adresse, en outre, au corps dans lequel le soutien de famille est incorporé, les renseignements utiles à son renvoi dans ses foyers. Les mêmes diligences sont faites à l'égard des ajournés des classes antérieures reconnus bons et classés par le conseil de révision départemental comme soutiens indispensables de famille. Ceux-ci sont soumis aux mêmes obligations et avantages.

Soutiens de famille en congé dans leurs foyers

Tous les ans, le maire de chaque commune est tenu de présenter au conseil de révision, siégeant au chef-lieu de canton, une délibération du conseil municipal faisant connaître la situation des jeunes gens qui ont été renvoyés en congé dans leurs familles au titre de soutien de famille.

Le maire a le devoir de signaler au conseil de révision les plaintes des personnes dans l'intérêt desquelles l'envoi en congé a eu lieu.

De son côté l'administration préfectorale procède, si elle le juge utile, à une information particulière.

Le conseil de révision siégeant au chef-lieu de canton ne donne qu'un avis. La décision est prise par le conseil de révision départemental siégeant au chef-lieu du département.

Réservistes soutiens de famille

De même que les hommes de l'armée active, les réservistes peuvent, en cas d'appel, pour manœuvres ou mobilisation totale ou partielle, invoquer la dispense à titre de soutiens de famille.

A cet effet ils forment leur demande qui est remise au maire de leur commune, avec pièces à l'appui, lequel la soumet au conseil municipal qui délibère et motive son avis. Le dossier est ensuite remis au moins 20 jours avant l'appel à la gendarmerie, qui le transmet par voie hiérarchique au général commandant la subdivision qui statue.

Ces dispenses peuvent être accordées par subdivision de région jusqu'à concurrence de 6 °/₀ du nombre des hommes appelés momentanément sous les drapeaux; elles n'ont d'effet que pour la convocation en vue de laquelle elles sont accordées.

Soutiens de famille de l'armée territoriale

Les dispenses à titre de soutiens de famille pour les hommes de l'armée territoriale, en cas d'appel sous les drapeaux, sont accordées dans les mêmes conditions et formes qu'aux hommes de la réserve (voyez plus haut).

Production des pièces justifiant les droits à la dispense légale et à titre de soutiens de famille

C'est aux intéressés ou à leurs familles qu'incombe directement le devoir de faire toutes les démarches nécessaires pour se procurer, en temps utile, les pièces justificatives des droits invoqués.

L'administration municipale ou préfectorale n'intervient qu'à titre purement officieux et ne peut être rendue responsable des négligences, irrégularités, erreurs ou retards apportés dans la production de ces pièces. Les jeunes gens s'exposent donc à des mécomptes s'ils ne se mettent pas en mesure de les produire dans les délais légaux.

Les pièces produites à l'appui d'une réclamation sont conservées dans les archives de la préfecture pour justifier de la décision prise par le conseil de révision : elles ne sauraient être restituées, mais on peut en délivrer des copies conformes.

Ces pièces sont exemptes du droit de timbre, toutes les fois qu'il s'agit d'une réclamation de dispense, d'engagement volontaire, etc. (Voir la nomenclature des pièces à produire pour tous les cas de dispense).

Actes de disparition. Relevés de services

La même célérité devra être apportée dans l'envoi des actes de disparition ou des relevés de services que, dans certains cas, les familles peuvent avoir intérêt à présenter au conseil de révision.

Ces pièces ne seront jamais refusées ; les actes de disparition surtout devront être établis avec le plus grand soin, et relater, avec tous les détails possibles, les circonstances de nature à faire apprécier à son véritable point de vue la disparition sur laquelle est basée une réclamation de dispense.

Vérification des pièces par les Sous-Préfets

Les certificats de trois pères de famille sont soumis au visa du Sous-Préfet de l'arrondissement, afin que ce fonctionnaire qui a, par devers lui, les listes de tirage des années antérieures, contrôle, au moyen des dites listes, la position sous le rapport du recrutement des frères du réclamant et puisse prévenir les tentatives de fraude.

Toutes les autres pièces destinées à justifier la réclamation doivent être également remises au Sous-Préfet un certain nombre de jours avant le commencement des opérations de révision.

Le Sous-Préfet établit les dossiers individuels, les examine, les revêt de son visa et les transmet aussitôt au Préfet qui les fait soumettre dans ses bureaux à un examen sérieux. De la sorte, lorsque les dossiers sont soumis au conseil de révision, ils ont reçu l'instruction qu'ils comportent. Les annotations sont inscrites sur la chemise du dossier.

Pièces délivrées par les maires

En outre des certificats de bonnes vie et mœurs, les maires délivrent aux jeunes gens de leurs communes toutes les pièces que ceux-ci se proposent de produire à l'appui de la réclamation de dispense prévue par la loi, savoir : certificat de trois pères de famille, certificat modèle n° 5 ; actes de mariage, de décès, etc., etc. Ces pièces sont soumises au visa du Sous-Préfet.

Les maires ne sauraient refuser d'établir les certificats de trois pères de famille qui leur sont réclamés, en se fondant sur ce que le droit invoqué n'existe pas.

Le soin d'examiner si le droit existe ou n'existe pas n'appartient qu'au conseil de révision. »

Le Préfet doit, le cas échéant, donner l'ordre au maire de les établir en le prévenant qu'il peut être rendu civilement responsable.

Responsabilité des maires en matière de pièces de recrutement

Les maires doivent s'assurer avec le plus grand soin que les indications portées sur les certificats sont conformes à la vérité. C'est, en effet, une approbation et non point un simple visa qu'ils donnent sur ces pièces, et ils partagent, aves les pères de familles appelés comme témoins, la responsabilité qui s'attacherait à de fausses déclarations.

Pour prévenir toutes réclamations ultérieures, les maires, avant d'approuver ces certificats, en donnent lecture aux parties intéressées, qui y apposent leur signature, en même temps que les trois pères de famille.

Pièces délivrées par les corps

Les conseils d'administration des corps délivrent :

1° Le certificat de présence sous les drapeaux ;

2° Le certificat de bonne conduite aux soldats renvoyés dans leurs foyers ;

3° L'état signalétique adressé au Préfet pour l'inscription des engagés volontaires sur les tableaux de recensement du lieu de leur domicile légal ;

4° Enfin les copies des actes de disparition.

Cette dernière pièce est souvent délivrée par le Ministre de la Guerre ou de la Marine si la disparition remonte à plusieurs années.

Pièces délivrées par le commandant de recrutement

Le commandant de recrutement délivre les certificats d'aptitude aux engagés volontaires ordinaires et conditionnels d'un an, les certificats d'inscription sur les contrôles de la réserve de l'armée active et de l'armée territoriale et les livrets individuels, que tout homme reçoit à son passage dans la réserve de l'armée active, c'est-à-dire à l'expiration des trois années de service actif.

Pièces délivrées par l'inscription maritime

Le commissaire de l'inscription maritime délivre le certificat d'inscription *définitive*, tant aux matelots, qu'aux officiers mariniers et aux ouvriers exerçant une profession maritime, tels que voilier, calfat, charpentier de navire ou parreur, ainsi que toutes les pièces pouvant être produites à l'appui d'une réclamation de dispense, à l'exception toutefois du certificat constatant que l'inscrit maritime sur lequel la réclamation est fondée se trouve appartenir à l'une des classes sous les drapeaux. Cette pièce est délivrée par le Préfet.

Pièces délivrées par le Sous-Préfet

Le Sous-Préfet ne délivre que les certificats d'exemption des hommes de son arrondissement seulement. Il vise les certificats de bonnes vie et mœurs ; les certificats modèle n° 5, pour les demandes de soutiens indispensables de famille, ainsi que toutes les pièces produites par les jeunes gens de son arrondissement qui réclament la dispense à l'un des titres prévus par la loi. Il est bien entendu que de son côté, le Préfet conserve tous ses droits pour l'établissement et le visa de ces pièces.

Pièces délivrées par le Préfet

Antérieurement à l'application de la loi du 15 juillet 1889, le Préfet délivrait les certificats constatant la situation au point de vue du recrutement aux hommes qui, pour une cause quelconque, n'étaient pas appelés sous les drapeaux. Aux termes de la loi précitée, tout homme valide étant soumis à l'appel, les Préfets n'ont plus à délivrer ces certificats qu'aux hommes qui sont reconnus, par le conseil de révision, impropres à tout service actif ou auxiliaire.

En dehors des récépissés de dépôt de pièces justificatives de droits à la dispense ou de pièces pour inscription aux écoles militaires, les Préfets délivrent, en outre, les certificats constatant les droits d'un inscrit maritime à conférer la dispense à son frère.

Toutes les pièces produites à l'appui d'une réclamation militaire, destinées au conseil de révision, aux engagements volontaires, au renvoi dans leurs foyers des hommes sous les drapeaux., etc, doivent être revêtus du visa du Préfet ou du Sous-Préfet.

NOMENCLATURE des cas de dispense et des pièces à produire au Conseil de révision ou a adresser au corps si l'homme est déjà incorporé.

INDICATION des CAS DE DISPENSE prévus par les articles 21, 22 et 23 de la loi	INDICATION DES PIÈCES A PRODUIRE
Aîné d'orphelins de père et de mère.............	Acte de mariage des père et mère. Actes de décès des père et mère. Certificat de trois pères de famille, approuvé par le maire, visé par le sous-préfet.
Fils unique ou aîné des fils d'une femme actuellement veuve.................................	Acte de mariage des père et mère. Acte de décès du père. Certificat de trois pères de famille (1).
Petit-fils unique ou aîné des petits-fils d'une femme actuellement veuve...........................	Acte de mariage des aïeuls. Acte de mariage des père et mère. Acte de décès de l'aïeul. Certificat de trois pères de famille (1).
Fils unique ou aîné des fils d'une femme dont le mari a été légalement déclaré absent...........	Acte de mariage des père et mère. Copie du jugement déclarant l'absence. Certificat de trois pères de famille (1).
Petit-fils unique ou aîné des petits-fils d'une femme dont le mari a été légalement déclaré absent....	Acte de mariage des aïeuls. Acte de mariage des père et mère. Copie du jugement déclarant l'absence. Certificat de trois pères de famille (1).
Fils unique ou aîné des fils d'un père aveugle (1)..	Acte de mariage des père et mère. Certificat de trois pères de famille. (2)
Petit-fils unique ou aîné des petits-fils d'un grand-père aveugle................................	Acte de mariage des père et mère. Certificat de trois pères de famille. (2)
Fils unique ou aîné des fils d'un père entré dans sa soixante et dixième année (1).................	Acte de mariage des père et mère. Acte de naissance du père. Certificat de trois pères de famille.
Petit-fils unique ou aîné des petits-fils d'un grand-père entré dans sa soixante et dixième année (1).	Acte de mariage des père et mère. Acte de naissance de l'aïeul. Certificat de trois pères de famille.
Puîné d'orphelins de père et de mère, dont l'aîné est impotent (1)............................	Acte de mariage des père et mère. Acte de décès des père et mère Certificat de trois pères de famille. (3)
Fils puîné d'une femme actuellement veuve, dont l'aîné est impotent (1).........................	Acte de mariage des père et mère. Acte de décès du père. Certificat de trois pères de famille. (3)
Petit-fils puîné d'une femme actuellement veuve, dont l'aîné est impotent (1)....................	Acte de mariage des aïeuls. Acte de décès de l'aïeul. Certificat de trois pères de famille. (3)

(1) Le certificat des trois pères de famille doit être approuvé par le Maire et visé par le Sous-Préfet.

(2) Dans ce cas, le conseil de révision ne statue qu'après avoir constaté lui-même ou fait constater l'état physique du père aveugle.

(3) Dans ce cas, le conseil de évision ne statue qu'après avoir constaté lui-même ou fait constater l'état physique du frère.

INDICATION des CAS DE DISPENSE prévus par les articles 21, 22 et 23 de la loi	INDICATION DES PIÈCES A PRODUIRE
Fils puîné d'une femme dont le mari a été légalement déclaré absent, dont l'aîné est impotent (1).	Acte de mariage des père et mère. Copie du jugement déclarant l'absence. Certificat de trois pères de famille. (2)
Petit-fils puîné d'une femme dont le mari a été légalement déclaré absent, dont l'aîné est impotent (1).	Acte de mariage des aïeuls. Copie du jugement déclarant l'absence. Certificat de trois pères de famille. (2)
Fils puîné d'un père aveugle ou entré dans sa soixante et dixième année, dont l'aîné est impotent (1)	Acte de mariage des père et mère. Acte de naissance du père. Certificat de trois pères de famille. (3)
Petit-fils puîné d'un grand-père aveugle ou entré dans sa soixante et dixième année, dont l'aîné est impotent (1)	Acte de mariage des père et mère. Acte de naissance de l'aïeul. Certificat de trois pères de famille. (4)
Fils unique ou aîné des fils d'une famille de sept enfants (1)....................................	Acte de mariage des père et mère. Certificat de trois pères de famille.
Frère aîné d'un jeune homme appelé à faire partie du même tirage, et qui est reconnu propre au service (1)	Acte de mariage des père et mère. Certificat de trois pères de famille.
Jeune homme ayant un frère sous les drapeaux soit comme officier, appelé, engagé, volontaire pour 3, 4 ou 5 ans, rengagé, breveté ou commissionné, ou inscrit maritime	Certificat de trois pères de famille (1). Indépendamment de ce certificat, la présence du frère sous les drapeaux sera justifiée par un certificat du conseil d'administration du corps, ou par tout autre document authentique faisant connaître la position de ce frère, ou bien, si celui-ci n'a pas encore été appelé à l'activité ou se trouve en disponibilité de l'armée active, par un certificat de l'officier de recrutement ; ou bien enfin, si le frère est inscrit maritime : 1° Un certificat du préfet constatant que ce marin est compris, comme déduit, dans le contingent d'une classe non libérée du service actif. 2° Un certificat d'un commissaire de marine, faisant connaître que le frère appartient toujours à l'inscription maritime, qu'il est vivant, qu'il réside dans telle ou telle commune, ou qu'il est embarqué.
Frère d'un militaire mort en activité de service, ou réformé, ou admis à la retraite pour blessures reçues dans un service commandé, ou infirmités contractées dans les armées de terre ou de mer.. Jeune homme dont un frère est mort ou a reçu des blessures qui le rendent incapable de servir, en combattant dans l'armée auxiliaire en 1870 et en 1871	Certificat de trois pères de famille, approuvé par le maire, visé par le sous-préfet. Indépendamment de ce certificat, le décès, les blessures, la réforme ou l'admission à la retraite du frère seront justifiés par l'acte de décès, ou le congé de réforme, ou le titre ou la copie certifiée du titre de pension de ce frère, ou par tout autre document authentique faisant connaître les droits à la dispense. Si le frère est décédé comme inscrit maritime à bord d'un bâtiment de l'Etat, le réclamant produira, avec le certificat, un certificat du commissaire de marine, constatant le décès.

(1) Le certificat des trois pères de famille doit être approuvé par le Maire et visé par le Sous-Préfet.
(2) Dans ce cas, le conseil de révision ne statue qu'après avoir constaté lui-même ou fait constater l'état physique du frère.
(3) Le conseil de révision constate lui-même ou fait constater l'état physique du père aveugle, ainsi que celui du fils aîné.
(4) Le conseil de révision constate lui-même ou fait constater l'état physique de l'aïeul aveugle, ainsi que celui du petit-fils aîné.

INDICATION des CAS DE DISPENSE prévus par les articles 21, 22 et 23 de la loi	INDICATION DES PIÈCES A PRODUIRE
Soutien de famille..............................	Demande de dispense. Délibération du Conseil municipal. Relevé des contributions payées par la famille et certifié par le percepteur. Certificat de trois pères de famille résidant dans la commune et ayant un fils sous les drapeaux ou à défaut dans la réserve de l'armée active et jouissant de leurs droits civils et politiques (1).
Jeunes marins portés sur les registres matricules de l'inscription maritime......................	Certificat du commissaire de la marine.
Elèves des écoles polytechnique, forestière et centrale des arts et manufactures	Certificat de présence du directeur de l'école et attestant que l'élève a souscrit un engagement volontaire de trois ans pour les deux premières écoles et de quatre ans pour l'école centrale.
Membres de l'Instruction publique et professeur dans les institutions nationales des sourds-muets et jeunes aveugles	Certificat d'acceptation, par le recteur de l'Académie de l'engagement de se vouer pendant dix ans à la carrière de l'enseignement, contracté par le réclamant devant ledit recteur, et avant l'époque déterminée du tirage au sort pour les premiers et certificat du directeur de l'Intitution nationale attestant la présence et l'engagement d'y passer dix années pour les seconds. Certificats d'exercices visés par les recteurs pour chacune des années qui se sont écoulées depuis l'acceptation de l'engagement. (Circulaire du 6 décembre 1885).
Elèves internes des écoles du Pin. Elèves des écoles nationales d'agriculture de Grandjouan, Grignon, Montpellier. Elèves des écoles des mines de St-Etienne, maîtres ouvriers mineurs d'Alais, de Douai, arts et métiers d'Aix, Angers, Châlons, hautes études commerciales et supérieures de commerce reconnues par l'Etat	Certificat du directeur de l'école.
Jeunes gens exerçant des industries d'art.........	Certificat du directeur de l'établissement.
Artistes ayant remporté soit un prix ou médaille d'Etat dans les concours annuels des écoles nationales des beaux-arts, conservatoire de musique et arts décoratifs..............................	Certificat du Ministre de l'instruction publique.
Instituteurs laïques, novices et membres des congrégations religieuses voués à l'enseignement dans les écoles françaises d'Orient et d'Afrique..	Certificat d'engagement décennal.
Elèves pensionnaires de l'école des langues orientales vivantes........................... Elèves de l'école des Chartes nommés après examen Elèves de l'école d'administration de la marine ... Elèves externes des écoles des ponts-et-chaussées, supérieure des mines et du génie maritime......	Certificat de présence à l'école délivré par le directeur de l'école.
Elèves ecclésiastiques et élèves des divers cultes reconnus par l'Etat, admis à continuer leurs études	Certificat de l'archevêque ou de l'évêque diocésain, visé par le préfet. Certificat des présidents de consistoire également visé par le préfet.
Elèves de l'Institut national agronomique pour l'obtention du diplôme supérieur....................	Certificat du directeur de l'institut.
Artistes qui ont remporté l'un des prix de Rome..	Certificat du Ministre de l'instruction publique.
Jeunes gens résidant à l'étranger dans les conditions de l'art. 50 de la loi.	Certificat du consul de France, visé par le Ministre des Affaires étrangères.

(1) Le certificat de trois pères de famille doit être approuvé par le Maire et visé par le Sous-Préfet.

Registre matricule

Au moyen des tableaux de recensement dressés par les maires et de la liste cantonale de tirage sur laquelle sont consignées les décisions prises par le conseil de révision à l'égard de tout conscrit, le commandant de recrutement établi le registre matricule par classe et pour toute la subdivision.

Ce registre doit mentionner, indépendamment des indications de la liste de tirage et des décisions du conseil de révision, la position de chaque homme ou la position dans laquelle il est laissé et, successivement, toutes les mutations qui peuvent survenir dans sa situation jusqu'à sa libération définitive, soit à l'âge de 45 ans.

Tout homme qui figure sur le registre matricule reçoit un livret individuel qu'il est tenu de présenter à toute réquisition des autorités militaires, judiciaires ou civiles.

En cas d'appel à l'activité ou de convocation pour des manœuvres, exercices ou revues, la représentation du livret individuel doit avoir lieu dans les vingt-quatre heures de la réquisition. Dans les autres cas le délai est de huit jours (art. 36 de la loi).

Portions du contingent cantonal

L'article 39 de la loi dispose que le Ministre de la Guerre fixe sur la liste du tirage au sort de chaque canton et proportionnellement, en commençant par les numéros les plus élevés, le nombre d'hommes qui seront envoyés dans leurs foyers en disponibilité après leur première année de service.

La loi de 1872 avait prévu, en principe, la division du contingent en deux portions sans l'imposer au ministre. Toutefois, depuis la promulgation de cette loi, tous les ministres ont, sans interruption, établi annuellement les deux portions du contingent jusqu'à l'appel de la classe de 1886 ; celle-ci a été appelée toute entière sous les drapeaux, et il en a été de même pour la classe suivante.

La loi du 15 juillet 1889 a fait plus que maintenir ce principe, elle le confirme, et le Ministre de la Guerre, tout en conservant la faculté de fixer la question des contingents, est tenu de procéder annuellement à cette division. Dès lors, un certain nombre d'hommes, dont la conduite au corps et l'instruction ne laissent rien à désirer ne feront, en temps de paix, qu'une année de service.

Cette prescription a nécessité le maintien du tirage au sort qui conserve par suite toute son importance primitive en ce sens que, suivant qu'un conscrit obtient un numéro plus ou moins élevé, il ne fait qu'une seule année de service au lieu de trois.

Comme par le passé, les premiers numéros de tirage sont affectés à l'armée de mer.

La division en deux portions du contingent étant effectuée d'après le tirage, les Préfets, sous-intendants et commandants de recrutement doivent adresser au Ministre de la Guerre, immédiatement après la clôture des opérations du conseil de révision, le compte-rendu numérique et sommaire des hommes compris sur la 1re partie de la liste de recrutement cantonal.

Le Ministre de la Guerre, après avoir consulté son collègue de la Marine sur le nombre d'hommes à affecter à l'armée de mer, arrête les dispositions relatives à la division en deux portions du contingent cantonal, ainsi que l'attribution à la 1re ou à la 2e portion du contingent des ajournés à un an reconnus bons pour le service armé.

Les opérations de division en deux portions du contingent sont faites par le commandant de recrutement de la subdivision, sous la surveillance du général de brigade dont il relève hiérarchiquement; ces opérations sont notifiées au Préfet en même temps qu'elles sont mentionnées sur le registre matricule dont les extraits sont envoyés par le recrutement aux corps dans lesquels les hommes sont incorporés.

Les hommes renvoyés dans leurs foyers comme appartenant à la 2e portion restent jusqu'à l'expiration de trois ans à la disposition du Ministre de la Guerre qui peut les rappeler à l'activité toutes les fois qu'il le juge utile. De ce fait, ces hommes ne sont pas assujettis à la taxe annuelle militaire.

Questions judiciaires

Toutes les fois que des jeunes gens élèvent des questions touchant à leur état ou à leurs droits civils sortant de la compétence du conseil de révision, c'est aux tribunaux que ces questions doivent être déférées pour être jugées contradictoirement avec le Préfet, à la requête de la partie diligente.

Procédure

En cas de renvoi, le Préfet est admis à instruire et à défendre dans l'intérêt de l'Etat, dont il est le représentant, sur toutes les demandes se rattachant au recrutement par simple mémoire et sans ministère d'avoué.

Est compétent le tribunal de première instance du domicile du conscrit de l'appelé ou de l'engagé volontaire. Ces affaires doivent être promptement résolues, comme sommaires et urgentes. Les jugements relateront seulement les conclusions, les motifs et le dispositif sans que les mémoires puissent y être insérés. Les appels sont portés à l'audience sur simple acte et sans autre procédure.

Les dépenses sont mises à la charge de la partie perdante (circ. du 7 juillet 1810).

Quelle est la limite de la compétence des tribunaux en matière de recrutement

Les tribunaux ne sont compétents que sur les questions touchant à l'état ou aux droits civils de ceux qui les élèvent devant le conseil de révision dans le but d'obtenir, soit une dispense, soit une radiation des listes. Mais, dans aucun cas, les tribunaux ne peuvent prononcer la dispense ou la radiation. C'est au conseil de révision à tirer et à appliquer la conséquence du jugement rendu (ordonn. du 30 avril 1828).

Dans le cas où les tribunaux s'immisceraient dans la connaissance de ce qui est dévolu aux conseils de révision, les Préfets élèvent alors la voie du conflit (circ. du 19 juillet 1819).

Excès de pouvoirs

Le conseil de révision commettrait un excès de pouvoir s'il s'attribuait le droit de prononcer sur des questions touchant à l'état ou aux droits civils des jeunes gens. Ces questions ne peuvent être résolues que par les tribunaux ordinaires, et le conseil de révision doit toujours attendre, avant de statuer, que les tribunaux aient rendu leur jugement.

Le Conseil d'Etat est seul compétent pour réformer les décisions des conseils de révision

Par application du principe de la loi du 14 novembre 1790, seul, le conseil d'Etat a le droit de réformer les décisions des conseils de révision, pour excès de pouvoir ou incompétence. Néanmoins, les décisions des conseils de révision ne sont susceptibles d'aucun recours, ni pour mal jugé, ni pour violation des formes de la loi. Le recours au conseil d'Etat n'a pas d'effet suspensif ; les décisions des conseils de révision sont *strictement exécutoires* jusqu'à cassation. L'annulation d'une décision prononcée sur le recours du Ministre de la Guerre profite aux parties lésées.

Les jeunes gens qui recourent au conseil d'Etat pour demander l'annulation des décisions prises contre eux, sont tenus de déposer au Préfet du département copie de leur pourvoi. Le Préfet, de son côté, en rend compte au Ministre par un rapport qu'il accompagne de toutes les pièces ou documents qui peuvent servir à faire apprécier la valeur du pourvoi (circ. du 19 juillet 1819).

Délais d'appel

Le délai d'appel et des recours en cassation, en matière de recrutement, est de quinze jours francs à partir de la signification de la décision attaquée.

Le recours est, ainsi que l'appel, dispensé de la consignation d'amende.

L'affaire est portée directement devant la chambre civile; et tous les actes s'y rattachant sont visés pour timbre et enregistrés gratis (art. 31 de la loi).

Conseil d'Etat

La loi du 24 mai 1872 prévoit le cas où des officiers généraux ou supérieurs peuvent être détachés au conseil d'Etat comme conseillers en service ordinaire ou maîtres des requêtes. Ces officiers conservent dans cette situation tous les droits afférents à leur grade dans l'armée, mais ne sont pas admis à cumuler le traitement qu'ils pourraient toucher au conseil d'Etat à la solde militaire.

Frais en matière de recrutement

Les indemnités allouées aux membres du conseil de révision, général ou son suppléant, conseiller de préfecture, sous-intendant militaire, commandant de recrutement et médecin militaire sont de :

15 francs pour toute journée de voyage sans séance ou de séance avec voyage ;

10 francs pour toute journée de séance sans voyage, ou de repos sans séance au chef-lieu du département ou hors du chef-lieu.

Ces indemnités sont de 20 francs et de 15 francs en Corse et en Algérie.

Les sous-officiers de recrutement ont droit à l'indemnité de 6 francs (8 francs en Corse et en Algérie), pour chaque journée passée hors du lieu de leur résidence.

Les fonctionnaires et officiers n'ont droit à aucune indemnité lorsqu'ils opèrent au lieu de leur résidence ou garnison.

Pour les médecins civils que les préfet se trouveraient dans la nécessité de requérir, à défaut de médecins militaires, leurs allocations seront réglées conformément à la circulaire du 28 février 1885.

Les médecins militaires déplacés du lieu de leur garnison, pour visiter les jeunes gens autorisés à se faire examiner au lieu de leur domicile, n'ont droit, pour ces déplacements, qu'à l'indemnité de route mandatée directement par le service de l'intendance militaire dans les conditions déterminées par le règlement sur le service de marche.

L'indemnité de route est également seule due aux membres militaires des conseils de révision, aux sous-intendants militaires, aux commandants de recrutement et aux médecins militaires qui voyagent isolément, soit pour rejoindre le conseil sur un point quelconque, soit pour rentrer au lieu de leur garnison. Lors même qu'une séance aurait été tenue le jour du voyage, aucune allocation n'est due sur les fonds du recrutement. *Par voyage isolé*, on doit entendre *tout voyage qui n'est pas intégralement accompli avec les autres membres du conseil, du point de départ au point d'arrivée.*

L'indemnité de transport fixe ne doit jamais être allouée, sous aucun prétexte, qu'une seule fois (aller et retour), quel que soit le nombre des déplacements pendant la durée totale des opérations.

Les membres des conseils de révision, les fonctionnaires de l'intendance, les officiers et les sous-officiers de recrutement, ainsi que les médecins militaires qui accompagnent ces conseils, peuvent, lorsqu'ils en font la demande, toucher par avance la moitié de l'indemnité à laquelle ils ont droit d'après l'itinéraire arrêté pour la tournée de révision.

La deuxième moitié de l'indemnité est mandatée aux ayants droit dans les quinze jours qui suivent la clôture des opérations, par les sous-intendants qui doivent faire leurs demandes de fonds à temps et en conséquence.

Les préfets établissent en double expédition et transmettent aussitôt, après la clôture des opérations, au général commandant le corps d'armée qui les adressent de son côté à l'intendant militaire directeur du service, savoir :

1° Etat de décompte ;

2° Etat de frais ;

3° Ampliation de l'itinéraire suivi par le conseil de révision.

Ce fonctionnaire mandate, après vérification, les sommes revenant aux parties prenantes. L'ordonnancement effectué, il transmet au Ministre, *le 1er août au plus tard,* l'une des expéditions de chacun des états, ainsi que de l'itinéraire, pièces destinées à l'établissement de la liquidation ministérielle après payement.

L'état des frais relatera les redressements, qui devront être portés avec soin à l'encre rouge. L'arrêté définitif sera inscrit en toutes lettres et indiquera les dates d'émission et les numéros des mandats délivrés au nom de chaque partie prenante.

Les bordereaux des mandats doivent toujours être appuyés des récépissés et ordres de reversement au Trésor en cas de trop perçu.

Les Préfets reçoivent directement du Ministre de la Guerre l'indemnité qui leur est allouée, ainsi qu'au secrétaire général et Sous-Préfets pour la tournée de tirage.

Comptes à rendre

Les Préfets doivent adresser, dans la 1re quinzaine de juillet, un compte-rendu numérique et sommaire sur les jeunes gens de la classe appelée, ainsi que le rapport sur les opérations de révision.

Des imprimés, à cet effet, leur sont envoyés en temps utile par le Ministre.

Les Préfets adressent également, à la même date, l'état nominatif des jeunes gens qui ont reçu l'application des articles 23 et 28 de la loi, établi selon les instructions qui sont annuellement adressées par le Ministre de la Guerre.

ENGAGEMENTS VOLONTAIRES.— RENGAGEMENTS. VOLONTARIAT

Engagements volontaires de 3, 4 ou 5 ans

Tout citoyen français ou naturalisé français peut contracter un engagement volontaire dans l'armée s'il remplit les conditions suivantes :

1° Dans l'armée de mer, avoir seize ans accomplis, sans être tenu à la taille réglementaire ;

2° Dans l'armée de terre, avoir dix-huit ans accomplis et au moins la taille d'un mètre cinquante-quatre centimètres ;

3° N'être ni marié, ni veuf avec enfants ;

4° N'avoir jamais été condamné pour vol, escroquerie, abus de confiance, attentat aux mœurs ;

Les condamnés peuvent, toutefois, s'engager dans un bataillon d'infanterie légère d'Afrique ;

5° Jouir des droits civils ;

6° Etre de bonnes vie et mœurs ;

7° Savoir lire et écrire ;

Telles sont les conditions essentielles pour être admis à contracter un engagement volontaire dans l'armée française, savoir : marine, troupes coloniales, infanterie, cavalerie, artillerie et génie.

Pièces à produire :

1° Acte de naissance ;

2° Certificat de bonnes vie et mœurs délivré par le maire de la commune du domicile ; ce certificat doit contenir le signalement de l'intéressé et relater la durée du temps pendant lequel il est domicilié dans la commune ;

3° Consentement du père, de la mère ou du tuteur ; ce dernier autorisé, à cet effet, par une délibération du conseil de famille (1).

Ces trois pièces, exemptes du droit de timbre, doivent être légalisées par les autorités compétentes (par le président du Tribunal civil pour les actes de naissance, et par le Préfet pour les deux autres) ;

---

(1) Pour les moralement abandonnés, âgés de moins de 20 ans, il faut le consentement, à Paris, du Directeur de l'assistance publique et dans les départements celui du Préfet.

4° Certificat d'aptitude au service délivré par le commandant de recrutement ;

5° Extrait du casier judiciaire délivré par le greffe du Tribunal civil.

L'intéressé muni des pièces ci-dessus se présente devant le commandant de recrutement qui le fait visiter par un médecin-major et lui délivre, s'il y a lieu, un certificat d'aptitude. Il se présente ensuite à la mairie du chef-lieu de canton ou à celle où siège le commandant de recrutement, pour la rédaction et la signature de l'acte de l'engagement dont copie lui est délivrée par le maire.

La faculté de contracter un engagement volontaire cesse à partir du jour où le jeune homme est inscrit par le conseil de révision sur la liste du recrutement cantonal. A partir de ce moment il ne peut plus que devancer l'appel pour entrer dans la marine ou dans les troupes coloniales. Néanmoins, ceux qui sont compris dans le contingent et affectés aux équipages de la flotte, peuvent non seulement devancer l'appel, mais encore contracter un engagement volontaire de cinq ans, avec prime pendant les deux dernières années.

D'autre part, les hommes exemptés par le conseil de révision ou classés dans les services auxiliaires sont admis jusqu'à l'âge de trente-deux ans accomplis à contracter un engagement volontaire, s'ils réunissent, bien entendu, les conditions d'aptitude physique et légales exigées.

Durée de l'engagement

La durée de l'engagement est de trois, quatre ou cinq ans. Le service militaire compte du jour de la signature de l'acte de l'engagement.

L'engagé de cinq ans dans les troupes coloniales a droit à une prime pendant les deux dernières années. Le montant et le paiement de cette prime sont fixés par le Ministre.

Les engagés de trois ou quatre ans n'ont droit à aucune prime.

Le Ministre de la Marine a la faculté d'allouer des hautes payes aux hommes des professions ou spécialités utilisables dans la marine et dont le recrutement, dans les conditions ordinaires, s'opère difficilement.

Etrangers mineurs, nés en France, qui désirent contracter un engagement volontaire dans l'armée

Les jeunes gens nés en France, d'étrangers, pouvant, aux termes de l'art. 8, § 4 du Code civil, décliner, dans l'année de leur majorité, la qualité de français, ne sauraient être légalement admis à contracter un engagement volontaire dans l'armée ni inscrits sur les tableaux de recensement tant qu'ils sont mineurs ; mais leur engagement volontaire ou leur inscription peut s'effectuer régulièrement si le père souscrit, conformément aux dispositions de la loi du 26 juin 1889, au nom de son fils mineur, la déclaration dont nous donnons le modèle plus loin (voir nationalité).

Engagements pendant la guerre

Tout citoyen français libéré des obligations militaires imposées par la loi (armée active, réserve et armée territoriale) est admis à contracter, dans un corps de son choix, un engagement volontaire pour la durée de la guerre. Mais si l'homme fait encore partie de la réserve de l'armée territoriale cette faculté cesse du jour où la classe à laquelle il appartient est appelée à l'activité.

Epoques auxquelles les engagements sont reçus

C'est généralement en mars et en octobre que les engagements sont reçus ; mais les époques peuvent varier, car elles sont déterminées par des décrets insérés annuellement au *Bulletin des lois* sur la proposition des Ministres de la Guerre et de la Marine.

Par qui ces engagements sont-ils reçus ?

Les engagements volontaires sont reçus par les maires des chef-lieux de canton qui conservent dans leurs archives toutes les pièces indiquées plus haut. Ils sont également reçus par le maire de la commune du lieu où siège le bureau du recrutement subdivisionnaire, alors même que cette commune ne serait pas chef-lieu de canton. Le maire doit remettre à l'intéressé une copie de l'acte d'engagement pour être présentée au sous-intendant militaire qui lui délivre la feuille de route à destination du corps auquel l'homme est affecté.

Du consentement des chefs de corps

Autrefois l'engagé avait la faculté du choix du corps dans lequel il désirait servir. Il n'en est plus de même ; il est tenu de demander au préalable le consentement du chef de corps. Il transmet, à cet effet, sa demande sur papier libre, avec le certificat d'aptitude qui lui a été délivré par le commandant de recrutement. L'autorisation n'est accordée que pour les régiments désignés annuellement par le Ministre et stationnés dans une subdivision autre que celle du domicile légal de l'engagé.

Acte d'engagement irrégulier

Quand une famille ou un particulier argue de nullité un acte d'engagement, il doit en faire valoir les motifs qui, généralement, ne sauraient porter que sur des contradictions aux prescriptions de la loi, sur des questions d'état-civil ou de nationalité.

L'affaire doit être soumise à la décision ministérielle par l'intermédiaire du Préfet. Le Ministre prononce sauf sur les questions d'état-civil ou de nationalité qui sont du ressort des tribunaux civils.

Frais d'actes d'engagements

Il est attribué aux communes chefs-lieux de canton qui ont reçu des actes d'engagements volontaires, tant pour l'armée de terre que de mer, une indemnité de *un franc* par acte.

Cette allocation est payée au moyen d'un état numérique dressé par le Préfet d'après les états nominatifs fournis par les maires à la fin de chaque année. Cet état, avec les pièces à l'appui, est transmis, en janvier, au sous-intendant militaire qui ordonnance au profit des communes intéressées les sommes auxquelles elles ont droit.

Engagés volontaires pour cinq ans en vertu de la loi du 27 juillet 1872

Ces engagés peuvent, sur leur demande, être renvoyés en congé dans leurs foyers dès qu'ils ont accompli trois années de service effectif (art. 88 de la loi du 15 juillet

1889.)Cette mesure est facultative, car le Ministre, aux termes de la loi, conserve le droit de les garder sous les drapeaux jusqu'à l'expiration de leur engagement.

Rengagements

La loi du 18 mars 1889 a édicté que les sous-officiers sont admis à contracter des rengagements de deux, trois ou cinq ans, renouvelables jusqu'à une durée totale de quinze années de service effectif. Ils peuvent ensuite être maintenus sous les drapeaux en qualité de commissionnés juqu'à l'âge de 47 ans (voyez *commissionnés*).

La loi sur le recrutement de l'armée du 15 juillet 1889, en maintenant ces dispositions a étendu le droit de rengagement aux soldats décorés ou médaillés ou inscrits sur les listes d'aptitude pour le grade de caporal ou brigadier, aux caporaux ou brigadiers. La durée du rengagement qui est la même que pour les sous-officiers, c'est-à-dire deux, trois ou cinq ans, prend date du jour de l'expiration légale du service dans l'armée active ; ils sont renouvelables jusqu'à une durée totale de quinze années de service effectif, à bout desquelles ils ont droit à une pension proportionnelle égale aux 15/25 du minimum de la pension de retraite du grade dont ils sont titulaires depuis deux ans au moins, augmentés de 1/25 pour chaque année de campagne [1] ; ils peuvent également être commissionnés, conformément à l'article 68 de la loi. et être affectés dans les divers corps et services à certains emplois déterminés par le Ministre, ils sont alors maintenus sous les drapeaux jusqu'à l'âge de 50 ans au maximum. Les commissionnés sont toujours admis à la retraite, sur leur demande, dès qu'ils ont vingt-cinq ans de service. Les rengagements sont contractés pendant le cours de la dernière année de service.

Prime de rengagement

Les rengagés ont droit à une prime payable immédiatement après la signature de l'acte, dont le montant est fixé par décret, savoir :

---

(1) Les retraites proportionnelles sont décomptées d'après le tarif de la loi du 19 mars 1889.

1° Ceux qui contractent un premier rengagement de deux ou trois ans ont droit à une prime réduite, fixée au tiers de la prime totale, dans le premier cas, c'est-à-dire deux ans, et à la moitié dans le second ;

2° S'ils contractent un second rengagement avant l'expiration du premier, de manière à parfaire cinq ans, ils touchent le complément de la prime totale ;

3° Les rengagés de cinq ans reçoivent la totalité de la prime dès l'expiration du service actif auquel ils sont soumis par leur sort.

Hautes payes des rengagés

En outre de la prime dont il est parlé plus haut, les rengagés reçoivent des hautes payes journalières, à partir du jour où leur rengagement commence à courir.

Ces hautes payes, basées sur les tarifs de solde, sont naturellement plus ou moins fortes, selon qu'il s'agit de soldats, caporaux ou brigadiers et sous-officiers.

Après cinq années de rengagement, ces hautes payes sont augmentées de moitié pour les caporaux ou brigadiers et d'un tiers pour les soldats.

Rengagements dans la cavalerie

Les hommes de la cavalerie jouissent, en vertu de l'article 64 de la loi, d'une faveur toute spéciale : ils peuvent, gradés ou non, se rengager pour un an seulement dans le cours de leur troisième année, ils reçoivent dès que leur engagement commence à courir, la haute paye d'après le tarif de solde, ils ne font en outre que trois ans dans la réserve de l'armée active, au lieu de sept, et passent dans l'armée territoriale et par suite dans la réserve de cette armée trois ans avant la classe à laquelle ils appartiennent. Néanmoins, ils doivent, bien que la loi soit muette sur ce point, faire partie de la réserve de l'armée territoriale jusqu'à l'âge de 45 ans, nul n'étant définitivement libéré avant cet âge.

Rengagements dans les équipages de la flotte

Les rengagements dans les équipages de la flotte sont d'une durée de trois ou cinq ans ; ils sont contractés dans le cours de la dernière année de service, mais ils peuvent être exceptionnellement reçus à la fin de la première année de service, lorsqu'il s'agit d'hommes admis à suivre les cours des écoles spéciales de la marine. Les rengagements sont renouvelables jusqu'à une durée totale de 25 années de service effectif.

Rengagements dans les troupes coloniales

Sont admis à se rengager dans les troupes coloniales :

1° Les militaires, gradés ou non, de toutes armes ;

3° Les hommes de la réserve de l'armée active, âgés de moins de 28 ans ;

3° Les hommes des régiments étrangers, autorisés par le Ministre de la Guerre.

Sont admis à ce bénéfice, sans aucune restriction ni réserve, les hommes résidant ou domiciliés en Algérie ou aux colonies avant leur incorporation, ou après leur passage dans la réserve de l'armée active, âgés de moins de 28 ans.

Les rengagements sont de deux, trois ou cinq ans, ils donnent droit à une prime payée au moment de la signature de l'acte et à des gratifications annuelles ; ils peuvent être contractés par les hommes appartenant déjà à ces troupes après six mois de service.

Les hautes payes pour les caporaux ou brigadiers et soldats sont augmentées de trois ans en trois ans.

Devant qui les rengagements sont-ils contractés ?

Il sont contractés par devant les sous-intendants militaires dans les formes réglementaires ordinaires sur la simple preuve que le contractant peut rester ou être admis dans le corps pour lequel il se présente.

Rengagés condamnés

Les rengagés condamnés à un emprisonnement d'une durée de trois mois au moins, qui subissent cette peine alors qu'ils sont sous les drapeaux, sont déchus de tous leurs droits à la gratification annuelle et à la haute paye. A l'expiration de leur peine, ils sont dirigés sur un bataillon d'infanterie légère d'Afrique pour y accomplir leur temps de service (art. 67 de la loi).

Volontariat d'un an

L'art. 91 de la loi du 15 juillet 1889, dispose que : « les « jeunes gens qui, avant la mise en vigueur de la loi « seront admis à contracter un engagement conditionnel « d'un an et ceux qui se trouvent dans la situation prévue « par la loi du 31 décembre 1875, bénéficieront des dispo- « sitions *des articles* 53 *à* 57 *inclus* de la loi du 27 juillet « 1872. »

La mise en vigueur de la loi, qui supprime définitivement le volontariat, ne partant de fait que le 1er janvier 1890, il s'ensuit, à notre avis, que les jeunes gens qui, s'étant présentés en 1889 devant le commandant de recrutement en vue de contracter l'engagement conditionnel, ont été ajournés à un nouvel examen pour faiblesse de complexion ou défaut de taille, se trouvent fondés à revendiquer le bénéfice du volontariat jusqu'à l'époque du tirage au sort de la classe à laquelle ils appartiennent par leur âge ; et, de plus, si ces jeunes gens ajournés même pendant deux années consécutives sont reconnus bons par le conseil de révision ont, non seulement la faculté de réclamer l'assimilation prévue par l'art. 12 du décret du 1er décembre 1872, mais encore le privilège de demander et d'obtenir de l'autorité militaire, sur le vu des pièces justificatives, des sursis de départ jusqu'à l'âge de 24 ans accomplis pour terminer leurs études dans les facultés ou écoles auxquelles ils appartiennent.

En effet, l'art. 91 de la nouvelle loi dit « bénéficieront « des dispositions des articles 53 à 57 inclus de la loi du « 27 juillet 1872. »

Or, les articles 54 et 57 sont ainsi conçus :

« Art. 54.— Indépendamment des jeunes gens indiqués en l'article précédent, sont admis, avant le tirage au sort, à contracter un semblable engagement, ceux qui satisfont à un des examens exigés par les différents programmes préparés par le Ministre de la Guerre et approuvés par décrets rendus dans la forme des règlements d'administration publique. Ces décrets sont insérés au *Bulletin des Lois*. »

« Le Ministre de la Guerre fixe chaque année le nombre des engagements conditionnels d'un an spécifiés au présent article. Ce nombre est réparti par régions déterminées conformément à l'article 36 ci-dessus, et proportionnellement au nombre des jeunes gens inscrits sur les tableaux de recensement de l'année précédente ».

« Si, au moment où les jeunes gens mentionnés au présent article et à l'article précédent, se présentent pour contracter un engagement d'un an, ils ne sont pas reconnus propres au service, ils sont ajournés et ne peuvent être incorporés que lorsqu'ils remplissent toutes les conditions voulues. »

« Art. 57. — Dans l'année qui précède l'appel de leur classe, les jeunes gens mentionnés dans l'article 53, qui n'auraient pas terminé les études de la Faculté ou des écoles auxquelles ils appartiennent, mais qui voudraient les achever dans un laps de temps déterminé, peuvent, tout en contractant l'engagement d'un an, obtenir de l'autorité militaire un sursis avant de se rendre au corps pour lequel ils se sont engagés. Le sursis peut leur être accordé jusqu'à l'âge de 24 ans accomplis. »

Le dernier alinéa de l'art. 54 précité, ne paraît laisser aucun doute sur l'opinion que nous émettons, relative à la conséquence de l'ajournement et des avantages qu'il ouvre aux jeunes gens qui se trouvent sous son application. Les mots « ne peuvent être incorporés » qui, seuls pourraient donner lieu à restriction, ne sauraient équitablement recevoir une application contraire aux intérêts des particuliers. Ce n'est évidemment pas de leur faute, si leur aptitude physique les a empêchés de profiter d'un bénéfice que la loi leur permettait, et ce serait outrepasser la pensée du législateur de 1889, en le leur supprimant.

En résumé nous estimons donc, que les jeunes gens qui se sont présentés en 1889, dans les délais impartis, devant le commandant de recrutement en vue de contracter un engagement conditionnel, et qui ont été ajournés pour faiblesse de complexion ou défaut de taille, devraient être admis à bénéficier du volontariat, par voie d'assimilation prévue par l'art. 12 du décret du 1er décembre 1872, lorsqu'ils seront déclarés bons par le conseil de révision de leur classe, alors même qu'ils auraient été l'objet, de la part de ce conseil, de deux nouveaux ajournements successifs, et que cette faculté devrait s'étendre tout aussi bien aux jeunes gens de l'art. 53 qu'à ceux de l'art. 54 de la loi du 27 juillet 1872, avec cette réserve pour ces derniers, qu'ils seraient déchus de leurs droits s'ils ne satisfaisaient pas aux examens que ledit article leur impose.

Les assimilés dans les conditions de l'art. 53, continueraient, comme nous le disions plus haut, à bénéficier des sursis d'appel prévus par l'art. 57 de la loi du 27 juillet 1872 jusqu'à l'âge de 24 ans accomplis, à la condition de justifier par documents authentiques que ces sursis leur sont indispensables pour terminer leurs études.

Les certificats d'assimilation sont délivrés par le général commandant la subdivision de la résidence aux jeunes gens qui, s'étant présentés pour contracter un engagement volontaire d'un an, ont été ajournés pour faiblesse ou défaut de taille et reconnus bons par le conseil de révision de leur classe. A notre avis, ces jeunes gens ne devraient pas être soumis à la taxe militaire à l'expiration de leur année de service, alors même qu'ils appartiendraient à l'une des classes de 1889 à 1891 par la raison que leur engagement volontaire, par voie d'assimilation, s'effectuerait sous l'empire de la loi du 27 juillet 1872.

Le versement de la prestation de 1,500 fr. aurait lieu, comme par le passé, au moyen d'un certificat de versement délivré par le Préfet sur le vu du certificat d'assimilation délivré par le général de brigade, commandant la subdivision. Quant à ceux qui seraient reconnus bons avant le tirage au sort de leur classe, c'est-à-dire dans le courant de l'année 1889, ils contracteraient l'engagement volontaire d'un an, dans les conditions ordinaires et en produisant, outre la déclaration de versement des 1,500 fr. toutes les autres pièces nécessaires en pareil cas, savoir :

1° Acte de naissance ;
2° Consentement du père, de la mère ou du tuteur ;
3° Certificat de bonnes vie et mœurs ;
4° Casier judiciaire ;
5° Certificat d'aptitude délivré par le commandant de recrutement.

TITRE II

Chapitre Premier

ARMÉE ACTIVE

Géographie militaire de la France

En dehors des gouvernements militaires de Paris et de Lyon qui ne sont autre chose que des corps d'armée distincts, la France se subdivise en 19 régions ou corps d'armée, Algérie comprise.

Nous résumons dans le tableau ci-après la composition de ces 19 corps d'armée, avec l'indication des départements qui en dépendent, le siège du quartier général et celui des subdivisions où se trouvent les bureaux de recrutement et de mobilisation. Le bureau de mobilisation, distinct de celui de recrutement, est celui qui siège dans la circonscription subdivisionnaire où se trouve le quartier général.

TABLEAU des corps d'armée, avec indication du quartier général de chaque corps d'armée et des subdivisions (les bureaux de recrutement siègent dans les villes indiquées à la col. 4)

DÉSIGNATION de la RÉGION ou du corps d'armée 1	DÉPARTEMENTS compris DANS LE CORPS D'ARMÉE 2	SIÈGE DU QUARTIER GÉNÉRAL du corps d'armée 3	SUBDIVISIONS DE RÉGIONS 4
1° Gouvernement militaire de Paris ; 2° Gouvernement militaire de Lyon			
Ier	Nord, Pas-de-Calais.......	LILLE..............	Lille, Valenciennes, Cambrai, Avesnes, Arras, Béthune, Saint-Omer, Dunkerque.
IIe	Oise, Somme, Aisne.......	AMIENS.............	Péronne, Abbeville, Beauvais, Amiens, Compiègne, Soissons, Laon, Saint-Quentin.
IIIe	Seine-Inférieure, Calvados, Eure..................	ROUEN.............	Bernay, Evreux, Falaise, Lisieux, Rouen (nord), Rouen (sud), Caen, le Hâvre.
IVe	Mayenne, Sarthe, Eure-et-Loir, Orne.............	LE MANS...........	Laval, Mayenne, Mamers, le Mans, Dreux, Chartres, Alençon, Argenton.
Ve	Seine-et-Marne, Yonne, Loir-et-Cher, Loiret......	ORLÉANS............	Sens, Fontainebleau, Melun, Coulommiers, Auxerre, Montargis, Blois, Orléans.
VIe	Meurthe-et-Moselle, Vosges, Aube, Ardennes, Marne et Meuse................	CHALONS-SUR-MARNE ..	Nancy, Toul, Neufchâteau, Troyes, Mézières, Reims, Verdun, Châlons-sur-Marne.
VIIe	Ain, Haute-Marne, Jura, Doubs, Haute-Saône, Belfort.....................	BESANÇON...........	Bourg, Belley, Langres, Chaumont, Lons-le-Saunier, Besançon, Belfort, Vesoul.
VIIIe	Saône-et-Loire, Côte-d'Or, Cher, Nièvre et Rhône. (Arrond. de Villefranche).	BOURGES	Châlons-sur-Saône, Macon, Auxonne, Dijon, Cosne, Bourges, Nevers, Autun.
IXe	Indre, Deux-Sèvres, Vienne, Indre-et-Loire, Maine-et-Loire.................	TOURS	Le Blanc, Châteauroux, Parthenay, Poitiers, Châtellerault, Tours, Angers, Cholet.
Xe	Côtes-du-Nord, Ille-et-Vilaine, Manche........	RENNES	Guingamp, St-Brieux, Rennes, Vitré, Cherbourg, St-Lô, Grandville, St-Malo.
XIe	Loire-Inférieure, Vendée, Morbihan, Finistère......	NANTES	Nantes, Ancenis, la Roche-sur-Yon, Fontenay, Lorient, Vannes, Brest, Quimper.
XIIe	Haute-Vienne, Creuze, Charente, Dordogne, Corrèze.	LIMOGES............	Limoges, Guéret, Angoulême, Magnac-Laval, Périgueux, Bergerac, Brive, Tulle.
XIIIe	Puy-de-Dôme, Cantal, Haute-Loire, Loire et Rhône, (cantons de l'Arbresle, Condrieu, Limonest, Mornant, St-Symphorien, St-Laurent et Vaugneray)...	CLERMONT-FERRAND...	Riom, Montluçon, Clermont-Ferrand, Aurillac, le Puy, St-Etienne, Montbrisson, Roanne.
XIVe	Isère, Haute-Savoie, Savoie, Hautes-Alpes, Drôme, Basses-Alpes (cantons de St-Paul, Barcelonnette et Lauzet) plus les cantons de Givors, St-Senis, Villeurbonne et les 1er, 2e, 3e et 6e arrondissements de Lyon.................	GRENOBLE (1)........	Grenoble, Bourgoin, Annecy, Chambéry, Gap, Montélimar, Romans, Vienne.
XVe	Var, Alpes-Maritimes, Corse, Basses-Alpes (moins 3 cantons) Bouches-du-Rhône, Gard, Vaucluse, Ardèche.	MARSEILLE..........	Toulon, Antibes, Ajaccio, Aix, Nîmes, Aviguon, Privas, Pont-St-Esprit.
XVIe	Hérault, Lozère, Aveyron, Pyrénées-Orientales, Aude, Tarn.................	MONTPELLIER.........	Béziers, Montpellier, Mende, Rodez, Narbonne, Perpignan, Carcassonne, Albi.
XVIIe	Lot-et-Garonne, Lot, Tarn-et-Garonne, Haute-Garonne, Ariège, Gers.........	TOULOUSE	Agen, Marmande, Cahors, Montauban, Toulouse, Foix, Mirande, St-Gaudens.
XVIIIe	Charente-Inférieure, Gironde, Landes, Basses-Pyrénées, Hautes-Pyrénées	BORDEAUX...........	Saintes, la Rochelle, Libourne, Bordeaux, Mont-de-Marsan, Bayonne, Pau, Tarbes.
XIXe	Alger, Oran, Constantine...	ALGER	Alger, Oran, Constantine.

(1) Le quartier général est à Lyon.

Éléments composant l'armée active

L'armée active proprement dite comprend :

1° Tous les hommes déclarés propres au service actif et faisant partie des trois dernières classes appelées;

2° Tous les engagés volontaires ou rengagés, à un titre quelconque.

Pour chaque classe la durée du service compte à partir du 1er novembre, et l'incorporation a lieu au plus tard le 16 du même mois. La durée du service de trois ans ne peut être interrompue par des congés, sauf le cas de maladie ou de convalescence, ou par suite de dispenses prévues par les articles 21, 22 et 23 de la loi. A l'expiration des trois années, le 31 octobre de chaque année, en temps de paix, les hommes, sauf ceux condamnés pendant la période d'activité, passent dans la réserve de l'armée active.

Les condamnés, avant leur passage dans la réserve, sauf ceux qui sont en possession du grade de sous-officier, caporal ou brigadier, doivent accomplir dans les rangs le temps qu'ils ont passé en prison, mais ils sont rayés des contrôles quelle que soit la durée de la peine, en même temps que les hommes de la classe à laquelle ils appartiennent, c'est-à-dire qu'ils ne sauraient être tenus d'accomplir dans la réserve ou l'armée territoriale, le temps qu'ils ont passé en prison, au-delà de l'époque fixée par la loi pour la libération définitive. Seuls les omis, inscrits sur les tableaux de recensement, suivent le sort de la classe avec laquelle ils ont pris part au tirage ; ils peuvent, dès lors, être liés à l'armée dans la réserve de l'armée territoriale jusqu'à l'âge de quarante-huit ans, si, par exemple, leur omission remonte à plus de trois ans.

Chaque année, après les grandes manœuvres, le Ministre de la Guerre peut renvoyer dans leurs foyers jusqu'à leur passage dans la réserve, tout ou partie des hommes dont le service actif des trois ans expire le 31 octobre suivant.

D'autre part, les Ministres de la Guerre et de la Marine sont autorisés par la loi, dans le cas où les circonstances l'exigeraient, à conserver provisoirement sous les drapeaux les hommes de la classe qui auraient terminé leur troisième année. Nous nous empressons d'ajouter qu'une semblable mesure ne pourrait être prise que dans certains cas graves, et qu'elle doit être immédiatement notifiée aux Chambres.

En temps de guerre, les passages et la libération n'ont lieu qu'après l'arrivée de la classe destinée à remplacer celle à laquelle les militaires appartiennent. Cette disposition est exceptionnellement applicable, même en temps de paix, aux hommes servant dans les troupes coloniales.

En temps de guerre, les militaires faisant partie de corps mobilisés sont maintenus sous les drapeaux jusqu'à la cessation des hostilités, alors même qu'ils sont libérables.

Le Ministre de la Guerre peut, en outre, appeler par anticipation les hommes de la classe qui ne devraient être légalement appelés que le 1er novembre.

Corps de troupes

Indépendamment de la loi du recrutement qui a pour but de fournir les éléments de l'armée, diverses autres dispositions législatives viennent la compléter en ce sens qu'elles en déterminent la composition et l'administration.

L'armée française se compose actuellement :

1° Des corps de troupe de toutes armes, savoir : infanterie, cavalerie, artillerie, génie, train des équipages ;

2° Du personnel de l'état-major général et des services généraux de l'armée, savoir : état-major général de l'armée, service d'état-major, corps d'inspection de l'administration de la guerre ;

3° Du personnel des états-majors et des services particuliers, savoir : états-majors particuliers de l'artillerie et du génie, corps de l'intendance militaire, corps des officiers de santé militaire, officiers d'administration, sections de secrétaires d'état-major et de recrutement, sections des commis et ouvriers militaires d'administration, sections d'infirmiers militaires, aumôniers militaires, vétérinaires militaires, interprètes militaires, service de recrutement et de la mobilisation, service de la trésorerie et des postes, service de la télégraphie, service des chemins de fer, écoles militaires, justice militaire, dépôts de remonte, affaires indigènes en Algérie ;

4° De la gendarmerie ;

5° Des régiments des sapeurs-pompiers de la ville de Paris.

EFFECTIF GÉNÉRAL DE L'ARMÉE FRANÇAISE

Infanterie

Régiments d'infanterie de ligne 162
Chasseurs à pied, bataillons. 30

Zouaves, régiments	4
Tirailleurs algériens, régiments	4
Régiments étrangers	2
Infanterie légère d'Afrique, régiments. . . .	2
Fusiliers de discipline, compagnies	4
Pionniers de discipline, id.	1

Cavalerie

Cuirassiers, régiments	12
Dragons, id.	28
Chasseurs, id.	21
Hussards, id.	12
Chasseurs d'Afrique, id.	6
Spahis, id.	4
Remonte, compagnies.	8

Artillerie

Bataillons d'artillerie de forteresse.	16
Régiments d'artillerie	38
Pontonniers, régiments	2
Ouvriers d'artillerie, compagnies	10
Artificiers, id.	3

Génie

Génie, régiments	4
Train des équipages, escadrons.	20

Secrétaires d'Etat-Major

Sections	20
Infirmiers militaires, sections	25

Gendarmerie

Légions	19
Garde républicaine, régiment	1

Etat-major général de l'armée

L'état-major général comprend :

Les maréchaux de France, et les généraux de division et de brigade ;

Les officiers généraux se divisent en deux catégories :

La première comprend les officiers généraux en activité et en disponibilité.

La deuxième catégorie se compose des généraux de

division et de brigade placés dans le cadre de réserve (*voyez cadre de réserve de l'état-major général*).

Cadre de réserve de l'état-major général

Le cadre d'état-major général de l'armée comprend :

1° Les généraux de division qui ont atteint l'âge de 65 ans et les généraux de brigade qui ont accompli 62 ans ;

2° Les officiers généraux qui, n'ayant pas atteint la limite indiquée ci-dessus, ont été placés dans cette deuxième section par anticipation ;

Ces dispositions sont applicables : 1° aux membres de l'intendance que les lois et décrets admettent au cadre de réserve ; 2° aux médecins inspecteurs et au pharmacien inspecteur du service de santé ; 3° aux fonctionnaires du contrôle qui sont investis de ce privilège par la loi sur l'administration de l'armée (voir loi du 16 mars 1882).

Cadre d'officiers de réserve

Ce cadre créé par la loi du 13 mars 1875 est destiné à fournir à toutes les armes et à tous les services, dans chaque corps d'armée, le personnel de complément nécessaire à la mobilisation de l'armée active, suivant les prescriptions de l'article 13 de la loi du 24 juillet 1873.

Ces officiers sont versés, autant que possible, dans les corps de troupe ou dans les services auxquels ils appartenaient pendant leur activité.

Constitution du cadre d'officiers de réserve

Ce cadre est constitué au moyen de nominations faites:

1° Parmi les officiers généraux de terre et de mer et fonctionnaires assimilés qui en font la demande ;

2° Des officiers, fonctionnaires et agents de terre et de mer retraités à 25 ans de service, jusqu'à ce qu'ils aient accompli trente années de service, et les officiers, fonctionnaires et agents retraités à 30 ans de service qui en feraient la demande ;

3° Des officiers, fonctionnaires et agents de l'armée de mer retraités qui ne seraient pas employés dans le service de la marine et qui désireraient être compris dans le corps des officiers de réserve de l'armée de terre ;

4° Des officiers, fonctionnaires et agents démissionnaires des armées de terre et de mer qui, en raison de leur âge, sont astreints aux obligations militaires, soit dans l'armée active, soit dans sa réserve, et des officiers, fonctionnaires et agents ayant dépassé cet âge qui demanderaient à être officiers de réserve ;

5° Des anciens élèves des écoles polytechnique et forestière dans les conditions prévues par la loi du 24 juillet 1874 ;

6° Des engagés conditionnels et des officiers de l'ex-garde mobile nommés sous-lieutenants auxiliaires ;

Peuvent, en outre, être nommés officiers de réserve :

7° Les jeunes gens appartenant à la disponibilité ou à la réserve de l'armée active et exerçant des professions médicale, pharmaceutique et vétérinaire, à la condition d'être pourvus du titre de docteur en médecine ou de pharmacien de 1re classe ou du diplôme de vétérinaire ;

8° Les anciens sous-officiers libérés du service dans l'armée active, mais astreints au service dans sa réserve, qui seraient signalés par leurs chefs de corps comme s'étant montrés susceptibles d'arriver au grade d'officier, s'ils étaient restés en activité.

Nomination des officiers de réserve

Les officiers de réserve sont nommés au choix par décret du chef de l'Etat sur la proposition du Ministre de la Guerre.

Organisation administrative de l'armée

Nous avons fait connaître plus haut la composition et l'ensemble de l'organisation de l'armée française. Il nous paraît maintenant utile de relater succinctement les divers services administratifs qui la font mouvoir. La loi du 16 mars 1882, dans ses prescriptions générales, dispose que, outre le Ministre de la Guerre, seul chef responsable de l'administration, les services administratifs de l'armée se composent :

1° Du service de l'artillerie ;
2° Du service du génie ;
3° Du service de l'intendance ;
4° Du service des poudres et salpêtres ;
5° Du service de santé.

L'administration intérieure des corps de troupe et des établissements considérés comme tels est assujettie à des règles spéciales, déterminées par la loi du 16 mars 1882.

Le service de la trésorerie et des postes aux armées, qui relève directement du commandement, fait l'objet d'un règlement spécial entre le Ministre de la Guerre et les ministres compétents.

Le principe général de l'organisation des services ci-dessus énumérés est la séparation en : direction, gestion ou exécution, contrôle.

La direction ne participe pas aux actes de la gestion qui lui est soumise. Le contrôle ne prend part ni à la direction ni à la gestion, et ne relève que du ministre.

Des pouvoirs des commandants de corps d'armée

Toutes les forces de l'armée active, de la réserve, de l'armée territoriale et de sa réserve, ainsi que tous les services et établissements affectés à ces forces, sont sous la direction immédiate du commandant du corps d'armée qui reste le seul chef responsable de l'administration dans son corps d'armée.

Les directeurs des services sont sous ses ordres immédiats; ils ne peuvent correspondre avec le ministre que par l'intermédiaire du général, à moins qu'ils n'aient à transmettre les ordres écrits prévus par le règlement ou, exceptionnellement, à répondre à des demandes qu'ils auraient reçues directement du ministre; dans ce cas, ils avisent le commandant du corps d'armée.

Dans tous les autres cas, la correspondance échangée entre le ministre et les directeurs des services doit être transmise en original par le commandant du corps d'armée, qui l'accompagne, s'il y a lieu, de ses instructions ou de ses observations, selon le cas.

Néanmoins, les pièces comptables, statistiques et autres ne comportant qu'une lettre d'envoi ou un bordereau, sans discussion d'affaires, sont échangées entre le ministre et les directeurs, sans passer par l'intermédiaire du commandant du corps d'armée.

Les directeurs des services correspondent librement entre eux et avec leurs subordonnés.

Des devoirs du commandement

Le commandant du corps d'armée est tenu de prévoir et d'exposer au ministre, en temps opportun, toutes les mesures et dispositions utiles à prendre.

De donner, quand il y a lieu, l'ordre de pourvoir et de distribuer suivant les besoins et les ressources, conformément aux règlements et dans les limites des allocations accordées par le ministre ;

De veiller à ce que les troupes du corps d'armée soient pourvues de tout ce qui leur est alloué par les règlements et les décisions ministérielles ;

De s'assurer que les approvisionnements des magasins du corps d'armée sont au complet, en bon état d'entretien et disponibles pour l'entrée en service ;

De tenir la main à ce que les lois et règlements soient exactement appliqués dans tous les services.

Les généraux commandant les corps d'armée, ne peuvent, en dehors des cas prévus par les ordonnances, décrets et règlements, prescrire aucune mesure pouvant entraîner des dépenses pour l'Etat, sauf dans les circonstances urgentes ou de force majeure.

Ils doivent, dans ce cas, donner leurs ordres par écrit sous leur responsabilité, même pécuniaire, et en rendre compte immédiatement au ministre.

Pouvoirs des généraux commandant les divisions et les brigades

Ces officiers généraux sont investis par les lois et règlements du commandement territorial des subdivisions de régions correspondantes, sous l'autorité supérieure du commandant du corps d'armée.

Ils remplissent à l'égard de leurs troupes et des établissements et services des dites subdivisions, les devoirs de surveillance indiqués par les règlements.

Les généraux commandant les divisions et les brigades non endivisionnées doivent exposer, en temps opportun, au commandant du corps d'armée, les besoins de leur division ou de leur brigade. Ils peuvent, en dehors des cas prévus par les ordonnances, décrets et règlements, donner l'ordre de pourvoir et de distribuer, sans l'autorisation préalable du commandant du corps d'armée, mais seulement dans le cas d'urgence ou de force majeure. Ils doivent alors donner cet ordre par écrit, sous leur responsabilité, même pécuniaire, et en rendre compte immédiatement au commandant du corps d'armée, qui en avise à son tour le ministre.

Dans les subdivisions de région où le service de l'intendance est assuré par un fonctionnaire autre que celui de la division, ce fonctionnaire est placé, en ce qui concerne les services de la mobilisation, sous les ordres du général de brigade commandant ces subdivisions.

En cas de formation d'armée, le ministre délègue ses pouvoirs administratifs, dans les limites nécessaires, au général en chef de l'armée, lequel représente alors le ministre vis-à-vis des commandants de corps d'armée.

Le général en chef est assisté, dans l'administration de son armée, par des chefs supérieurs de service avec lesquels les directeurs des corps d'armée correspondent dans les mêmes limites qu'avec le ministre, en temps de paix. Ces chefs supérieurs exercent, au nom du général en chef, la haute surveillance et l'inspection technique des services dans les corps d'armée.

Dans les places investies, le gouverneur ou commandant de la défense, exerce une autorité absolue sur tous les services.

Du contrôle de l'administration de l'armée

Il est exercé par un personnel spécial ne relevant que du ministre.

Il a pour objet de sauvegarder les intérêts du trésor et les droits des personnes, et de constater dans tous les services l'observation des lois, ordonnances, décrets, règlements et décisions ministérielles qui en régissent le fonctionnement administratif.

Il s'exerce indistinctement dans les corps d'armée (artillerie, génie, intendance, poudres et salpêtres, services hospitaliers, corps de troupes et établissements considérés comme tels) et dans les établissements et services spéciaux placés sous l'autorité directe du ministre.

Du corps de l'intendance militaire

Le corps de l'intendance militaire a une hiérarchie propre, réglée ainsi qu'il suit :

Adjoint à l'intendance militaire ;
Sous-intendant militaire de troisième classe ;
Sous-intendant militaire de deuxième classe ;
Sous-intendant militaire de première classe ;
Intendant militaire ;
Intendant général.

Ces grades correspondent à ceux de la hiérarchie militaire, savoir :

Le grade d'adjoint à l'intendance militaire, à celui de capitaine :

Le grade de sous-intendant militaire de troisième classe, à celui de chef de bataillon ;

Le grade de sous-intendant militaire de deuxième classe, à celui de lieutenant-colonel ;

Le grade de sous-intendant militaire de première classe, à celui de colonel ;

Le grade d'intendant militaire, à celui de général de brigade ;

Le grade d'intendant général, à celui de général de division.

Cette correspondance de grade ne modifie point la situation, dans la hiérarchie générale et dans le service, qui est faite aux fonctionnaires de l'intendance par les ordonnances, décrets et règlements.

Du recrutement du corps de l'intendance

Le recrutement du corps de l'intendance se fait parmi les capitaines, les chefs de bataillon, chefs d'escadron et majors de toutes armes ainsi que parmi les officiers d'administration attachés aux services de l'habillement et du campement, des subsistances, des hôpitaux et des bureaux de l'intendance.

L'admission a lieu à la suite d'un concours dont les conditions sont déterminées par le Ministre de la Guerre. Ne peuvent prendre part à ce concours que les officiers d'administration de deuxième et de première classe et les officiers d'administration principaux.

Service de santé

Le corps de santé militaire comprend des médecins et des pharmaciens.

Il a une hiérarchie propre, savoir :

Médecin ou pharmacien aide-major de deuxième classe;
Médecin ou pharmacien aide-major de première classe;
Médecin ou pharmacien-major de deuxième classe ;
Médecin ou pharmacien-major de première classe ;
Médecin ou pharmacien principal de deuxième classe ;
Médecin ou pharmacien principal de première classe ;
Médecin ou pharmacien inspecteur ;
Médecin inspecteur général.

Ces grades correspondent à ceux de la hiérarchie militaire, savoir :

Médecin ou pharmacien aide-major de deuxième classe, à celui de sous-lieutenant ;

Médecin ou pharmacien aide-major de première classe, à celui de lieutenant ;

Médecin ou pharmacien-major de deuxième classe, à celui de capitaine ;

Médecin ou pharmacien-major de première classe, à celui de chef de bataillon ;

Médecin ou pharmacien principal de deuxième classe, à celui de lieutenant-colonel ;

Médecin ou pharmacien principal de première classe, à celui de colonel ;

Médecin ou pharmacien inspecteur à celui de général de brigade ;

Médecin inspecteur général, à celui de général de division.

Cette correspondance de grade ne modifie point la situation, dans la hiérarchie générale et dans le service, qui est faite aux membres du corps de santé.

Les médecins et pharmaciens militaires jouissent des bénéfices de la loi du 19 mai 1834 sur l'état des officiers.

Les médecins et pharmaciens aides-majors de deuxième classe se recrutent parmi les élèves du service de santé militaire. Leur position, au point de vue de leurs obligations du service militaire, est réglée par les lois sur le recrutement.

En cas de mobilisation, le cadre du corps de santé militaire est complété par des médecins et pharmaciens de réserve et de l'armée territoriale qui remplissent les conditions spécifiées par un règlement ministériel.

Il est créé, auprès du Ministre de la Guerre, un comité consultatif de santé, composé de médecins inspecteurs et de pharmaciens inspecteurs.

Services administratifs intérieurs de l'armée

La loi du 16 mars 1882 a défini d'une manière générale les grandes branches administratives de l'armée ; mais elle n'a pas relaté ceux des autres services, non moins importants, que chacune d'elles comporte. Nous pensons donc devoir leur consacrer une notice succincte. Ces services secondaires sont : 1° armement ; 2° habillement ; 3° subsistances ; 4° literies ; 5° chauffage et éclairage.

BUREAUX DE RECRUTEMENT

Siège et attributions respectives des commandants des dépôts de recrutement et des commandants des bureaux de mobilisation (1)

Les commandants de recrutement restent établis au chef-lieu du siège du bureau subdivisionnaire. Ils relèvent du commandant territorial représenté par l'officier général, chargé de ce commandement.

Le service de recrutement comprend :

1° Les opérations relatives à la formation des classes, à la répartition entre les corps et à la mise en route des contingents annuels ;

2° L'établissement et la tenue du registre matricule ;

3° La délivrance des certificats d'acceptation et des certificats d'aptitude exigés pour les engagements volontaires, pour le rengagement des hommes de la réserve et pour l'engagement spécial des hommes de la disponibilité (2), pour l'admission dans les écoles militaires ;

4° La visite et le classement dans les corps des engagés conditionnels d'un an (3) ;

5° L'administration des jeunes soldats des classes non encore appelées à l'activité y compris les dispensés à quelque titre que ce soit, les hommes qui ont obtenu des sursis de départ et ceux classés dans le service auxiliaire ;

6° Ils sont, en outre, chargés de la recherche et de la poursuite des insoumis.

Les bureaux de mobilisation siègent au chef-lieu de la subdivision de région. Ces bureaux sont au nombre de 9 en France et 3 en Algérie (4). Ils sont placés sous la surveillance du major du régiment d'infanterie de la subdivision, et sont chargés :

1° De l'administration des hommes qui font partie de la disponibilité et de la réserve de l'armée active ;

---

(1) Voir le tableau géographie militaire, les bureaux de recrutement siègent dans les villes indiquées à la colonne 4 de ce tableau.

(2) Les commandants des dépôts de recrutement doivent donner avis des actes souscrits à leurs collègues de la mobilisation.

(3) Ce service cessera après de l'appel de 1889, la nouvelle loi supprimant le volontariat.

(4) Voir bureaux de recrutement.

2° D'opérer l'immatriculation de ces hommes dans les divers corps de troupe auxquels ils sont affectés. (Ils reçoivent, à cet effet, des commandants de dépôts de recrutement des feuillets matricules individuels qu'ils renvoient ensuite annotés de l'affectation donnée à l'homme).

3° D'adresser à chaque corps les feuillets matricules des hommes qui y sont affectés (voir la circ. du 14 novembre 1874).

Service de l'armement

Chaque corps comporte un dépôt d'armes. Ce dépôt ou magasin est généralement dans les salles d'armes de l'artillerie, s'il en existe. L'ensemble du service est sous la direction immédiate du colonel et du major. Le service de détail est confié au lieutenant d'armement auquel est adjoint un sous-lieutenant pour chaque bataillon, désigné par le colonel.

En dehors des besoins de chaque corps, le ministre fixe la quantité d'approvisionnements d'armes jugées nécessaires, sur tel ou tel point du territoire, que l'artillerie doit tenir à la disposition des corps et qu'elle leur délivre sur leurs demandes approuvées par le général commandant la subdivision de la région ou de la brigade.

Les armes sont entretenues en bon état constant par les armuriers et chefs armuriers moyennant un prix d'abonnement consenti avec les conseils d'administration des corps. Les réparations faites en temps de guerre sont payées au chef armurier sur un tarif spécial arrêté par le Ministre de la Guerre.

L'inspection annuelle des armes est faite par un capitaine d'artillerie, désigné à cet effet, auquel est adjoint un contrôleur d'armes. Le résultat de l'inspection doit faire l'objet d'un rapport détaillé qui est soumis au général inspecteur.

Toute délivrance d'armes aux troupes doit faire l'objet d'une décision du Ministre de la Guerre.

Service d'habillement

Le nouveau service d'habillement a supprimé les compagnies hors rang placées sous la direction des maîtres ouvriers, et qui avaient pour mission spéciale le confectionnement des effets d'habillement militaires. Le service est assuré au moyen d'un magasin central institué auprès de chaque corps d'armée. Une commission spéciale, composée d'un officier supérieur et de quatre capitaines, est chargée de recevoir les effets présentés par les fournisseurs; elle accepte les livraisons de l'expert ou des experts nommés par l'intendant militaire. Si les experts présentent des observations motivées et concluantes, la commission ajourne son acceptation et impose les améliorations, réparations à faire aux effets ou elle les rejette. Appel peut être interjeté contre la décision de la commission, soit par le fournisseur lui-même, soit par l'intendant devant trois arbitres nommés, l'un par le fournisseur, l'autre par l'intendant du corps d'armée et le troisième par le tribunal de commerce ou à défaut par le maire. Le jugement prononcé par les arbitres est définitif.

L'approvisionnement des magasins centraux est de deux espèces : 1° effets d'habillement et de coiffure auxquels est assignée une durée déterminée par les règlements ; 2° objets divers qui n'ont qu'une durée de convention non spécifiée.

En campagne, sur le territoire français ainsi que sur le territoire ennemi, ce sont les convois administratifs militaires qui pourvoient à la fourniture des effets d'habillement ou autres.

Service des subsistances militaires

Ce service a pour but de procurer à l'armée, soit en temps de paix, soit en temps de guerre, tout ce qui est jugé indispensable à son alimentation, tels que : pain, viande, légumes, café, sucre, sel, etc.

Une commission, ou comité de surveillance, seconde l'action de l'intendant militaire à qui incombe spécialement le soin de veiller à ce que les approvisionnements soient toujours suffisants pour parer à toute éventualité.

En temps de paix, le service des approvisionnements est assuré par voie d'entreprise ou par voie de gestion directe. Ce dernier mode de procéder est généralement employé dans les grands centres de garnison, mais il l'est toujours en temps de guerre.

Partout où il y a une garnison, il doit y avoir des approvisionnements, c'est-à-dire des magasins organisés de manière à renfermer des denrées en quantité suffisante pour alimenter les troupes pendant trois mois en farine et en blé, et deux mois pour les autres denrées.

A l'occasion de manœuvres, mobilisation ou groupes de troupes voyageant isolément, l'intendant militaire doit, sous sa responsabilité, et sur tous les points qui lui sont préalablement indiqués par le commandant du corps d'armée, pourvoir à tous les approvisionnements nécessaires, soit directement, soit de concert avec les municipalités.

En temps de paix, les officiers n'ont droit à aucune ration de l'Etat, mais ils peuvent être autorisés à prendre des vivres dans les magasins militaires à la condition d'en effectuer le remboursement.

Une ration et demie leur est attribuée en temps de guerre.

Les vivres et denrées sont distribués à la troupe, sur place ; néanmoins, les troupes cantonnées, campées. en manœuvres ou en marches, dans un rayon de deux kilomètres des magasins ou entrepôts de vivres, sont tenus d'y aller les chercher elles-mêmes, sans nul droit à aucune indemnité ni à aucun moyen de transport. Dans tous les autres cas, à moins toutefois que ces troupes ne soient pourvues de voitures, le transport des denrées a lieu aux frais et à la charge de l'Etat. Une seule dérogation est faite à ces dispositions : si les troupes sont dans les forts élevés et d'un accès difficile, ou séparées des magasins par des obstacles qui empêchent le transport à dos d'hommes, ou bien si les circonstances exigent que les troupes restent sous les armes ou à leur poste, l'Etat doit alors assurer la distribution des denrées sur place.

Service de la literie militaire

Un entrepreneur général, agréé par le Ministre de la Guerre, et placé sous la direction immédiate de l'autorité militaire pourvoi, dans les conditions règlementaires et d'après le cahier des charges et le traité souscrits, à la fourniture de la literie militaire. Le ministre fixe pour chaque place le genre et le nombre de fournitures, de même qu'il en ordonne les mouvements, s'il y a lieu. Cependant, dans certains cas urgents, sauf à en rendre compte, l'intendant militaire peut faire procéder à des transports de mobilier d'une place à une autre si ces places sont situées dans sa circonscription.

L'intendant a la mission de veiller à ce que l'entrepreneur se conforme aux clauses du traité, et lui délivre mensuellement un certificat des fournitures effectuées.

La distribution aux corps est faite au moyen d'états collectifs, et aux officiers sans troupe par états nominatifs. La partie prenante doit délivrer récépissé des fournitures reçues par l'entrepreneur. L'officier de casernement et l'officier de semaine de chaque corps de troupe examinent, contradictoirement avec l'entrepreneur où son représentant accrédité, les objets à distribuer aux troupes. S'il y a contestation, il est statué par l'intendant après expertise. Une fois les effets ou objets acceptés, aucune réclamation n'est possible.

Service du chauffage et de l'éclairage

Une commission spéciale siégeant au siège du corps d'armée, assure, par voie d'adjudication, les ressources nécessaires de chauffage et d'éclairage des troupes. Le marché ne peut être passé de gré à gré qu'après une tentative d'adjudication sans résultat. Les engagements de l'adjudication sont d'une durée variant de 3 à 6 ans, et ne s'appliquent généralement qu'aux troupes de garnison, attendu que pour les manœuvres et mobilisation, les troupes sont logées chez l'habitant ou cantonnées, et dans ces cas,des dispositions particulières sont prises par les commandants des troupes et l'intendant militaire. Les magasins de l'entrepreneur, soumis à la surveillance de la commission, doivent en tout temps renfermer des approvisionnements en combustibles et éclairage pour une durée variant de 3 à 6 mois. L'ensemble des services pour tout le territoire français est divisé en trois régions : dans la première dite chaude, le chauffage n'est dû aux troupes que pour 3 mois ; dans la seconde dite tempérée, quatre mois, et dans la troisième dite froide, cinq mois. Le chauffage est dû aux troupes baraquées ou campées, un mois avant et un mois après de plus qu'aux troupes de garnison dans les villes.

Le commandant de troupe peut, s'il le juge utile, dans certains cas particuliers, et sauf à en rendre compte, ordonner le chauffage même en dehors des époques déterminées.

Service de télégraphie militaire

Ce service, réglementé par le décret du 23 juillet 1884, fonctionne au moyen d'un personnel technique mis, par la direction générale des Postes et Télégraphes, à la disposition du Ministre de la Guerre ; à ce personnel, qui est organisé militairement et qui jouit de tous les droits des belligérants, est affecté, en outre, un nombre déterminé d'auxiliaires militaires pris, selon les cas, soit dans l'armée active, soit dans l'armée territoriale.

Les détails du service sont confiés au directeur départemental des Postes et Télégraphes du siège du corps d'armée qui est assimilé au grade de lieutenant-colonel ; les autres fonctionnaires, sous ses ordres, sont assimilés selon leurs grades civils, aux chefs d'escadrons, capitaines, lieutenants, sous-lieutenants, etc., jusqu'aux sous-agents qui sont assimilés aux soldats.

A dater du jour de la mobilisation, *ils font partie intégrante de l'armée*, et sont soumis aux lois et règlements qui la régissent ; ils jouissent des mêmes prérogatives et honneurs afférents aux grades dont ils sont investis.

Les auxiliaires appartenant à l'armée active ou à l'armée territoriale, sont désignés par le général commandant le corps d'armée. Ils reçoivent une instruction technique dans les bureaux des télégraphes ; les premiers au lieu de leur garnison, et les seconds dans les bureaux du chef-lieu du département de leur résidence, lorsque leur classe est appelée à accomplir la période d'instruction règlementaire imposée aux hommes de l'armée territoriale et de sa réserve, c'est-à-dire pendant deux périodes de 4 semaines chacune pour les hommes de la réserve de l'armée active, et deux semaines pour les hommes de l'armée territoriale. En cas de mobilisation,ces derniers sont dirigés sur la direction télégraphique à laquelle ils ont été affectés et dont l'annotation est inscrite sur leur livret militaire.

La télégraphie militaire comprend, en outre, deux sortes de services parfaitement distincts, la télégraphie optique et la télégraphie légère. Ces deux services sont exclusivement composés de militaires en activité de service, et ont pour but essentiel d'éclairer l'armée en campagne. Ils sont placés sous les ordres du chef d'état-major, soit d'un général de brigade.

Organisation militaire des chemins de fer

Ce service se divise en deux parties :

La première comprend le service en deçà de la base d'opérations de l'armée ; la deuxième, au-delà de cette base. Ces services sont arrêtés, dirigés et surveillés par une commission militaire, fonctionnant d'une manière permanente sous la direction du Ministre de la Guerre. Cette commission est composée de membres civils, dont deux présentés par les six grandes compagnies de chemins de fer, et de membres militaires. Un général de division la préside.

Les membres civils sont nommés par le Ministre des Travaux publics, et les militaires par les Ministres de la Guerre et de la Marine.

ARMÉE DE MER ET ARMÉE COLONIALE

Armée de mer

Le recrutement, les engagements volontaires, les bases et durée de service étant pour l'armée de mer, absolument les mêmes que pour l'armée de terre, nous nous bornerons à renvoyer nos lecteurs aux divers paragraphes traitant plus haut de ces questions et à relater sommairement sa composition.

L'armée de mer se compose :

1° Des hommes fournis par l'inscription maritime ;

2° Des hommes qui ont été admis à s'engager ou à contracter un rengagement dans les équipages de la flotte, suivant les conditions spéciales déterminées par les art. 59 et 63 de la loi (voyez engagements et rengagements) ;

3° Des jeunes gens qui, au moment des opérations du conseil de révision, ont demandé à entrer dans les équipages de la flotte et ont été reconnus aptes à ce service ;

4° A défaut d'un nombre suffisant d'hommes compris dans les trois catégories précédentes, des conscrits des classes auxquels les numéros les moins élevés sont échus au tirage au sort.

Pour les appels, manœuvres, mobilisation, réquisition, pénalités (voyez ces mots).

Recrutement en Algérie et aux colonies

La loi du 27 juillet 1872 ne prévoyait pas l'organisation d'une armée coloniale. Une simple milice fonctionnait dans des conditions anormales, et n'était que d'une médiocre utilité pour les troupes envoyées par la métropole. La loi du 15 juillet 1889 a comblé, en partie, cette lacune. Désormais il existera une armée dite coloniale, recensée dans les mêmes conditions que sur le territore de la métropole qui, au besoin, et en dehors des engagements et des rengagements, fournira le complément d'hommes nécessaires pris dans les contingents.

La loi, art. 44, prescrit, en effet, qu'à défaut d'un nombre d'hommes suffisant, seront affectés aux troupes coloniales, les jeunes gens dont les numéros suivent immédiatement ceux des conscrits affectés à l'armée de mer. Cette proportion est établie par chaque canton sur l'ensemble des jeunes gens susceptibles de faire trois années de service actif. Les jeunes gens qui, au moment du conseil de révision, ont été classés parmi les dispensés, aîné de veuve, frère au service, enseignements, etc., ne pourront pas être incorporés dans les troupes coloniales, sauf qu'ils le demandent, et dans ce cas, ce n'est qu'après leur renonciation au bénéfice de la dispense et par voie de rengagement qu'ils sont admis dans ces troupes.

La loi sur le recrutement est applicable dans son ensemble en Algérie, à la Guadeloupe, la Martinique, la Guyanne et la Réunion, et dans toutes les colonies françaises, à l'exception pour ces dernières que les français et naturalisés français sont incorporés dans les corps stationnés dans les colonies et n'auront qu'une année de service actif à faire, au bout de laquelle ils sont renvoyés en disponibilité, s'ils satisfont aux conditions de conduite et d'instruction militaire.

S'il ne se trouve pas de corps stationnés dans un certain rayon, les hommes de ces colonies sont même dispensés de tout service actif; ils ne sont recensés ni en France ni dans les autres colonies où la loi est applicable dans son ensemble; mais si la situation venait à se modifier, c'est-à-dire si un corps venait à stationner dans la colonie, avant l'âge de trente ans, ces colons seraient tenus d'accomplir une année de service ; si, d'autre part, ils venaient à rentrer en France avant l'âge de trente ans accomplis, ils sont recensés et tenus d'accomplir toutes les obligations auxquelles les hommes de la métropole sont assujettis, sans toutefois être liés à l'armée au-delà de l'âge de 45 ans.

En cas de mobilisation générale les hommes valides des colonies suivent le sort de la classe à laquelle ils appartiennent et marchent avec elle sans, toutefois, s'ils appartiennent à la réserve de l'armée territoriale, être déplacés de la colonie de leur résidence.

Dans les colonies, les attributions du Préfet, des conseillers de Préfecture et des conseillers d'arrondissement sont dévolues, pour les opérations du conseil de révision, aux conseillers privés et aux conseillers généraux. Là où il n'existe ni conseil privé, ni conseils généraux, des décrets spéciaux, règlent la composition des conseils de révision.

A cette différence près, les opérations des conseils de révision dans les colonies sont les mêmes que dans la métropole (voir conseils de révision).

Légion étrangère

Comme le mot l'indique, la légion étrangère est composée d'éléments divers, notamment d'étrangers qui désirent prendre du service en France; créée sous l'empire de la loi du 9 mars 1831, elle a été maintenue par toutes les dispositions législatives ultérieures et est spécialement affectée au service de l'Algérie, sauf les cas de guerre auquel cas elle est dirigée sur tel point que le Ministre de la Guerre juge à propos. Elle se recrute par engagements volontaires contractés dans les formes ordinaires, à l'exception près que les actes sont passés devant les commandants de recrutement. On y est admis à la condition de justifier de 18 ans révolus et 30 ans au plus, et avoir les aptitudes militaires réglementaires. Les anciens militaires d'armées étrangères doivent produire un certificat de bonne conduite ; ceux qui n'ont jamais servi, leur acte de naissance, et dans certains cas,ils peuvent y être admis en vertu d'une décision spéciale du commandant du corps d'armée. Les cadres sont organisés de la même manière que dans l'armée régulière.

Les français peuvent être admis à contracter des engagements dans la légion étrangère, avec l'autorisation préalable du Ministre de la Guerre. Ce corps fait partie intégrante de l'armée, mais en aucun cas les officiers au titre étranger ne peuvent exercer le commandement en chef d'un corps d'armée.

OFFICIERS DE L'ARMÉE ACTIVE, DE RÉSERVE ET DE L'ARMÉE TERRITORIALE

Grade de l'officier de l'armée active

La loi du 19 mai 1834, toujours en vigueur, confère à l'officier la propriété exclusive du grade dont il jouit d'une manière régulière. Sauf les cas prévus par la loi et le Code de justice militaire, nul ne peut l'en exproprier.

L'officier en retraite, en réforme, en non activité, peut perdre les prérogatives afférentes au service actif, mais le titre d'officier et le grade acquis lui restent exclusivement. La perte du grade ne peut avoir lieu que dans les conditions ci-après :

1° Condamnation à une peine afflictive ou infamante ;

2° Condamnation pour délits prévus par les art. 401, 402, 403, 405, 406, 407 et 408 du Code pénal ;

3° Condamnation à une peine correctionnelle d'emprisonnement qui le prive de ses droits civils, civiques et politiques et le place, en outre, sous la surveillance de la haute police ;

4° La perte de la qualité de français déclarée par jugement d'un tribunal ;

5° Enfin, la démission acceptée par le chef de l'État, après avis du Ministre. Jusqu'à ce que l'acceptation ait été notifiée à l'officier, celui-ci est tenu de rester à son poste et d'accomplir strictement les obligations militaires ; il conserve, naturellement, tous les droits afférents à son grade.

Officiers à la suite

On entend par officier à la suite celui qui, pourvu d'un grade d'officier, n'a provisoirement pas d'emploi déterminé. L'avancement dans l'armée étant réglé de manière à permettre l'accès du grade supérieur par droit d'ancienneté, il a fallu nécessairement maintenir à chacun ce privilège prévu par les règlements militaires ; cette situation qui est sans préjudice pour l'officier lui permet de rester au corps dont il fait partie en attendant qu'il soit pourvu d'un emploi de son grade.

Du grade de l'officier de réserve et de l'officier de l'armée territoriale

De même que les officiers de l'armée active, les officiers de réserve et de l'armée territoriale ont la propriété exclusive de leur grade qu'ils ne peuvent perdre que par l'une des causes suivantes :

1° Radiation des cadres prononcée dans les formes et les conditions prévues par les art. 2, 3, 4 et 5 du décret du 31 août 1878 (1);

---

(1) Art. 2. — Les officiers de réserve sont rayés des cadres de l'armée active, lorsqu'ils sont appelés, par leur âge, à passer dans l'armée territoriale, à moins qu'une décision du Ministre de la Guerre, rendue sur leur demande, ne les admette à rester dans

2° Perte de la qualité de français prononcée par jugement;

3° Démission acceptée par le Président de la République;

4° Condamnation à une peine afflictive ou infamante;

5° Condamnation à une peine correctionnelle pour délits prévus par les art. 379 et 407 du Code pénal;

6° Condamnation à une peine correctionnelle d'emprisonnement et qui, en outre, a placé le condamné sous la surveillance de la haute police et l'a interdit des droits civiques, civils et de famille;

7° Destitution prononcée par jugement d'un conseil de guerre;

8° Révocation prononcée dans les formes et les conditions prévues par les art. 6 et 7 du décret du 31 août 1878. Savoir :

1° Pour révocation d'un emploi civil par mesure disciplinaire;

2° Pour faute contre l'honneur, à quelque époque qu'elle ait été commise;

3° Pour inconduite habituelle;

---

les cadres des officiers de réserve, conformément à l'art. 44 de la loi du 13 mars 1815.

Les officiers maintenus malgré leur âge dans le cadre des officiers de réserve et les officiers de l'armée territoriale sont rayés des cadres à l'expiration du temps de service exigé par la loi de recrutement, à moins qu'une décision du Ministre de la Guerre, rendue sur leur demande, ne les admette à rester, soit dans la réserve, soit dans l'armée territoriale.

Art. 3. — Les officiers de tout grade, retraités par application de la loi du 22 juin 1878, sont rayés des cadres de l'armée, lorsqu'ils sont restés à la disposition du Ministre de la Guerre pendant 5 ans à partir de leur mise à la retraite, conformément à l'article 2 de la dite loi, à moins qu'une décision du Ministre de la Guerre, rendue sur leur demande, ne les maintienne dans la réserve ou dans l'armée territoriale, s'ils n'ont pas atteint la limite d'âge fixée par l'art. 56 de la loi du 13 mars 1875.

Art. 4. — Sont également rayés des cadres les officiers de réserve et ceux de l'armée territoriale qui ont atteint l'âge fixé par l'art. 56 de la loi du 13 mars 1875.

Art. 5. — La radiation des cadres des officiers de réserve ou des officiers de l'armée territoriale peut encore être prononcée par décret du Président de la République, sur les certificats des médecins désignés, à cet effet, par l'autorité militaire, et après avis du conseil de santé des armées :

1° Pour tout officier reconnu atteint d'infirmités incurables;

2° Pour tout officier placé hors cadre pour raison de santé depuis 3 ans.

4° Pour fautes graves dans le service ou contre la discipline ;

5° Pour condamnation à une peine correctionnelle, lorsque la nature du délit et la gravité de la peine paraissent rendre cette mesure nécessaire ;

6° Contre tout officier qui, ayant été l'objet d'une condamnation pour avoir manqué aux prescriptions des art. 2 et 3 de la loi du 18 novembre 1875, n'a pas, au bout de trois mois, fait connaître officiellement sa résidence, ou commet une nouvelle infraction à ces dispositions ;

7° Contre tout officier qui, en dehors de la période d'activité, adresse à un de ses supérieurs militaires ou publie contre lui un écrit injurieux, ou commet envers l'un d'eux un acte offensant ;

8° Contre tout officier qui publie ou divulgue, dans des conditions nuisibles aux intérêts de l'armée, des renseignements parvenus à sa connaissance à raison de sa position militaire ;

9° Contre tout officier suspendu de son grade par mesure disciplinaire dans les conditions prévues par l'art. 16 du décret du 31 août 1878 (1).

Officiers de l'armée territoriale

Le recrutement des cadres de l'armée territoriale se fait de la manière suivante :

Pour les officiers et fonctionnaires :

1° Parmi les officiers et fonctionnaires démissionnaires ou en retraite des armées de terre ou de mer ;

2° Parmi les engagés conditionnels d'un an qui ont obtenu des brevets d'officiers auxiliaires ou des commissions.

3° Parmi les anciens sous-officiers de la réserve de l'armée active, et les engagés conditionnels munis du brevet de sous-officiers ; ces deux dernières catégories sont tenues de subir un examen arrêté par le Ministre de la Guerre, et de former au préalable une demande d'admission adressée au général de la subdivision du lieu de leur résidence et accompagnée :

---

(1) En cas de mobilisation, tout officier suspendu pour moins d'un an, est réintégré dans ses fonctions ; celui qui est suspendu pour un an est, dans le même cas, envoyé devant un conseil d'enquête ; il peut être révoqué sur avis conforme de ce conseil, sinon il est réintégré dans un emploi de son grade.

1° De la copie certifiée conforme des états de service ;
2° De leur acte de naissance ;
3° De l'extrait de leur casier judiciaire ;

Des avis individuels sont adressés aux candidats leur faisant connaître l'époque et le lieu où ils devront se présenter pour subir l'examen réglementaire. Cet examen se passe généralement au chef-lieu du siège du corps d'armée ;

4° Enfin, parmi les élèves de l'école polytechnique et de l'école forestière qui ont satisfait aux examens de sortie des dites écoles et qui ne sont pas placés dans un service public. Ces élèves reçoivent de plein droit un brevet de sous-lieutenant auxiliaire ou une commission équivalente au titre auxiliaire; ils restent dans la disponibilité, dans la réserve de l'armée active, dans l'armée territoriale pendant tout le temps durant lequel ils sont astreints au service par la loi.

Le temps passé par eux dans ces écoles leur est déduit.

Suspension de l'officier de réserve et de l'armée territoriale

Tout officier, durant la période d'activité ou en dehors de cette période, peut être suspendu disciplinairement de ses fonctions par décision du Président de la République, sur le rapport du Ministre de la Guerre, pendant 3 mois au moins et un an au plus.

Tout officier suspendu ne peut porter l'uniforme ni prendre part à aucune réunion.

Le temps de la suspension ne compte pas pour la fixation du rang d'ancienneté.

Officiers de l'armée territoriale à la suite

Les officiers de l'armée territoriale mis à la suite, par application du décret du 3 février 1883, ne sont tenus, en temps de paix, à aucune obligation militaire pour des manœuvres ou périodes d'exercice ; en cas de mobilisation, sauf décision ministérielle spéciale, ils ne sont affectés à aucun corps, et n'ont pas, par conséquent, à répondre aux convocations par simple voie d'affiches.

Ces officiers sont, toutefois, susceptibles d'être réintégrés dans les cadres de l'armée territoriale ; ils reçoivent dans ce cas, une affectation pour le temps de paix, et peuvent être pourvus d'un emploi en temps de guerre ou de mobilisation.

Port d'uniforme pour les officiers de l'armée territoriale

L'arrêté ministériel du 1er juillet 1881 avait interdit d'une manière générale et absolue le port de l'uniforme aux officiers de l'armée territoriale en dehors des missions officielles, et bien entendu, des époques d'appel sous les drapeaux ou des stages volontaires. Cette disposition ayant donné lieu à des interprétations de diverses nature, le Ministre de la Guerre, par circulaire spéciale de juin 1889, a décidé que ces officiers pourront, sur leur demande, et après autorisation du commandant d'armes du lieu de leur résidence, revêtir l'uniforme en dehors des époques d'appel.

Cercles militaires

Une disposition ministérielle a prescrit que les officiers de l'armée territoriale devront, sur leur demande, être admis à fréquenter les cercles des officiers de l'armée active.

Commissionnés

On entend par commissionnés les militaires, sous-officiers, caporaux, brigadiers et soldats, gendarmes, sapeurs-pompiers de Paris, personnel des écoles militaires qui, après avoir accompli leur service, sont maintenus, sur leur demande, sous les drapeaux jusqu'à l'âge de cinquante ans, tout en conservant la faculté de prendre leur retraite après vingt-cinq ans de service.

Les militaires de la gendarmerie et de la justice militaire peuvent rester sous les drapeaux au-delà de la limite de cinquante ans, dans les conditions fixées par les règlements constitutifs de cette arme et de ce service.

Les commissionnés, avons-nous besoin de le dire, sont pris parmi les rengagés. Néanmoins, peuvent être réadmis en qualité de commissionnés, les anciens militaires se trouvant dans les conditions prévues par les §§ 2 et 3 de l'art. 68 de la loi qui, ayant accompli le temps de service exigé dans l'armée active, sont rentrés dans leurs foyers depuis moins de trois ans. Ces militaires pouvant, en effet, rengager tant qu'ils font partie de la réserve de l'armée active.

Les commissionnés jouissent de la haute paye accordée aux rengagés. En cas d'inconduite, ils peuvent, sur l'avis du conseil de discipline, être suspendus ou révoqués définitivement.

Lorsqu'ils quittent l'armée après quinze années de service, ils ont droit à une pension proportionnelle dans les mêmes conditions que les rengagés.

Les commissionnés après avoir quitté les drapeaux n'ont droit à une retraite proportionnelle qu'après avoir servi cinq ans en cette nouvelle qualité. Ils sont soumis aux lois et règlements militaires, et ne peuvent quitter leur emploi avant d'avoir reçu notification de l'acceptation de leur démission. En cas de guerre, les démissions ne sont jamais acceptées.

Chapitre II

RÉSERVE DE L'ARMÉE ACTIVE ET ARMÉE TERRITORIALE

Notice sur la réserve de l'armée active

La réserve de l'armée active comprend tous les hommes qui ont accompli le temps de service prescrit pour l'armée active, soit trois ans.

La durée de service dans la réserve est de sept ans ; elle prend date du 1er novembre, alors même que les hommes seraient libérés par anticipation.

Ne compte pas pour les années de service exigées par la loi dans la réserve de l'armée active, le temps pendant lequel un militaire de l'armée active a subi la peine de l'emprisonnement en vertu d'un jugement, si cette peine a eu pour effet de l'empêcher d'accomplir, au moment fixé, tout ou partie des obligations d'activité. Dans ce cas, l'homme ne passe dans la réserve de l'armée active qu'après déduction faite du temps qu'il a passé en prison ; toutefois, il est rayé des contrôles quelle que soit la durée de la peine, en même temps que les hommes de la classe à laquelle il appartient par son âge.

Les hommes envoyés dans la réserve de l'armée active sont généralement affectés aux divers corps de troupe et services de la région du lieu de leur résidence. Cette indication est d'ailleurs portée sur leur livret individuel qui mentionne, en outre, le corps qu'ils doivent rejoindre en cas de mobilisation ou de rappel.

A l'étranger les ordres de mobilisation sont notifiés aux intéressés par les agents consulaires de France, sauf en Suisse où les autorités Helvétiques elles-mêmes les notifient.

En France ces notifications sont faites par la gendarmerie.

Nous ajoutons enfin que le rappel des hommes de la réserve de l'armée active peut être fait d'une manière distincte et indépendante pour l'armée de terre, pour l'armée de mer ou pour les troupes coloniales ; il peut être fait pour un, plusieurs ou tous les corps d'armée, et, s'il y a lieu, distinctement par arme. Il a lieu par classe en commençant par la moins ancienne.

Les exclus de l'armée qui ont été incorporés dans les bataillons d'infanterie légère d'Afrique, conformément à l'article 5, et n'ont pas été jugés dignes, à leur libération, d'être envoyés dans d'autres corps, au moment de leur passage dans la réserve, restent affectés à ces bataillons, qu'ils doivent rejoindre en cas d'appel ou de mobilisation.

Les réservistes peuvent être dispensés, à titre de soutiens de famille, des manœuvres ou exercices (voyez soutiens de familles), mais ces dispenses n'ont d'effet que pour la convocation en vue de laquelle elles sont délivrées. Sous les drapeaux les hommes de la réserve sont soumis aux obligations et règlements militaires et justiciables des tribunaux militaires en temps de paix comme en temps de guerre, savoir :

1° En cas de mobilisation, à partir du jour de leur appel à l'activité ;

2° Hors le cas de mobilisation, à partir du moment où ils sont formés en détachement pour rejoindre leurs corps ;

3° Et enfin, lorsqu'ils sont placés dans les hôpitaux militaires ou dans les salles des hôpitaux civils affectées aux militaires et, lorsqu'ils voyagent comme militaires sous la conduite de la force publique ou lorsqu'ils se trouvent en état de détention.

Dans les deux derniers cas § § 2 et 3, les circonstances atténuantes peuvent être accordées aux hommes qui ne comptent pas encore trois mois de présence sous les drapeaux.

La mobilisation fait l'objet d'un décret spécial du chef de l'Etat.

Pour les manœuvres et exercices, sur la seule convocation du commandant du corps d'armée, agissant au nom du Ministre de la Guerre.

Obligations imposées aux réservistes et aux territoriaux en temps de paix

La loi sur le recrutement de l'armée assujettit les hommes de la réserve de l'armée active, pendant leur temps de service dans la dite réserve, à prendre part à deux manœuvres, chacune d'une durée de quatre semaines.

Les hommes de l'armée territoriale sont seulement assujettis à une période d'exercice dont la durée est de deux semaines (art. 49).

Par qui les convocations des réservistes doivent-elles être faites

Les convocations générales pour les exercices et les manœuvres émanent du général commandant le corps d'armée ; elles sont faites par voie d'affiches posées en temps utile et en nombre suffisant dans chaque commune par les soins du commandant de recrutement subdivisionnaire.

Des ordres sont adressés à cet effet par le Ministre de la Guerre (inst. du 7 juillet 1878).

Dispenses. — Réservistes

Sont seuls dispensés des exercices et grandes manœuvres :

1° Les hommes classés comme non disponibles ;

2° Les hommes qui ont fait valoir par un certificat modèle n° 5, adressé au général commandant la subdivision, leurs titres à être considérés comme soutiens de famille ;

3° Les hommes résidant en Algérie, aux colonies ou à l'étranger qui auront fait les déclarations de changement de résidence prescrites par la loi (art. 55) ;

4° Les docteurs en médecine, pharmaciens de 1re classe et vétérinaires proposés pour des emplois de leur spécialité ;

5° Les internes des hôpitaux de Paris ;

6° Les députés et conseillers généraux pendant la durée des sessions ;

7° Les hommes ayant quitté le service depuis moins d'une année ;

8° Ceux des réservistes des compagnies d'ouvriers militaires de chemins de fer du génie employés sur les réseaux des voies ferrées (inst. du 15 juillet 1878).

Sursis de départ aux réservistes

Bien que la loi n'ait pas prévu le cas des sursis de départ, les commandants de corps d'armée n'en conservent pas moins, dans des cas particuliers laissés à leur appréciation, la faculté d'accorder des sursis de départ aux réservistes, d'une durée plus ou moins longue. Les intéressés formulent leur demande motivée, avec des pièces à l'appui, visées par le maire et le Sous-Préfet, et la déposent au commandant de la brigade de gendarmerie du lieu de leur résidence, qui la transmet, par voie hiérarchique, au général commandant le corps d'armée qui statue. Avis de la décision leur est donnée par l'intermédiaire de la gendarmerie.

Transport par voies ferrées des réservistes

Les réservistes partant de leur domicile légal sont admis à voyager à prix réduit sur la simple présentation de leur livret contenant la feuille spéciale. Ils ont, en outre, droit au logement chez l'habitant, même dans les communes qui ne sont pas gîtes d'étapes, lorsque la distance entre le point de départ et la destination dépasse 24 kilomètres. C'est au maire de la commune à assurer le logement chez l'habitant.

Devancement d'appel. Ajournements. Réforme des réservistes

Les hommes qui ont des raisons majeures pour obtenir soit un devancement d'appel, un ajournement ou la réforme pour infirmités, sont tenus d'en faire la demande spéciale et *de la remettre à la gendarmerie* de leur résidence qui la fait parvenir à qui de droit, *vingt jours au moins avant la date fixée pour la convocation*, pour les deux derniers cas. Quant aux devancements d'appel, ils sont demandés dans les mêmes conditions que pour les ajournements, à telle époque de l'année qui convient à l'intéressé, sauf à l'autorité militaire à statuer.

Réservistes des troupes de la marine

Les hommes classés dans la marine (artillerie, infanterie, armuriers) sont appelés sous les drapeaux pour accomplir la période de l'instruction militaire ou pour les manœuvres, aux mêmes époques que les réservistes de l'armée de terre; ils jouissent des mêmes avantages de route accordés à ces derniers.

Réservistes jurés

Les militaires de la réserve et de l'armée territoriale, désignés pour remplir les fonctions de juré, sont dispensés de se rendre aux manœuvres, lorsque la période d'instruction a lieu en même temps que la session d'assises pendant laquelle ils sont appelés à faire partie d'un jury, (décision ministérielle du 7 juin 1882). Ils doivent en informer le général commandant la subdivision en lui adressant copie de l'extrait de convocation pour prendre part aux assises comme juré.

Instituteurs dispensés antérieurement à la loi du 16 *juin* 1881

Les instituteurs qui ont été dispensés du service actif en vertu d'un engagement décennal contracté antérieurement à la promulgation de la loi du 16 juin 1881, profitent de la dispense, alors même qu'ils n'auraient pas obtenu le brevet d'instituteur. Mais ils restent soumis aux obligations d'appels (exercices, manœuvres, revues) qui sont imposées aux hommes de leur classe.

Dispensés de l'article 17 *de la loi du* 27 *juillet* 1872 [1] *appelés sous les drapeaux pour la période d'instruction réglementaire*

Les dispensés en vertu de la loi du 27 juillet 1872, n'étaient tenus à aucune obligation militaire en temps de paix, et n'étaient soumis à aucun appel pendant tout le temps qu'ils passaient dans la réserve de l'armée active.

Ils ont profité de ces dispositions légales jusqu'au 31 juillet 1887, époque à laquelle le Ministre de la Guerre a décidé que ces dispensés seraient soumis à trois périodes d'exercices pendant le temps que leur classe ferait partie de l'armée active, savoir :

---

(1) Art. 17. — Sont dispensés du service d'activité en temps de paix :

1° L'aîné d'orphelins de père et de mère ;

2° Le fils unique ou l'aîné des fils, ou, à défaut de fils ou de gendre, le petit-fils unique ou l'aîné des petits-fils d'une femme actuellement veuve, ou d'une femme dont le mari a été légalement déclaré absent, ou d'un père aveugle ou entré dans sa soixante-dixième année.

Dans les cas prévus par les deux paragraphes précédents, le

1re année, deux mois de présence sous les drapeaux ;
2e année, un mois ;
3e année, un mois.

L'appel pour la première période a lieu au mois de novembre en même temps que la classe à laquelle ces dispensés appartiennent est appelée à l'activité.

Pour les deux autres périodes l'appel a lieu au printemps.

Lorsque ces dispensés désirent obtenir un ajournement d'appel pour un motif quelconque, notamment pour terminer leurs études ou la continuation d'une exploitation industrielle, commerciale ou agricole ils doivent en faire la demande *vingt-cinq jours* au moins avant l'appel. La demande accompagnée de pièces justificatives (certificats de faculté, du maire, du chef d'établissement, etc., selon les cas), doit être déposée à la gendarmerie du lieu de la résidence qui la transmet avec son avis, au général commandant la subdivision qui statue. La décision du général est notifiée à l'intéressé par l'intermédiaire de la gendarmerie.

Ces dispositions resteront sans effet dès que la loi du 15 juillet 1889 qui impose une année de service actif à tout homme valide, recevra son entière application.

Dispensés renonciataires

Nous avons indiqué à la page 106 les obligations militaires qui sont imposées aux dispensés, en vertu des articles 21, 22 et 23 (1) de la loi, lorsque les causes de dispense viennent à cesser. Il est utile de relater également que ces dispensés peuvent, s'ils le jugent à propos, renoncer volontairement au bénéfice que la loi leur confère.

En conséquence, tout homme qui désire renoncer à ce bénéfice doit, s'il se trouve sous les drapeaux, en faire la

---

frère puîné jouira de la dispense si le frère aîné est aveugle ou atteint de toute autre infirmité incurable qui le rend impotent ;

3° Le plus âgé des deux frères appelé à faire partie du même tirage, si le plus jeune est reconnu propre au service ;

4° Celui dont un frère sera dans l'armée active ;

5° Celui dont un frère sera mort en activité de service, ou aura été réformé, ou admis à la retraite pour blessures reçues dans un service commandé, ou pour infirmités contractées dans les armées de terre ou de mer.

(1) Aîné de veuve, universitaires, soutiens de famille, etc., etc.

déclaration au chef de corps ; si, au contraire, il est encore dans ses foyers, ou qu'il y ait été déjà renvoyé après son année de service, sa déclaration doit être faite devant le maire du lieu de sa résidence. Cette déclaration est transmise par le maire au Préfet qui, après l'avoir revêtue de son visa, la transmet au général commandant la subdivision. Cet officier général donne alors les instructions nécessaires au recrutement pour l'appel ou le réappel de l'homme sous les drapeaux. Le renonciataire est libéré du service actif en même temps que les hommes de sa classe.

Vélocipédistes réservistes

Les réservistes des armées de terre et de mer, appelés sous les drapeaux pour la période d'instruction de manœuvres ou de mobilisation, possesseurs de bicycles ou de bicyclettes, ayant l'aptitude suffisante et qui désireraient être employés en qualité de vélocipédistes militaires, doivent en faire, préalablement, la demande au Ministre de la Guerre ou de la Marine selon l'arme à laquelle ils appartiennent.

Réservistes universitaires

Les réservistes universitaires sont soumis pour les appels, manœuvres, exercices ou mobilisation, aux mêmes obligations que les hommes de leur classe.

Bien que la loi soit muette sur la question des dispenses, en ce qui les concerne, les commandants des corps d'armée ne conservent pas moins la faculté d'accorder aux membres de l'enseignement, soumis à l'appel pour manœuvres ou exercices, sinon des dispenses totales, du moins des ajournements.

Toute demande de ce genre doit être faite par l'inspecteur d'académie, et accompagnée de l'avis du Préfet.

Réservistes malades au moment de l'appel

Les réservistes qui sont empêchés de rejoindre leurs corps pour *cause de maladie,* doivent aussitôt remettre ou faire remettre à la gendarmerie un certificat de maladie délivré par un médecin militaire ou un médecin civil ; la signature du médecin civil doit être légalisée par le maire.

A quelle autorité les réservistes doivent-ils s'adresser pour connaître de leurs obligations militaires au moment des appels sous les drapeaux ?

Tout homme qui, après la lecture de l'affiche publiée dans chaque commune prescrivant l'appel sous les drapeaux, et des indications spéciales contenues dans son livret, conserverait des doutes sur les obligations qui lui incombent, doit, s'il réside dans les communes rurales, c'est-à-dire éloignées du recrutement ou des autorités civiles ou militaires qui doivent en connaître, s'adresser à la gendarmerie locale qui est toujours en mesure de fournir les indications complémentaires nécessaires.

Réservistes fixés ou voyageant à l'étranger

Tout homme fixé ou voyageant à l'étranger [1], et ayant fait les déclarations prévues par la loi, *ou tout au moins celle au consul*, est considéré comme en sursis renouvelable jusqu'à son retour en France.

Il ne lui est pas délivré de titre de sursis.

Dès sa rentrée en France, portée sans délai par la gendarmerie à la connaissance du commandant de recrutement, l'homme reçoit un ordre d'appel, le convoquant pour accomplir *immédiatement* sa période d'instruction, à moins que, dans l'intérêt du service ou dans celui de l'homme, le général commandant le corps d'armée ne juge convenable de reculer cette convocation jusqu'à l'appel général annuel

Si, au moment de l'accomplissement de cette période, reculée ou non, l'homme se rend derechef à l'étranger, il est de plein droit ajourné de nouveau [2].

Mais, dans l'année qui précède l'époque du passage d'une classe dans l'armée territoriale, la situation des hommes qui n'ont pas accompli leurs périodes, en raison de leur séjour à l'étranger, fait l'objet d'une enquête à la

---

(1) Le séjour dans la principauté de Monaco ne constitue pas, au point de vue des dispenses ou sursis, la résidence à l'étranger.

(2) Toutefois, l'homme auquel, au moment d'un appel, l'autorité militaire viendrait de refuser un sursis et qui, dans le but évident d'éluder cette décision, se rendrait dans un *pays limitrophe*, recevrait un ordre de route, et s'il n'obéissait pas à cet ordre, serait poursuivi comme insoumis.

diligence du commandant du bureau de recrutement dans la subdivision duquel ils sont domiciliés.

Le général commandant le corps d'armée peut, dans certains cas, convertir en dispense définitive les sursis successifs accordés aux hommes résidant à l'étranger, lorsque ces hommes résident dans un pays hors d'Europe (circ. du 3 octobre 1883).

Réservistes retardataires

Les retardataires sans motifs légitimes sont punis de prison; ceux qui auront été punis de prison seront maintenus au corps après le départ des réservistes pendant un nombre de jours égal à la durée totale des punitions qu'ils auront encourues (inst. du 15 juillet 1878).

Memento des réservistes

Hors le cas de force majeure dûment constatée, de dispense ou d'ajournement accordé par l'autorité militaire seule, tout réserviste qui n'est pas rendu à destination dans les délais fixés est poursuivi comme insoumis. Celui qui se présente en retard, tout en étant dans les délais fixés, est puni de prison. Les frais de route lui sont payés en arrivant au corps.

Il doit se faire couper les cheveux à l'ordonnance avant d'arriver au corps et autant que possible, sans que ce soit une obligation légale, être muni de deux chemises, un caleçon, des chaussures en bon état et des mouchoirs. Tout réserviste qui a perdu son livret doit immédiatement s'adresser au commandant de recrutement du lieu de sa résidence légale pour en obtenir un duplicata.

Secours aux familles nécessiteuses des réservistes et des hommes de l'armée territoriale appelés sous les drapeaux

Le devoir de venir en aide aux familles nécessiteuses des réservistes appelés temporairement sous les drapeaux, incombe exclusivement aux municipalités (circ. du 18 août 1878. Intérieur).

A cet effet, le conseil municipal, réuni en session ordinaire ou convoqué extraordinairement, vote, s'il le juge à propos, un crédit. Le maire soumet immédiatement la délibération du conseil municipal à l'approbation du Préfet, et procède ensuite à la distribution des secours, suivant les besoins et les charges des familles qui en font l'objet.

Si les fonds disponibles du budget communal le permettent, rien ne s'oppose à ce qu'ils soient, en partie, affectés à cet usage, mais toujours avec l'autorisation préalable du Préfet.

Réservistes de l'armée active pères de quatre enfants vivants

Les réservistes de l'armée active pères de quatre enfants vivants, passent de droit dans l'armée territoriale (art. 58).

Ils obtiennent le bénéfice de cette disposition, en adressant, par l'intermédiaire de la gendarmerie de leur résidence, au général commandant la subdivision, une demande faisant connaître la situation de famille, accompagnée :

1° D'un certificat établi par le maire ;

2° De l'acte de mariage ;

3° Des extraits de naissance des quatre enfants.

Toutes ces pièces sont affranchies du timbre.

ARMÉE TERRITORIALE

Armée territoriale et sa réserve.

L'armée territoriale comprend tous les hommes qui ont accompli leur service dans l'armée active et sa réserve. En d'autres termes, tout homme, en temps de paix, qui tire au sort dans le délai légal, c'est-à-dire à 20 ans révolus, passe dans l'armée territoriale à l'âge de trente ans, et reste dans cette armée pendant six ans ; à l'âge de trente-six ans il passe dans la réserve de l'armée territoriale jusqu'à l'âge de 45 ans. Nul n'est libéré définitivement avant cet âge. Les omis, les condamnés pendant le service actif, en un mot tous les hommes qui n'auraient pas satisfait aux obligations militaires dans les conditions normales, peuvent être retenus dans la réserve de l'armée territoriale jusqu'à l'âge de quarante-huit ans. A partir de quarante-huit ans l'homme est définitivement libéré quelle que soit sa situation.

De même que l'armée active, l'armée territoriale et sa réserve sont composées de troupes de toutes armes, organisées par subdivision de région pour l'infanterie de ligne et sur l'ensemble de la région du corps d'armée pour les autres armes.

Chaque subdivision de région fournit un régiment au moins d'infanterie composé de trois bataillons à 4 compagnies et 1 cadre de compagnie de dépôt.

Chaque région ou corps d'armée fournit :

1° Un régiment d'artillerie, ainsi que des compagnies du train d'artillerie ;

2° Un bataillon du génie ;

3° Un escadron du train des équipages militaires.

Les corps de troupe et services qui n'entrent pas dans la composition des corps d'armée sont complétés avec des militaires de la réserve pris sur l'ensemble du territoire.

Le livret individuel doit, d'ailleurs, mentionner l'affectation du corps.

Les régiments territoriaux sont commandés par des lieutenants-colonels.

Des appels sous les drapeaux

L'armée territoriale est appelée sous les drapeaux, savoir :

En cas de mobilisation, en vertu d'un décret du chef de l'Etat; en cas de manœuvres ou exercices par simples convocations faites par voie d'affiches ou ordres individuels, émanant du corps d'armée.

Notifications des ordres de mobilisation (voyez ordre d'appel).

L'appel sous les drapeaux des hommes de l'armée territoriale, moins sa réserve qui n'est rappelée à l'activité qu'en cas de guerre et à défaut de ressources suffisantes fournies par l'armée territoriale, peut être fait d'une manière distincte et indépendante pour l'armée de terre, pour l'armée de mer ou pour les troupes coloniales.

D'ailleurs, le livret individuel, les convocations et les avis publiés à l'époque de ces appels ne sauraient laisser quiconque dans le doute. Dans tous les cas, nous engageons les hommes à l'approche des périodes d'appels qui ont lieu au printemps et en automne à s'adresser à la gendarmerie du lieu de leur résidence qui est toujours à même de les éclairer.

Manœuvres-exercices

Les hommes de l'armée territoriale — moins ceux de sa réserve — sont assujettis à une période d'exercices ou de manœuvres d'une durée de deux semaines (art. 49 de la loi).

Des dispenses de ces manœuvres ou exercices peuvent être accordés à titre de soutiens indispensables de famille à ceux qui en remplissent effectivement les conditions et en font la demande (voyez soutiens de famille).

En cas de mobilisation

Nul ne peut se soustraire aux obligations militaires ni se prévaloir de la fonction ou emploi qu'il occupe pour ne pas répondre à l'appel dans les délais réglementaires; ces délais sont de *deux jours* en temps de guerre. Toutefois, si l'homme de l'armée territoriale a procédé régulièrement aux formalités du changement de résidence (voyez ces mots), et qu'il se trouve au moment de la mobilisation hors du territoire de la métropole, les délais, avant d'être déclaré insoumis, sont, savoir :

Pour l'Algérie, la Tunisie et l'Europe *deux mois* ; dans tous les autres pays du monde *six mois*.

A l'expiration de ces délais, les hommes sont déclarés insoumis et passibles des conseils de guerre. Quant à ceux qui n'auraient pas accompli les formalités du changement de résidence et qui se trouveraient au moment de la mobilisation hors de leur résidence sont considérés comme n'ayant pas changé de domicile ou de résidence, et sont tenus de rejoindre *leurs corps dans les deux jours*. Dans le cas contraire, ils sont déclarés insoumis et justiciables des conseils de guerre (voyez pénalités).

Sont seuls dispensés de répondre à l'appel un certain nombre de fonctionnaires et agents dont la présence dans leurs fonctions ou emplois est considérée comme indispensable dans l'intérêt de l'Etat (voyez tableau des fonctionnaires et agents dispensés).

Dès la publication de l'ordre de mobilisation tous les hommes soumis à l'appel, y compris les fonctionnaires et agents dispensés et ceux-là même qui, pour des motifs quelconques, maladies ou autres cas, ont été autorisés à ne pas rejoindre, sont justiciables des tribunaux militaires par application de l'article 57 du Code de justice militaire.

Effets rétroactifs de la loi

L'article 93 de la loi du 15 juillet 1889 dispose que les hommes appelés en vertu des lois antérieures, libérés ou non du service militaire, au moment de sa promulgation, restent soumis aux obligations militaires jusqu'à ce qu'ils aient atteint l'*âge de quarante-cinq ans*.

En conséquence, les hommes de l'armée territoriale, libérés ou non, au moment de la promulgation de la loi du 15 juillet 1889, restent soumis aux obligations militaires de leurs classes respectives jusqu'au 31 octobre de leur quarante-cinquième année.

Nous ajoutons, toutefois, que les hommes faisant partie de la réserve de l'armée territoriale ne peuvent être appelés qu'en cas de guerre et à défaut de ressources suffisantes fournies par l'armée territoriale. Le rappel, dans ce cas, se fait par classe, en commençant par la moins ancienne (art. 48 de la loi).

Officiers et hommes de l'armée territoriale voyageant isolément

Les officiers de l'armée active ou de l'armée territoriale rejoignant leur poste, les hommes de l'une ou de l'autre armée allant chercher des chevaux ou des voitures de réquisitions, les hommes de l'armée active en congé ou en permission rentrant à leur corps, les élèves de l'école d'administration se rendant à leur destination, les élèves des écoles de tir ou de gymnastique, etc., sont tenus de présenter leurs titres de voyages réguliers au chemin de fer pour avoir des billets contre paiement du prix de leur place aux taux prévus par les cahiers des charges de concession et le décret du 2 août 1877. Ces officiers et hommes peuvent se faire suivre de leurs bagages.

Comité de défense

Ce comité est institué par une décision présidentielle du 28 juillet 1872, en exécution des lois du 10 juillet 1791 et 10 juillet 1851 ; il siège à Paris, sous la présidence du Ministre de la Guerre, et est composé de 10 généraux divisionnaires.

Etat de paix

En temps de paix l'organisation et la composition de l'armée sont celles que nous avons indiquées plus haut (voyez armée active).

Le territoire est divisé en corps d'armées ou régions, en divisions et subdivisions de brigades.

Chaque corps d'armée comprend deux divisions d'infanterie, une brigade d'artillerie, une brigade de cavalerie et des troupes de toutes armes, génie, trains des équipages, section de secrétaires d'état-major et de recrutement, section de commis et ouvriers militaires d'administration, section d'infirmiers, etc ; une ou deux légions de gendarmerie, et l'armée territoriale de toute la région.

Les divisions sont elles-mêmes subdivisées en brigades. Telles sont les assises du corps d'armée en temps de paix; elles restent les mêmes en temps de guerre; et s'il se produit alors des modifications que les circonstances ou la concentration de grandes masses nécessitent sur tel ou tel point du territoire, elles ne touchent pas aux bases de l'organisation des corps de troupes, des état-majors et des services administratifs.

Ce qui caractérise l'état de paix, c'est que l'autorité civile conserve toutes ses prérogatives et agit dans le cercle de ses attributions en dehors de l'action de l'autorité militaire. Il n'en est pas de même en état de guerre (voyez état de guerre).

Etat de guerre

L'organisation de l'armée en état de guerre, en tant que corps de troupes, est absolument la même qu'en état de paix (voyez état de paix).

Les effectifs peuvent être plus ou moins considérables, selon le nombre de classes appelées et d'engagés volontaires ; mais les bases de l'armée, des états-majors et des services administratifs ne subissent que des modifications insignifiantes, que les circonstances peuvent seules imposer au commandement.

La caractéristique de l'état de guerre est l'action directe des pouvoirs par l'autorité militaire.

L'autorité civile conserve, il est vrai, ses attributions administratives, mais elle n'agit, dans le cercle même de ses prérogatives, qu'après s'être concertée avec l'autorité militaire qui a, seule, la direction absolue, non seulement de la mobilisation, mais encore de tout ce qui de près ou de loin peut être utile ou nécessaire à la défense du pays.

Etat de siège .

Lorsque un péril intérieur ou extérieur menace, à un titre quelconque, la sécurité de l'Etat, le Président de la République peut, après avis du conseil des ministres, et si les Chambres sont en vacances, par la promulgation d'un décret spécial, déclarer immédiatement tout ou partie du territoire en état de siège, sauf à en référer aussitôt aux Chambres qui, seules, apprécient l'opportunité de la mesure prise.

Nous ajoutons que la manière de procéder que nous indiquons ci-dessus n'est peut-être pas strictement conforme à l'esprit de la législation qui régit actuellement l'état de siège; mais nous la croyons plus en rapport avec notre organisation politique actuelle.

En effet, la loi du 9 août 1849, modifiée par l'art. 12 de la Constitution de 1852, confère au chef de l'Etat seul le droit de déclarer et de lever l'état de siège. Or, l'application stricte de ces dispositions ne tend rien moins qu'à infirmer les prérogatives des Chambres dans les pouvoirs qui lui sont dévolus,par les principes eux-mêmes qui nous régissent, lorsqu'il s'agit des intérêts nationaux d'un ordre général et de l'état de paix ou de guerre. Il est évident qu'une mesure aussi grave ne peut être prise que dans des cas extrêmement rares, et seulement lorsque les intérêts vitaux de la nation sont en jeu.

En état de siège, les pouvoirs passent tout entiers à l'autorité militaire; l'autorité civile conserve seulement ceux de ces pouvoirs dont l'autorité militaire ne l'a pas dessaisie.

Tous les crimes, délits contre la sûreté de l'Etat, l'ordre, la paix publique,quelle que soit la qualité des auteurs principaux et des complices, sont jugés par les conseils de guerre.

La loi du 10 juillet 1791 et le décret du 24 décembre 1811 confèrent, aux commandants des corps d'armées, le droit de déclarer l'état de siège dans les places de guerre et postes militaires, soit de la frontière soit de l'intérieur, à la condition d'en référer immédiatement au gouvernement. Dans ce cas, le chef de l'Etat peut révoquer la mesure, mais, s'il estime devoir la maintenir il doit, sans délai, en proposer le maintien aux Chambres,qui statuent.

Levée de l'état de siège

La levée de l'état de siège a lieu par la volonté des Chambres, si elles sont en session; en cas de prorogation, ce droit appartient au chef de l'Etat.

Après la levée de l'état de siège, les conseils de guerre continuent de connaître des crimes et délits dont la poursuite leur avait été déférée.

Prisonniers de guerre

L'officier ayant la propriété de son grade conserve, lorsqu'il est prisonnier de guerre, son droit à l'avancement; néanmoins il est remplacé au corps si les besoins du service l'exigent, mais a droit pendant toute la durée de la captivité, à une solde spéciale.

Les sous-officiers, caporaux et soldats, étant entretenus par l'ennemi ne perçoivent rien pendant la durée de la captivité, sauf un léger secours qu'ils touchent à leur retour en France. Ce secours est calculé sur deux mois de solde, s'ils sont restés un même laps de temps au moins, au pouvoir de l'ennemi. Bien que le grade de sous-officier et caporaux ne soit pas une propriété comme celle de l'officier, les titulaires sont mis en la possession de leur grade à leur rentrée au corps.

Pour les prisonniers de guerre étrangers, le règlement du 4 août 1811 et celui du 6 mai 1859 règlent leur situation.

Ces prisonniers sont placés, sous les ordres de l'autorité militaire, dans des dépôts commandés par la gendarmerie. Les sous-officiers et caporaux et soldats étrangers peuvent être occupés aux travaux de l'Etat.

Quant aux officiers, après avoir donné leur parole de ne pas s'évader, ils peuvent se rendre sans escorte dans le lieu de captivité qui leur est assigné. Toute tentative d'évasion entraîne l'incarcération dans une fortesse et la soumission au régime du soldat. Les uns et les autres sont justiciables des conseils de guerre.

Convention internationale de Genève

Cette convention, conclue à Genève le 22 juin 1864, entre la France, la Belgique, le Danemark, l'Espagne, l'Italie, le Duché de Bade, le Duché de Hesse, les Pays-Bas, le Portugal, la Prusse, la Suisse et le Wurtemberg, promulgée en France par décret Impérial du 14 juillet 1865, a pour but de protéger et d'améliorer le sort des militaires blessés sur le champ de bataille et de neutraliser les ambulances, hôpitaux militaires et tout le personnel de ces établissements tant qu'il restera des blessés à relever ou à secourir. Ce personnel peut, même après l'occupation par l'ennemi, continuer à remplir ses fonctions dans l'ambulance où l'hôpital, ou se retirer pour rejoindre le corps auquel il appartient s'il est militaire. Dans ce cas, il est remis aux avant-postes enne- mis par les soins de l'armée occupante.

La neutralité cesserait, si les ambulances ou hôpitaux étaient gardés par une force militaire.

Les habitants du pays qui portent secours aux blessés sont respectés et demeurent libres.

Tout blessé recueilli et soigné dans une maison y servira de sauvegarde. L'habitant qui aura recueilli chez lui des blessés sera dispensé du logement des troupes, ainsi que d'une partie des contributions de guerre qui seraient imposées.

Les militaires blessés ou malades seront recueillis et soignés, à quelque nation qu'ils appartiennent. Sont renvoyés dans leurs pays, ceux qui, après guérison, sont reconnus incapables de servir. Les autres pourront également être renvoyés, à la condition de ne pas reprendre les armes pendant toute la durée de la guerre.

Un drapeau distinctif et uniforme, accompagné du drapeau national, est adopté pour les hôpitaux, ambulances et évacuations.

Le personnel neutralisé est pourvu d'un brassard. Le drapeau et le brassard porteront *croix rouge sur fond blanc.*

Ces diverses dispositions pouvant n'être pas connues très exactement par tout le personnel inférieur belligérant, nous pensons devoir ajouter que tout convoi escorté, même avec des armes non apparentes, ne profite plus de la neutralité; il est alors considéré par l'ennemi comme belligérant et traité en conséquence. Il faut donc non seulement que les hommes de l'escorte ne se battent pas, mais encore qu'ils ne puissent être soupçonnés d'être prêts à combattre.

Poudres et matières explosibles

La fabrication de la poudre, salpêtre, dynamite et autres matières explosibles, dont l'Etat s'est réservé le monopole, dépend du Ministre de la Guerre, et les divers établissements qui en sont chargés, fonctionnent, sous la direction d'un comité d'ingénieurs, nommés par le Ministre, en vertu du règlement d'administration publique du 19 février 1883.

Armes de guerre. Exportation ou importation

Quiconque se rend acquéreur d'armes, dites de guerre, soit au moyen d'adjudication ou par suite de marchés passés de gré à gré avec les autorités militaires compétentes[1] et qui désire exporter ces armes tant à l'intérieur qu'à l'étranger, est tenu d'en demander l'autorisation au Préfet du département où les armes se trouvent. La demande en autorisation d'exportation doit être faite sur papier timbré; elle indiquera le nombre des armes à exporter, le poids approximatif et le mode de transport.

Le Préfet donne récépissé de la demande, il informe, ensuite, immédiatement le Ministre de l'Intérieur et son collègue du département où les armes sont exportées, et si elles sont destinées à l'étranger, le Préfet du département frontière. Celui-ci, de son côté, est tenu de prendre les mesures de surveillance nécessaires à leur sortie de France.

Aucune importation d'armes de guerre ne peut être faite sans l'autorisation préalable du Ministre ou du Préfet frontière.

MODÈLE DE RÉCÉPISSÉ

Le Préfet d..........

Vu l'article 18 du décret du 6 mars 1861 ;

Vu le décret du 14 novembre 1872 ;

Donne acte au sieur (nom, qualité, adresse du demandeur), de la déclaration déposée dans ses bureaux le..... pour lui faire connaître qu'il est dans l'intention d'expédier par chemin de fer et par petite vitesse dans le délai d'un mois, à destination de......... (en passant par le bureau frontière de........ (indiquer ici la quantité d'armes dont l'exportation a été autorisée) qui lui ont été vendues par la direction de l'artillerie de........ et qui doivent être extraites de l'arsenal d.........

Ces armes pèsent ensemble (indiquer le poids).

Donné à........ le............

Le Préfet,

(1) Les arsenaux sont sous la direction des comités d'artillerie.

Chapitre III

—

DISPOSITIONS GÉNÉRALES

—

Adjudications de fournitures militaires

L'application de l'article 7 du décret des 20 septembre-14 octobre 1791, qui a institué les commissions d'adjudication de travaux ou fournitures de la guerre, a donné lieu à diverses interprétations. Les autorités militaires et civiles n'étaient pas toujours d'accord sur la question de la présidence, et cette dernière se prévalant des dispositions du décret précité s'est refusée dans certaines localités, d'assister à la réunion des commissions lorsqu'elle n'était pas appelée à présider les opérations d'adjudication.

La décision ministérielle du 20 juin 1881 a tranché cette difficulté en conférant désormais, d'une manière absolue, la présidence des commissions d'adjudication au maire ou à son délégué.

Lorsqu'une adjudication doit avoir lieu dans une ville, l'autorité militaire en avise le Préfet qui, à son tour, informe le maire du jour, de l'heure et du lieu où l'opération s'effectuera.

Le représentant militaire, au sein de la commission, conserve, néanmoins, dans certains cas, la faculté de répondre directement aux soumissionnaires sur les questions ou observations techniques qui peuvent être posées par ces derniers.

Conditions dans lesquelles les adjudications ont lieu

Les instructions ministérielles des 20 septembre 1884, 3 septembre 1885 et 18 décembre 1886 règlent la marche à suivre pour les adjudications de fournitures. Nous nous bornerons à relater les formalités essentielles pour y être admis.

Les entrepreneurs doivent formuler leur demande au sous-intendant militaire qui leur communique, en temps utile, le cahier des charges pour les fournitures à faire.

Ils peuvent également prendre connaissance du cahier des charges dans les bureaux des Préfectures.

Après avoir souscrit aux conditions et charges, les adjudicataires sont naturellement tenus de s'y conformer strictement ; dans le cas contraire, ils sont passibles de pénalités prélevées sur leur cautionnement.

Les adjudicataires, leurs préposés ou fondés de pouvoirs doivent être français.

Cautionnement des adjudicataires

L'adjudicataire doit réaliser, dans un délai de vingt jours, à compter du jour de la notification de l'approbation ministérielle du marché souscrit, un cautionnement en numéraire ou valeurs sur l'Etat français, au titre de la caisse des dépôts et consignations.

Il peut, sur sa demande, et si le Ministre de la Guerre l'accepte, être autorisé à remplacer ce cautionnement par une affectation hypothécaire,présentant des garanties suffisantes.

L'importance du cautionnement et celle du dépôt de garantie exigés sont fixés dans le cahier des charges et marché souscrit ; elles varient selon l'importance de l'adjudication.

Pénalités dont sont passibles les adjudicataires

Les pénalités sont infligées aux adjudicataires délinquants par le sous-intendant militaire, sauf recours au directeur du service de l'intendance et au Ministre. Ces pénalités varient du 5 au 10 °/₀ de la valeur des denrées, détériorées ou manquantes, d'après le prix du marché.

L'adjudicataire qui emploie pour les travaux de son marché des ouvriers de nationalité étrangère est passible d'une amende de 50 fr. pour la première fois, 100 fr. la deuxième et à la troisième infraction le marché peut être résilié par le Ministre. Ces pénalités sont applicables sans qu'il soit besoin de mise en demeure préalable.

Immeubles militaires

Tous les immeubles affectés aux logements et casernements des militaires, c'est-à-dire, les forteresses, fortifications et tous autres ouvrages de défense, casernes, hôpitaux, batiments et terrains du service de l'artillerie, magasins, etc., constituent le domaine militaire.

Indépendamment de ces établissements, lorsque les besoins l'exigent, les communes et les départements mettent à la disposition ou louent à l'autorité militaire des bâtiments dont ils conservent la nue propriété. Ces batiments, communaux ou départementaux, passent, bien entendu, sous la garde du Ministre de la Guerre, tant qu'ils restent à sa disposition.

Les baux passés entre le Ministre de la Guerre et les communes ou départements sont soumis aux règles ordinaires du droit commun. Il doit être établi un état des lieux qui reste annexé au dossier. L'intendance ou le service du génie, selon les cas, passent les actes nécessaires à cet effet.

Lorsqu'un immeuble militaire est devenu inutile aux besoins du service, remise en est faite à l'administration des Domaines, qui l'affecte à un autre service ou en provoque la vente.

Permissions

Les permissions sont accordées par les chefs de corps ou de service ; elles ne peuvent être supérieures à huit jours pour les officiers sans troupes, et de trente jours pour les militaires de tout grade. Au-delà de ce terme, c'est un congé que le Ministre ou, par délégation spéciale, le commandant du corps d'armée, peuvent seuls accorder.

Congés ordinaires

Les chefs de corps peuvent accorder des permissions ou des congés aux militaires placés sous leurs ordres sans que ceux-ci cessent de compter sous les drapeaux.

Les permissions délivrées par les chefs de corps ou de service ne peuvent excéder huit jours pour les officiers sans troupe, et trente jours pour les militaires de tout grade. Au-delà de cette limite, le Ministre seul ou le général commandant le corps d'armée, par délégation spéciale, peuvent accorder des congés de convalescence ou des congés à titre de soutien de famille. Les congés de convalescence sont accordés pour la durée d'un mois, trois mois, six mois, selon l'état de santé de l'intéressé.

Les congés accordés à titre de soutien de famille sont accordés par les corps (voyez soutiens de famille).

Congés de réforme

Il existe deux espèces de congés de réforme (n°s 1 et 2).

Le congé n° 1 est délivré lorsque la réforme est prononcée pour blessures reçues dans un service commandé, pour infirmités contractées dans les armées de terre ou de mer, ou enfin, pour infirmités existant avant l'incorporation, mais ayant ultérieurement acquis, en raison des fatigues du service, un développement entraînant l'incapacité de servir.

Le congé n° 2 est donné dans les cas où la réforme a été prononcée, soit pour blessures reçues hors du service, soit pour des infirmités contractées hors des armées de terre ou de mer, ou antérieures à l'incorporation.

Ces congés sont délivrés par les conseils d'administration du corps auxquels les hommes réformés appartiennent; ils sont visés par le sous-intendant, le général commandant la subdivision, et approuvés par le général commandant le corps d'armée.

Seul le congé n° 1 procure la dispense.

Gratification renouvelable

Le congé de réforme n° 1 entraîne presque toujours avec lui, mais non d'une manière absolue, la gratification renouvelable. Autrefois, les militaires titulaires d'une gratification renouvelable étaient astreints à faire constater leur état physique tous les deux ans.

La gratification leur était continuée, si la difficulté de se livrer au travail persistait. En cas d'aggravation des blessures ou infirmités, les militaires étaient admis à faire valoir leurs titres à la pension de retraite (décret du 20 août 1864).

D'après les nouvelles dispositions, adoptées simultanément par les Ministres de la Guerre et de la Marine, les titulaires de gratifications renouvelables sont admis à une pension de retraite après cinq ans de leur sortie de l'activité si leurs blessures ou infirmités se sont aggravées. Ils ne sont donc plus astreints à la visite bi-annuelle, mais seulement à une seule visite faite 5 ans après leur renvoi dans leurs foyers.

Les demandes de pensions sont adressées aux ministres compétents (Guerre ou Marine).

Le payement de la gratification, comme celui de la pension de retraite, viennent à cesser si le titulaire a transféré son domicile à l'étranger. Une seule exception est faite pour les Alsaciens-Lorrains qui se trouvent obligés d'habiter le territoire cédé à l'Allemagne.

Gratification temporaire

Une décision présidentielle,en date du 30 octobre 1852, attribue aux militaires de la gendarmerie réformés pour cause d'infirmités ou blessures provenant du service militaire, une gratification temporaire égale au deux tiers du minimum de la retraite de leur grade, et dont le paiement est répété pendant un nombre d'années égal à la moitié de la durée de leurs services ; à l'expiration de la gratification temporaire, ils peuvent être admis à recevoir une gratification renouvelable ou des secours éventuels.

Non-activité pour infirmités temporaires et réforme pour les officiers

Les officiers atteints d'infirmités peuvent être mis, soit en non-activité, soit en réforme (ordonnance du 2 juillet 1831, et loi sur l'état des officiers du 19 mai 1834, art. 11.)

Retraite

Ouvrent un droit à la pension de retraite, les blessures ou infirmités graves et incurables lorsqu'elles proviennent d'évènements de guerre ou d'accidents éprouvés dans un service commandé ou des fatigues ou dangers du service militaire. Ce droit est immédiat dans les cas de cécité, d'amputation ou de perte absolue de l'usage d'un ou de plusieurs membres (art. 12 et 13 de la loi du 11 avril 1831).

En ce qui concerne la mise en retraite des officiers, à partir du grade de Sous-Lieutenant à celui de Colonel.

Le décret du 10 août 1853 a arrêté les limites d'âge suivantes : pour les sous-lieutenants et lieutenants et grades correspondants du corps d'officiers d'administrations à 52 ans ; pour les capitaines et assimilés à 53 ans ; pour les chefs de bataillons et assimilés à 56 ans ; pour les lieutenants-colonels et assimilés à 58 ans ; et pour les colonels à 60 ans. Les officiers-généraux sont rayés par des dispositions spéciales notamment par la loi du 4 août 1839 aux termes de laquelle ils ne sont mis à la retraite que sur leur demande. Dans le cas contraire ils sont classés dans le cadre de réserve lorsqu'ils atteignent l'âge réglementaire.

Certificat de bonne conduite délivré par le corps

Tout homme qui, pendant la durée de son service militaire dans l'armée active, n'a encouru aucune punition touchant la probité, l'honneur, la moralité, et qui n'est pas signalé comme ayant tenu une inconduite habituelle, doit recevoir, avant son départ du corps, un certificat de bonne conduite, délivré par le conseil d'administration. Le ministre seul peut en prescrire le refus ; mais ces cas sont rares sinon impossibles,attendu que si le militaire est gradé,le refus du certificat ne pourrait que suivre la cassation ; dès lors l'intéressé ne se trouverait plus dans les conditions règlementaires pour l'obtenir.

Le certificat de bonne conduite n'est délivré qu'aux hommes qui ont un an et un jour de présence effective au corps.

Livret individuel

Tout homme renvoyé dans ses foyers après avoir accompli son temps de service dans l'armée active, reçoit du commandant de recrutement de la subdivision, par l'intermédiaire de la gendarmerie, un livret individuel sur lequel sont mentionnées les diverses obligations qui lui sont imposées, les dispositions légales, le corps auquel il est affecté, en un mot, toutes les indications au moyen desquelles il peut se rendre un compte exact de ce qu'il a à faire, en cas de mobilisation ou d'appel à l'activité. Chaque fois qu'il change de catégorie, c'est-à-dire qu'il passe de la réserve de l'armée active, dans l'armée territoriale et dans sa réserve, il doit faire parvenir son livret au commandant de recrutement par l'intermédiaire de la gendarmerie. Il se fait délivrer récépissé, et son livret lui est renvoyé annoté et complété ; la gendarmerie le lui restitue en échange du récépissé dont il est détenteur.

Musiques militaires accordées pour des cérémonies officielles ou fêtes de bienfaisance

Les demandes doivent être formulées par le maire de la commune où doit avoir lieu la fête, et adressées au général commandant le corps d'armée, par l'intermédiaire du Préfet qui donne son avis.

Militaires mis à la disposition des cultivateurs

Chaque année, à l'approche des moissons, sur la demande du Préfet, l'autorité militaire met à la disposition des cultivateurs un certain nombre de soldats. Les cultivateurs doivent, à cet effet, former une demande approuvée par le sous-préfet. Ils payent pour chaque soldat qu'ils occupent une indemnité de 1 fr 50 par jour. Les soldats reçoivent, en outre, la nourriture et des effets de travail.

Anciens militaires et veuves de militaires pourvus d'un emploi civil

La loi du 18 août 1881, qui a accordé un supplément de pension aux anciens militaires de tous grades, retraités sous l'empire des lois antérieures, *a décidé* que le paiement de ces pensions demeurerait suspendu pour tous les pensionnaires de toute catégorie pendant tout le temps qu'ils seraient pourvus d'emplois civils rétribués par l'État, les départements et les communes ou de débits de tabac.

Ceux qui auraient touché indûment, verraient prononcer la radiation de leur pension par application de l'article 15 de la loi du 15 mai 1818. Les Préfets adressent, à cet effet, un état nominatif au Ministre des Finances. Mais les intéressés sont tenus, sous leur responsabilité, de faire les déclarations nécessaires en vue de prévenir toute irrégularité.

Emplois civils réservés aux anciens militaires

L'article 7 de la loi spécifie que nul n'est admis dans une administration de l'État s'il ne justifie avoir satisfait aux obligations imposées par la dite loi. Ces obligations consistent à être inscrit sur les listes de recrutement, et s'être conséquemment soumis aux formalités réglementaires dont il faut justifier, soit par un certificat d'exemption délivré par le Préfet, si l'homme a été reconnu impropre au service armé, au service auxiliaire ou ajourné, ou dispensé à un titre quelconque par le conseil de révision, où si, ayant été reconnu bon, par la production de son congé de libération de service délivré par le corps.

Ces dispositions sont complétées par l'article 84, de la

même loi, aux termes duquel nul, à partir du 1er novembre de la troisième année qui suivra sa mise en vigueur, c'est-à-dire à partir du 1er novembre 1893, ne pourra être admis à exercer certains emplois salariés par l'Etat ou les départements si, n'ayant pas été déclaré impropre au service militaire à l'appel de sa classe, il ne compte au moins cinq années de service actif dans les armées de terre ou de mer, dont deux comme officier, sous-officier, caporal ou brigadier, ou si, avant la date ci-dessus mentionnée, il n'a été retraité ou reformé.

En écartant de certains emplois salariés par l'Etat ou les départements, les hommes qui ont accompli les obligations militaires dans les conditions déterminées par la loi elle-même, c'est-à-dire trois années de service effectif, le législateur a voulu, évidemment, encourager les rengagements volontaires en vue du recrutement des cadres de sous-officiers, en même temps qu'il assurait à ces derniers la facilité d'obtenir, à leur rentrée dans leurs foyers, un emploi en rapport avec leurs services et leurs aptitudes.

Un règlement d'administration publique qui devra être promulgué un an après la mise en vigueur de la loi du 15 juillet 1889, déterminera les emplois réservés à ces militaires, ainsi que les conditions qu'ils devront remplir à cet effet. Nous regrettons de ne pouvoir publier ce règlement par la simple raison que, au moment où nous publions ce traité il n'a pas encore été promulgué ; mais sans pouvoir énumérer dès maintenant la nature de ces divers emplois que le Ministre de la Guerre relatera, après s'être concerté avec ses collègues des divers ministères, dans son compte-rendu annuel aux Chambres, nous avons la conviction qu'on ne se départira pas des formalités ci-après :

Tout sous-officier, caporal ou brigadier qui désirera bénéficier de l'avantage que la loi lui accorde, devra, deux mois au moins avant l'expiration de son service actif, adresser une demande écrite à son chef de corps, spécifiant, par ordre de préférence, les emplois auxquels il aspire et les localités dans lesquelles il désire l'exercer. Il subit alors les examens réglementaires pour l'obtention de l'emploi sollicité et, s'il y satisfait, le Ministre de la Guerre le propose à son collègue du ministère compétent.

Offrandes nationales

La caisse des offrandes nationales, fondée par décret du

18 juin 1860, et reconnue établissement d'utilité publique, a pour but de venir en aide aux militaires des armées de terre et de mer qui, admis à la retraite pour blessures ou infirmités contractées en campagne, se trouvent dans une situation de fortune digne d'intérêt. Les femmes, enfants et ascendants de ces militaires jouissent de ces avantages.

La caisse des offrandes nationales a son siège à Paris ; elle est gérée par l'administration des dépôts et consignations, sous la direction, le contrôle et la surveillance d'un comité supérieur, présidé par le Ministre de la Guerre. Ce comité, qui est composé de 8 membres, est chargé de centraliser les offrandes, dons et legs des particuliers et des crédits inscrits au budget de l'Etat, et de les répartir entre les militaires, veuves et enfants ou ascendants de ces derniers.

Les ressources de la caisse peuvent être évaluées à environ 450,000 francs de rente. Les demandes de secours doivent être adressées, avec pièces justificatives à l'appui, directement à M. le Ministre de la Guerre.

Révision des cartes militaires. Devoir des fonctionnaires et maires

Les dispositions qui peuvent être prises par le Préfet en vue de faciliter les travaux des officiers chargés de réviser les cartes militaires consistent :

1° A autoriser les officiers à prêtrer et à stationner, avec tout le personnel placé sous leurs ordres, dans les propriétés closes ou non closes des communes ou des particuliers, pour procéder aux opérations et travaux nécessaires.

2° A inviter les maires a mettre leurs concours dévoué à ces officiers pour l'accomplissement de leur mission.

Les propriétaires ou locataires des terrains sur lesquels il sera nécessaire de pénétrer, devront respecter les piquets, jalons ou autres signaux sous peine de poursuites judiciaires.

Les indemnités qui pourraient êtres dues pour dommages causés, à défaut d'arrangement amiable, sont réglées conformément à la loi du 3 juillet 1877.

Revue annuelle des hommes laissés dans leurs foyers à titre de soutiens de famille ou classés dans le service auxiliaire.

Le Ministre de la Guerre, dans un intérêt d'ordre administratif militaire, impose annuellement, à l'époque de la réunion du conseil de révision, une revue dite d'appel, des hommes laissés dans leurs foyers à titre de soutiens de famille et de ceux qui ont été classés dans le service auxiliaire.

A cet effet, les Préfets, de concert avec les généraux commandant les corps d'armée, insèrent dans leur itinéraire du conseil de révision un avis, indiquant, très exactement, les classes convoquées et les jours et heures de la revue.

Sur ce simple avis, les soutiens de famille et les hommes du service auxiliaire des classes convoquées sont tenus de se présenter, munis de leurs livrets, au lieu indiqué, alors même qu'ils appartiendraient à une autre subdivision.

Cette revue a lieu, par conséquent, dans le canton même du lieu de la résidence ; ces hommes ne sont pas obligés, pour passer cette revue, de se rendre dans le canton ou la subdivision d'origine.

Devancement d'appel à l'activité

Le devancement d'appel ne peut avoir lieu qu'après le conseil de révision. Entre le tirage au sort et le conseil de révision les jeunes gens qui veulent prendre du service dans l'armée de terre ou de mer, sont tenus de contracter un engagement volontaire dans les formes ordinaires, de trois, quatre ou cinq ans. Ces jeunes gens sont alors classés par le conseil de révision sur les listes de recrutement cantonal comme engagés volontaires.

Une fois que le conseil de révision a prononcé sur un jeune conscrit, celui-ci ne peut plus faire choix du corps ; il est, sur sa demande, dirigé sur le corps auquel il a été affecté par le service du recrutement.

Ordre d'appel

L'ordre d'appel est établi et transmis aux destinataires par les soins du commandant de recrutement de la subdivision. Il doit contenir tous les renseignements nécessaires, nom, prénoms, classe, numéro du tirage, domicile etc. ; il est notifié, en France, par la gendarmerie et à l'étranger, par les consuls ou agents consulaires, sauf en Suisse où les autorités Helvétiques le notifient en vertu d'une convention diplomatique existant entre les deux pays (circ. du 10 juillet 1875).

Disponibles

Il faut entendre par disponibles, tous les engagés volontaires ou les appelés des classes qui, postérieurement à la date de leur engagement volontaire, ou à la décision du conseil de révision, ou après leur incorporation, ont été renvoyés ou maintenus dans leurs foyers. Il faut comprendre également dans cette catégorie, les élèves de l'école polytechnique et de l'école forestière, qui ayant satisfait aux examens de sortie des dites écoles ne sont pas entrés dans l'un des services militaires de l'armée ; les engagés *conditionnels d'un an* et les assimilés (1) qui ont satisfait aux examens prévus par l'art. 91 de la loi du 15 juillet 1889.

Mode de transport des disponibles et réservistes de l'armée active en cas de mobilisation

L'homme de la disponibilité et le réserviste de l'armée active sont admis, en cas de mobilisation, sur la présentation de leur livret individuel, au transport gratuit, par chemin de fer de la station où ils auront à prendre le chemin de fer, jusqu'à la première destination indiquée sur l'ordre de route annexé à leur livret individuel ; l'ordre de route leur servira de titre de voyage (déc. minist. du 6 février 1878). Les militaires voyageant dans ces conditions ne peuvent emporter avec eux que des bagages à la main. Cette prescription est formelle. Ces dispositions ne s'appliquent point aux hommes de l'armée territoriale ; ceux-ci auront à prendre des billets quand ils seront exceptionnellement autorisés à prendre les voies ferrées.

Frais de route

L'indemnité pour frais de route n'est due qu'aux disponibles, aux réservistes de l'armée active, aux hommes de l'armée territoriale qui auront à franchir plus de 24 kilomètres, tant sur les chemins de fer que sur les routes ordinaires, ainsi qu'aux jeunes soldats de la 1re et 2me portions du contingent appelés à l'activité.

Cette indemnité est fixée invariablement à 1 fr. 25, quel que soit le grade, à partir du jour du départ de la résidence légale jusqu'au jour inclus de l'arrivée au corps ou de l'embarquement pour l'Algérie.

---

(1) Voir assimilés.

La même indemnité de 1 fr. 25 est allouée à l'exclusion de la solde, du pain et de la viande, pour la journée de leur arrivée, aux disponibles, réservistes, ainsi qu'aux hommes de l'armée territoriale qui rejoignent leurs foyers ou qui, ayant à franchir une distance de 24 kilomètres et au-dessous, n'ont pas droit à l'indemnité de route ; elle est également acquise à tous les disponibles, réservistes et hommes de l'armée territoriale, même formés en détachements, à l'exclusion des prestations de solde, de pain et de viande, pour se rendre, du bureau de recrutement ou du chef-lieu de circonscription de réquisition, à leurs corps respectifs (*décret du* 18 *juillet* 1876).

Rapatriement des jeunes soldats appelés résidant à l'étranger

Tout jeune soldat se trouvant à l'étranger au moment de l'appel sous les drapeaux de la classe à laquelle il appartient doit, s'il est privé de moyens, se présenter au consul de France du lieu de sa résidence qui, par suite de mesures concertées entre les ministères de la Guerre et des Affaires étrangères, est tenu de le rapatrier *d'office* sur la simple présentation de l'ordre de route ou d'un certificat du maire de la commune où il a pris part au tirage constatant qu'il est appelé sous les drapeaux.

C'est à la famille ou au maire de la commune à qui il appartient de transmettre à l'intéressé l'une ce ces deux pièces (sol. minist. du 29 novemb. 1878, aff. étr.).

Jeunes soldats sous les drapeaux en vertu de la loi du 27 *juillet* 1872

Les jeunes soldats qui auront accompli trois ans de service dans l'armée active au moment de la mise en vigueur de la loi du 15 juillet 1889, c'est-à-dire au 1er janvier 1890, doivent être envoyés en congé dans leurs foyers pour être classés dans la réserve de l'armée active. Néanmoins, par mesure administrative, le Ministre peut les conserver sous les drapeaux dans les limites de l'art. 36 de la loi du 27 juillet 1872, c'est-à-dire jusqu'à concurrence de cinq ans.

Ceux de ces jeunes soldats qui appartiennent par leurs numéros de tirage à la deuxième partie du contingent sont envoyés dans leurs foyers après une année de service (art. 89).

Taille réglementaire

Infanterie		minimum.	1 m. 54
Cavalerie.	Cuirassiers	id.	1 70
Id.	Dragons	id.	1 64
Id.	Chasseurs d'Afrique et Hussards.		1 59

Périmètre thoracique nécessaire pour être admis dans l'armée active

Pour être admis à servir dans l'armée française, soit comme appelé, soit comme engagé volontaire, le sujet doit avoir un périmètre thoracique minimum de 78 centimètres.

La mensuration est faite immédiatement au-dessous de la saillie des muscles pectoraux, pendant l'intervalle de deux respirations normales, les bras tombants.

Cependant la mensuration de la circonférence de la poitrine peut ne pas être toujours un élément absolu d'appréciation de l'aptitude physique au service militaire, le périmètre thoracique variant avec la race, l'âge, la taille, les habitudes et la profession des individus. C'est au médecin militaire à formuler nettement son avis. Mais en thèse générale, l'homme doit être ajourné s'il n'a pas le périmètre thoracique de 78 centimètres.

Visite à l'arrivée au corps

Tout appelé, ou engagé volontaire est, à son arrivée au corps, soumis à la visite d'arrivée qui a lieu avant que l'homme ait été habillé et équipé réglementairement.

Si après cette visite il est reconnu impropre au service, l'homme reçoit un congé de réforme n° 2 et est aussitôt renvoyé dans ses foyers.

Afin d'éviter des frais à l'Etat et des ennuis aux particuliers, il est indispensable que les médecins chargés de visiter les hommes au moment du conseil de révision ou en vue d'engagements volontaires, se montrent sévères à tous égards et qu'ils ne reçoivent les hommes qu'en parfait état de faire un bon service actif.

L'ajournement prévu par la loi leur facilite le moyen de prévenir cet inconvénient.

Taxe militaire

La loi du 15 juillet 1889, en imposant le service militaire à tout citoyen valide a tenu à associer à l'entretien des défenseurs de la Patrie ceux qui, pour un motif quelconque, sont dispensés de cet honneur. Telle est, à notre avis, l'origine de la taxe militaire qui, d'ailleurs, est appliquée dans divers pays d'Europe. Elle se divise en deux catégories : taxe fixe et taxe proportionnelle.

La taxe fixe annuelle est de 6 fr. ; elle est établie à partir du 1er janvier qui suit la décision prise à l'égard de l'assujetti pour l'année entière ; elle cesse en cas d'appel à l'activité, mais elle est exigible pour tout mois commencé.

La taxe proportionnelle est égale au montant en principal de la cote personnelle et mobilière de l'assujetti, elle est par suite variable. Si celui-ci a encore ses ascendants du premier degré ou l'un d'eux, la cote est augmentée du quotient obtenu en divisant la cote personnelle et mobilière de celui de ces ascendants qui est le plus imposé à cette contribution, en principal, par le nombre des enfants vivants et les enfants représentés du dit ascendant. Au cas de non imposition des ascendants du premier degré, il est procédé de même sur la cote des ascendants du second degré, en tenant compte des enfants de l'ascendant de chaque degré.

Il n'est plus tenu compte de la cote des ascendants lorsque l'assujetti à atteint l'âge de trente ans révolus et qu'il a un domicile distinct de ses ascendants.

Les cotisations imposables sont celles portées aux rôles de la commune du domicile des contribuables. Elles sont déterminées sans égard aux prélèvements qui peuvent servir à les acquitter sur les produits de l'octroi.

Sont soumis à la taxe militaire :

1° Les exemptés du service militaire pour infirmités, moins ceux dont les infirmités ont été reconnues par le conseil de révision comme entraînant l'incapacité *absolue* du travail et annotés comme tels sur les listes de recrutement ;

2° Les ajournés à un ou deux ans pour faiblesse ou défaut de taille pendant toute la durée de l'ajournement ;

3° Tous les dispensés, art. 21, 22 et 23 de la loi, qui, après avoir accompli une année de service, sont renvoyés dans leurs foyers en congé en attendant leur passage dans la réserve de l'armée active.

Ces dispensés ne sont soumis à la taxe qu'à partir du 1er janvier qui suit leur renvoi ; elle cesse en cas de rappel à l'activité.

4° Les hommes classés dans le service auxiliaire par le conseil de révision.

5° Tous les hommes laissés ou renvoyés dans leurs foyers pour y attendre leur passage dans la réserve de l'armée active.

Sont seuls dispensés de la taxe :

1° Les hommes réformés ou admis à la retraite pour blessures reçues dans un service commandé,ou pour infirmités contractées dans les armées de terre ou de mer ;

2° Ceux dont l'indigence est dûment constatée ;

3° Les exemptés du service militaire, pour infirmités entraînant l'incapacité absolue du travail.

Le paiement de la taxe cesse par trois ans de présence éffective sous les drapeaux ou par suite d'inscription sur les registres matricules de l'inscription maritime, elle cesse également et difinitivement à partir du 1er janvier qui suit le passage de la classe de l'assujetti dans la réserve de l'armée territoriale.

La taxe est exigible dans la commune où le redevable a son domicile à la date du 1er janvier, elle est recouvrée et les demandes en remise ou en décharge sont introduites et jugées comme en matière de contributions directes.

Il est ajouté au montant de la taxe huit centimes par franc pour frais de rôles et de perception, cette disposition de la loi n'a pas d'effet rétroactif.

Par conséquent tout homme lié à l'armée, ou exempté, ou dispensé du service à un titre quelconque *avant le* 1er janvier 1890 est absolument dispensé de la taxe militaire.

Masse individuelle

Chaque homme, dès son arrivé au corps, est mis en possession d'une masse dite individuelle destinée à pourvoir à ses besoins d'équipement ou d'habillement.

Dans les quarante jours qui suivent sa libération définitive, il reçoit du conseil d'administration du corps où il servait, un mandat du montant de la somme restant à sa masse payable à vue chez le percepteur de son domicile. Le mandat revêtu au préalable du : Vu bon à payer du directeur général de la caisse des dépôts et consignations, ne saurait,après trois ans de date, être payé à moins d'une autorisation spéciale de celui-ci.

Si le militaire est décédé *après sa libération,* les héritiers ont droit à son fonds de masse. Ils produisent, à cet effet, directement au directeur général de la caisse des dépôts et consignations avec les pièces justificatives, un certificat conforme au modèle ci-après délivré par le maire et légalisé par le Sous-Préfet, s'il ne s'agit que d'une somme de 50 fr. et au dessous. Au-delà de 50 fr. le certificat du maire est remplacé par un acte de notoriété ou un certificat du juge de paix du canton rédigé sur papier timbré, enregistré et légalisé par le président du tribunal de première instance du ressort.

Si après le décès du militaire, il y a eu en France un inventaire fait par un notaire, ou si le défunt a fait un testament, l'acte de notoriété devra être rédigé par le notaire dépositaire de la minute de l'inventaire ou du testament.

Le fonds de masse des militaires décédés en activité de service reste acquis à la masse d'entretien général du corps. (Ord. du 10 mai 1844).

Il existe quatre sortes de masses :

1° La masse d'entretien régimentaire ;
2° La masse individuelle ;
3° La masse générale d'entretien ;
4° La masse d'entretien du harnachement et ferrage.

Fonds de masse des hommes de l'armée active passés dans l'armée territoriale.

Tout homme libéré définitivement du service actif est fondé à toucher son fonds de masse (circ. du 17 février 1874).

CAISSE DES DÉPOTS
et Consignations

(a) La signature du maire devra être légalisée par le Préfet du département ou par le Sous-Préfet de l'arrondissement. Les certificats rédigés par les maires du département de la Seine sont seuls exempts de cette légalisation.

(b) Enoncer les nom, prénoms et qualités du décédé.

(c) On indiquera ici si le décès du militaire a eu lieu dans un hôpital ou dans ses foyers, en France ou à l'étranger.

(d) Enoncer les noms, prénoms et qualités des héritiers et distinguer les majeurs des mineurs. S'il y a des mineurs, dénommer leurs tuteurs et indiquer le degré de parenté ainsi que la date de la délibération du conseil de famille, par laquelle le tuteur aura été nommé.

CERTIFICAT

à produire par les héritiers, pour les sommes de cinquante francs et au-dessous.

Je soussigné, maire de la commune d , arrondissement d , département d , certifie que le (b) , est décédé à (c) , le qu'il a laissé pour seul héritier (d) et que l dit sus-nommé seul a droit de toucher toutes les sommes qui peuvent revenir et appartenir à la succession dudit.

En foi de quoi j'ai délivré le présent certificat pour servir et valoir au sus-nommé, ce que de raison.

Fait à

Vu pour la légalisation de M. le maire de la commune d

A

Mariage des jeunes conscrits

La durée du service comptant pour les jeunes soldats des classes à partir du 1er novembre de l'année dans laquelle ils ont concouru au tirage au sort, il s'ensuit que, jusqu'au 31 octobre de la même année, ils peuvent contracter mariage, sans avoir à justifier d'aucune autorisation du commandement militaire.

En d'autres termes, tout homme reconnu bon par le conseil de révision, peut librement se marier jusqu'au 1er novembre. Les maires ne doivent, à partir de ce jour, procéder en aucun cas à la célébration du mariage des jeunes conscrits, reconnus bons pour le service par le conseil de révision, sans que ces derniers aient, au préalable, présenté une autorisation spéciale du général commandant le corps d'armée dans le ressort duquel ils sont domiciliés.

Mariage des hommes du service auxiliaire et de tous militaires rentrés dans leurs foyers après avoir accompli une année de service

Peuvent se marier sans aucune autorisation de l'autorité militaire, les hommes classés dans le service auxiliaire et les exemptés à titre définitif par le conseil de révision, et tous soldats,gradés ou non, renvoyés en congé dans leurs foyers pour y attendre jusqu'à leur passage dans la réserve de l'armée active. Cette faveur cesse s'ils sont rappelés sous les drapeaux pour une cause quelconque tant qu'ils sont présents au corps.

Par conséquent, les hommes qui, après avoir accompli une année de service actif, se trouvent régulièrement dans leurs foyers, à titre de dispensés, art. 21, 22 et 23 de la loi (aîné de veuve, orphelins, frères au service, membres de l'enseignement, soutiens de famille, etc.), peuvent contracter mariage librement et sans aucune autorisation pourvu qu'ils justifient de l'une de ces situations. Les maires sont tenus de procéder à la célébration du mariage.

Les hommes de la réserve et de l'armée territoriale n'ont besoin également d'aucune autorisation s'ils justifient qu'ils appartiennent à ces corps.

Mariage des sous-officiers de l'armée active

La circulaire ministérielle du 24 juillet et le décret du 1er août 1881 ont déterminé les conditions dans lesquelles les sous-officiers peuvent contracter mariage.

Les demandes, accompagnées de pièces à l'appui, sont adressées, par les intéressés et par la voie hiérarchique, aux conseils d'administration du corps auquel ils appartiennent qui statue définitivement.

Mariage des officiers en activité de service

Les demandes en mariage formées par des officiers en activité de service sont transmises au Ministre de la Guerre par la voie hiérarchique.

La circulaire ministérielle du 17 décembre 1843, complétée par les dispositions des arrêtés des 18 février et 14 avril 1875, donne la marche à suivre en pareil cas. Aux termes des instructions précitées, les déclarations d'apport de la future, devaient être faites pas acte notarié, en présence de l'officier futur époux. Cette disposition ayant donné lieu à de justes réclamations, le Ministre de la Guerre, après s'être concerté avec son collègue de la Justice, a décidé, le 14 juillet 1875, que l'officier pouvait ne pas prendre part à la passation de l'acte de déclaration d'apports. Dans ce cas, la future épouse et ses assistants, s'il y a lieu, doivent déclarer sur l'honneur, que les biens et valeurs énoncés demeureront affectés réellement à la constitution de sa dot, et n'ont été empruntés, ni en totalité, ni en partie en vue du mariage projeté.

Il n'est pas indispensable que la future constitue personnellement la dot réglementaire *qui est d'un minimum de 1,200 fr.*

Il ne doit pas être tenu compte, dans la composition de l'apport de la future, de la valeur attribuée aux effets, bijoux ou autres objets mobiliers composant son trousseau, ou qui pourraient lui être donnés à l'occasion de son mariage.

L'apport dotal ne peut être constitué ni en argent comptant, ni en valeurs au porteur.

Résidence de l'homme inscrit sur le registre matricule

(Voyez registre matricule)

Tout homme inscrit sur le registre matricule est astreint, s'il se déplace du lieu de son domicile légal, aux obligations suivantes :

1° S'il se déplace pour changer de résidence ou de domicile il doit, *dans le délai d'un mois,* faire viser son livret par la gendarmerie du lieu de sa nouvelle résidence ou domicile. Au départ, il n'a aucune formalité à accomplir ;

2° S'il se déplace pour voyager pendant plus d'un mois, il doit, avant son départ, faire viser son livret par la gendarmerie de sa résidence ;

3° S'il va se fixer en pays étranger, il doit, avant son départ, faire viser son livret par la gendarmerie, et dès son arrivée au lieu de destination, se présenter devant le consul ou l'agent consulaire français pour faire sa déclation de résidence.

Copie du récépissé délivré par l'agent consulaire doit être adressée par l'intéressé lui-même, dans le délai de 8 jours, au Ministre de la Guerre ou de la Marine. S'il se déplace à l'étranger, il doit accomplir les mêmes formalités auprès des agents consulaires. S'il retourne en France, il doit faire viser son livret, dès son arrivée, par la gendarmerie de sa résidence.

Changements de résidence des employés de l'Etat

Les employés de l'Etat ne sont pas tenus de faire eux-mêmes les déclarations de changement de résidence exigées par la loi et de faire viser personnellement leurs titres par la gendarmerie, lorsqu'ils reçoivent un ordre de départ exécutoire à bref délai. Ces formalités doivent être remplies par les soins des administrations auxquelles ils appartiennent. Dans tous les autres cas ils sont tenus de faire eux-mêmes ces déclarations (décision du 10 juillet 1875).

De l'électorat militaire

D'après le décret du 2 février 1852, la loi du 7 juillet 1874, la loi du 30 novembre 1875, et enfin la loi du 15 juillet 1889, art. 9, les militaires en activité de service et les hommes retenus pour le service des ports ou de la flotte, en vertu de leur immatriculation sur les rôles de l'inscription maritime, doivent être portés sur les listes électorales des communes où ils étaient domiciliés avant leur départ ; ce domicile, pour les jeunes gens liés à l'armée en vertu de l'appel, est celui du recrutement ; pour les engagés volontaires celui mentionné dans l'acte d'engagement.

L'absence de la commune résultant du service militaire ne porte donc aucune atteinte aux droits des militaires d'être inscrits sur les listes électorales.

Les commissions de révision des listes électorales commettraient un abus de pouvoir en ne les inscrivant pas ou en les radiant.

Droit de vote des militaires

Les militaires et assimilés de tous grades et de toutes armes de terre et de mer ne prennent part à aucun vote quand ils sont présents à leurs corps, à leur poste ou dans l'exercice de leurs fonctions. Toutefois, ceux qui, au moment de l'élection, se trouvent en résidence libre, en non activité ou en possession d'un congé régulier, peuvent voter dans la commune sur les listes de laquelle ils sont régulièrement inscrits.

Cette disposition s'applique également aux officiers et assimilés qui sont en disponibilité ou dans le cadre de réserve (art. 9 de la loi).

Par militaire en congé régulier, on doit entendre les militaires qui sont pourvus d'une autorisation régulière d'absence de *plus de trente jours*. Les autorisations d'absence de cette durée présentent seules, en effet, aux termes du décret du 27 novembre 1868, art. 2, les conditions d'un congé.

Il n'y a pas de distinction à faire, sous ce rapport, entre les militaires de la gendarmerie et les militaires des autres armes. Ni les uns ni les autres ne peuvent voter lorsqu'ils sont présents au corps.

Eligibilité

Les militaires et employés des armées de terre et de mer sont inéligibles à toute fonction élective pendant tout le temps qu'ils sont liés au service à un titre quelconque, même s'ils sont en disponibilité.

Une seule exception est faite en faveur des officiers placés dans la seconde section du cadre de l'état-major et des officiers qui sont maintenus après la limite d'âge, dans la première section, comme ayant commandé en chef devant l'ennemi.

Les uns et les autres sont éligibles à la Chambre des Députés et au Sénat. Il en est de même pour tout militaire qui, ayant demandé sa retraite, est envoyé dans ses foyers en attendant la liquidation de sa pension.

Les militaires de la réserve de l'armée active et de l'armée territoriale, quels que soient leurs grades ou emplois, sont éligibles aux fonctions électives.

Compagnies disciplinaires

Les compagnies de discipline tiennent garnison en Algérie ou dans les colonies ; elles sont au nombre de 5, dont 4 de fusiliers et une de pionniers. Sont dirigés sur ces compagnies les hommes qui, après manquement graves à la discipline ont subi des peines régimentaires, et ont été considérés par le conseil de discipline du régiment, présidé par le colonel, comme incorrigibles.

Déserteurs

Tout homme qui quitte son corps,ou qui, après l'expiration d'un congé ou d'une permission, ne le rejoint pas dans les délais déterminés par les articles 231 à 243 du code de justice militaire, est déclaré déserteur.

La désertion a lieu à l'étranger ou à l'intérieur, en temps de paix ou en temps de guerre. Les peines varient selon les cas et les circonstances. Le seul fait de franchir le territoire français sans autorisation peut constituer l'état de désertion.

Les déserteurs de même que les insoumis sont recherchés par la gendarmerie et leurs noms sont affichés, en temps de guerre, dans toutes les communes de France. (Pour les recherches et primes voyez insoumis.)

Insoumis

Tout homme qui, après avoir tiré au sort et avoir été compris sur les listes de recrutement, n'a pas rejoint son corps au jour fixé par l'ordre d'appel est considéré comme insoumis, après un délai d'un mois, en temps de paix, et deux jours en temps de guerre. Il est de ce fait, sauf le cas de force majeure constaté, puni d'un emprisonnement d'un mois en temps de paix et de deux à cinq ans en temps de guerre, à l'expiration de sa peine il est dirigé sur une compagnie de discipline.

Délais pour être déclaré insoumis

Les délais varient selon les pays dans lesquels résident les hommes invités à rejoindre leurs corps.

Pour les jeunes conscrits, il est de deux mois pour l'Algérie, la Tunisie et en Europe. De six mois s'ils résident dans tout autre pays. Ils sont tenus à leur arrivée au corps de justifier,par documents authentiques délivrés soit par les autorités françaises en Algérie, soit par nos consuls ou agents consulaires à l'étranger, de la date de réception de l'ordre d'appel et de leur départ du lieu de leur résidence. Ceux dont la résidence à l'étranger,est régulièrement établie peuvent, dans certains cas, par l'intervention du consul ou agent consulaire, bénéficier d'une prolongation de délais.

Le temps passé en état d'insoumission ne rentre pas en compte dans la durée des années de service à accomplir.

Les noms des insoumis sont affichés dans toutes les communes de France.

Recherches des insoumis

Lorsque l'état d'insoumission est établi, après l'expiration des délais indiqués au paragraphe précédent, les commandants de recrutement adressent à la gendarmerie des feuilles signalitiques de recherches ; ils font de même envers les autorités civiles qui font rechercher et afficher dans les communes les noms des insoumis. En cas de découverte, ils sont arrêtés et mis à la disposition de l'autorité militaire qui les dirigent sur la ville où siège le conseil de guerre du corps d'armée de la région dont ils dépendent.

Prime pour arrestation d'insoumis ou de déserteurs. Pièces justificatives.

Une prime de 25 francs est accordée à tout agent de la sûreté publique qui a procédé à l'arrestation d'un insoumis ou d'un déserteur de l'armée.

Cette prime est payée par les soins du sous-intendant militaire. Il faut, à cet effet, produire en triple expédition les pièces justificatives ci-après :

1° Procès-verbal d'arrestation ;

2° Etat signalitique des capteurs ;

3° Mémoire des frais de capture, dont une expédition sur timbre (décret du 12 janvier 1811.)

Amnistie

L'aministie fait toujours l'objet d'une loi qui détermine les conditions dans lesquelles elle est accordée aux militaires condamnés pour désertion, insoumission. Cet acte politique a pour effet d'effacer complètement et de mettre en oubli les condamnations auxquelles il s'applique.

Les militaires frappés, pendant leur séjour sous les drapeaux, d'une peine entraînant l'exclusion des rangs de l'armée, sont généralement dispensés du temps de service qu'ils n'ont pas accompli. Ils sont après avoir été réintégrés sur les contrôles des corps où ils servaient au moment de la condamnation, replacés dans la situation où ils se trouvaient, s'ils n'avaient pas été condamnés. (1)

(1) Les exclus de l'armée restent à la disposition du ministre de la marine et des colonies jusqu'à la libération définitive de leur classe.

Quant aux hommes qui, à l'époque de la condamnation, n'avaient pas encore satisfait à leurs obligations militaires et qui, depuis cette époque, se considérant comme exclus des rangs de l'armée, n'ont ni provoqué eux-mêmes, ni fait provoquer par leur famille leur inscription sur les tableaux de recensement, ils sont inscrits, sur leur demande ou d'office, sur une liste spéciale soumise par les Préfets au conseil de révision de la première classe appelée, s'ils n'ont pas encore, bien entendu, dépassé l'âge déterminé par la loi, c'est-à-dire 45 ans.

La loi d'amnistie, comme nous l'indiquons plus haut, détermine les conditions dans lesquelles elle est accordée. Les amnistiés, en thèse générale, déserteurs de l'armée, inscrits insoumis, déserteurs des navires de commerce, doivent se présenter devant l'une des autorités maritimes ou consulaires voisines du lieu où ils se trouvent, à l'effet de formuler leur déclaration de repentir avant l'expiration des délais qui sont de trois mois pour ceux qui se trouvent dans l'intérieur de la France et en Corse ;

Six mois pour ceux qui sont hors du territoire français, mais en Europe ou en Algérie ;

Un an pour ceux qui sont hors du territoire d'Europe ;

Et dix-huit mois pour ceux qui sont au delà du Cap de Bonne-Espérance ou du Cap Horn.

Les déserteurs, à leur retour de France, à moins d'être reconnus impropres au service actif, sont tenus, d'accomplir le temps de service qu'ils avaient à faire au moment où ils ont manqué à l'appel, à moins qu'ils n'aient dépassé l'âge de 45 ans, auquel cas ils ne sont plus tenus à aucune obligation militaire.

Nationalité

La question de nationalité en matière de recrutement qui, sous l'empire de l'ancienne législation donnait lieu, au moment de la formation des tableaux de recensement, à des difficultés, se trouve, par suite de la nouvelle loi sur le recrutement de l'armée, de la loi du 26 juin 1889 [1] et

(1) Loi du 26 juin 1889. Art. 8. — Tout français jouira des droits civils.

Sont français :

1° Tout individu né d'un français en France ou à l'étranger. L'enfant naturel dont la filiation est établie pendant la minorité, par reconnaissance ou par jugement, suit la nationalité de celui le décret d'administration publique du 13 août suivant, pour l'exécution de cette loi, considérablement simplifiée. Nous avons traité, dans le titre premier de ce traité, les divers cas particuliers, pour les inscriptions sur les tableaux de recensement, nous nous bornons donc à bien établir ce principe :

1° Que tout individu né en France doit être inscrit à sa majorité, telle qu'elle est fixée par la loi française, sur les tableaux de recensement du lieu de son domicile sauf à l'intéressé à revendiquer sa nationalité d'origine, au moment du tirage au sort ou du conseil de révision ;

2° S'il ne réclame pas à ces deux époques, le tirage au sort équivaut pour lui à la déclaration prévue par l'art. 9 du Code civil, c'est-à-dire qu'il devient définitivement français.

3° S'il se fait rayer, comme étranger, il est déchu de ses droits.

Antérieurement à la loi du 15 juillet 1889, les maires devaient s'abstenir d'inscrire sur leurs tableaux les jeunes gens dont la nationalité leur paraissait douteuse ; ils devaient seulement en aviser le Préfet et attendre ses instructions.

Les jeunes gens de parents étrangers n'étaient inscrits que dans l'année qui suivait leur majorité et seulement après qu'ils avaient souscrit devant le maire de leur résidence, la déclaration prescrite par l'art. 9 du code civil.

Rien de tout cela ne doit avoir lieu désormais, et le maire est tenu d'inscrire sur ses tableaux tout individu

---

des parents à l'égard duquel la preuve a d'abord été faite. Si elle résulte pour le père ou la mère au même acte ou au même jugement, l'enfant suivra la nationalité du père ;

2° Tout individu né en France de parents inconnus ou dont la nationalité est inconnue ;

3° Tout individu né en France d'un étranger qui lui-même y est né ;

4° Tout individu né en France d'un étranger et qui, à l'époque de sa majorité, est domicilié en France, à moins que, dans l'année qui suit sa majorité, telle qu'elle est réglée par la loi française, il n'ait décliné la qualité de français et prouvé qu'il a conservé la nationalité de ses parents par une attestation en due forme de son gouvernement, laquelle demeurera annexée à la déclaration et qu'il n'ait en outre produit, s'il y a lieu, un certificat constatant qu'il a répondu à l'appel sous les drapeaux, conformément à la loi militaire de son pays, sauf les exceptions prévues aux traités.

fils étranger domicilié dans sa commune, qu'il saura être né en France et avoir l'âge de 21 ans révolus, au moment de la formation de ces tableaux.

Lorsque la question de nationalité paraîtra douteuse ou devoir motiver de la part de l'inscrit, une réclamation d'extranéité, le maire devra relater sur son tableau, à la colonne d'observations, les réclamations qui pourraient lui être présentées à cet égard ; de même qu'il devra, par mesure d'ordre et pour éviter des doubles inscriptions, aviser de l'inscription son collègue du lieu de naissance. D'ailleurs, c'est à l'intéressé à justifier, par documents authentiques, de son extranéité.

Le maire doit également inscrire sur les tableaux de recensement les individus âgés de moins de trente ans, devenus français par voie de naturalisation, réintégration ou déclaration faites conformément aux lois françaises.

Ces individus échappaient, avant la promulgation de la loi du 15 juillet 1889, à toute obligation militaire, et n'étaient inscrits sur les listes du recrutement que sur leur demande expresse. Ils ne sont assujetis qu'aux obligations de service de la classe à laquelle ils appartiennent par leur âge, c'est-à-dire, qu'un étranger devenu français par voie de naturalisation, réintégration, etc., à l'âge de 29 ans, n'aura à accomplir qu'une année de service actif et passera, à l'expiration de l'année, dans l'armée territoriale. S'il n'était âgé que de 27 ans, par exemple, il aurait les chances et les obligations des hommes de sa classe. Dès qu'il aurait atteint l'âge de trente ans, il passerait dans l'armée territoriale.

Les dispositions qui précèdent sont applicables également aux individus résidant en France et nés en pays étranger, soit d'un étranger qui depuis lors a été naturalisé français, soit d'un français ayant perdu la qualité de français, mais qui l'a recouvrée ultérieurement, *si ces individus étaient mineurs* lorsque leurs parents ont acquis ou recouvré la nationalité française.

Nous ajoutons, en ce qui concerne l'ancien comté de Nice et les départements de la Savoie et de la Haute-Savoie, qu'en thèse générale, sont devenus français les individus qui, nés dans les anciens Etats sardes ou originaires de ces Etats, résidaient, soit dans l'ancien comté de Nice, soit dans l'un des deux départements de la Savoie au moment de la ratification du traité d'annexion du 24 mars 1860, et cela malgré que ces individus aient fait la déclaration de conserver leur nationalité d'origine, s'ils n'ont pas, dans l'année qui a suivi le traité, transféré de fait leur domicile en Italie. Les fils de ces individus doivent être inscrits sur les tableaux de recensement de la classe à laquelle ils appartiennent par leur âge, sauf aux intéressés à se pourvoir devant les tribunaux civils qui, seuls, sont compétents pour trancher les questions d'état.

Enfin la loi du 26 juin 1889 et le décret du 16 août suivant portant règlement d'administration publique pour l'exécution de cette loi, ont modifié l'ancien mode de procéder pour les déclarations à faire en vue de réclamer la qualité de français : ces déclarations étaient autrefois souscrites devant le maire ; c'est le juge de paix du canton du domicile du réclamant qui doit maintenant les recevoir. Notre cadre ne nous permettant pas de nous étendre sur une question aussi importante que complexe, nous nous bornons à donner un modèle de la déclaration qu'ont à souscrire les parents des jeunes gens qui désirent servir dans l'armée française par voie d'appel ou d'engagement volontaire.

D'ailleurs, les individus nés en France, mais n'y résidant pas à l'époque de leur majorité, peuvent également acquérir la qualité de français, jusqu'à l'âge de 22 ans accomplis, à la condition de faire leur soumission et d'établir leur domicile en France dans l'année à compter de l'acte de soumission. La déclaration de soumission doit être transmise au Ministre de la Justice. Ces individus sont soumis ensuite aux obligations militaires.

La même faculté est accordée sans limite d'âge à tout individu né en France ou à l'étranger de parents dont l'un a perdu la qualité de français.

DÉCLARATION

en vue de renoncer à se prévaloir de la qualité d'étranger faite au nom du mineur par son représentant légal

(Application des art. 12 § 3, et 18 du code civil)

L'an et le du mois de par devant nous juge de paix du canton de arrondissement d département d s'est présenté le sieur (*nom et prénoms*) né le à (*profession, domicile*), lequel a déclaré que son fils (*nom, prénoms, date et lieu de naissance, domicile*) désirant contracter un engagement volontaire dans l'armée française (*ou entrer dans une des écoles du gouvernement ou fixer, bien que mineur, sa nationalité*), il renonçait, au nom de celui-ci, au droit que lui confère l'art. 12 (ou 18) du Code civil de décliner la nationalité française dans l'année de sa majorité afin d'établir définitivement sa qualité de français.

A l'appui de sa déclaration le sieur nous a remis :

1° L'acte de naissance de son fils ; (A)

2° Son acte de naissance ou de mariage ;

3° L'ampliation du décret d'où résulte pour lui la qualité de Français ;

Pièces qui seront annexées à la déclaration qui doit être adressée au Ministre de la Justice.

ÉTAIENT PRÉSENTS :

Le sieur (*nom, prénoms*) agé de profession de demeurant à
et le sieur (mêmes indications)

Lesquels nous ont attesté l'individualité du comparant, ont déclaré que ce qui précède est à leur connaissance personnelle et ont signé avec le déclarant et nous, juge de paix, après lecture faite.

(A) Les pièces en langue étrangère devront être accompagnées de leur traduction.

Hôpitaux militaires

Les règlements militaires ne prévoient, en principe, qu'un seul hôpital par corps d'armée. Dans la pratique, dans presque toutes les villes pourvues d'une garnison, si peu importante qu'elle soit, il est affecté dans les hôpitaux civils, des locaux spéciaux pour le traitement des militaires ; ces locaux sont loués par les villes, si celles-ci ne les concèdent à titre gratuit à la direction du service de santé du corps d'armée ou à l'administration. Les malades y sont soignés par des médecins militaires.

Militaires aux eaux thermales

En vue du traitement de militaires malades ou d'anciens militaires blessés ou ayant contracté des infirmités à l'armée, l'Etat a institué dans les stations thermales importantes, telles que : Amélie-les-Bains, Vichy, Bourbonne, Barèges, etc., des établissements hospitaliers militaires. Dans les stations moins importantes, l'Etat a passé des conventions avec les établissements civils pour qu'un nombre déterminé de malades puissent y être soignés chaque année.

La liste des hommes désignés pour être envoyés aux eaux thermales est arrêtée par corps d'armée sur la présentation des médecins des hôpitaux militaires et après contre-visite.

Les officiers supérieurs ne sont admis dans ces établissements qu'en vertu d'une décision du Ministre de la Guerre, tandis que les officiers subalternes, sous-officiers, caporaux et soldats, l'admission a lieu sur le vu de la décision du corps d'armée.

Admission aux invalides

L'admission aux invalides est accordée aux militaires qui sont en possession d'une pension de retraite et qui remplissent, en outre, l'une des conditions suivantes :

1° Etre amputé ou aveugle ;

2° Etre pensionné pour ancienneté de service et âgé de soixante ans révolus ;

3° Etre atteint d'infirmités équivalentes à la perte absolue de l'usage d'un membre au moins, ou avoir soixante-dix ans accomplis.

La même disposition est applicable aux officiers jouissant, en vertu de la loi du 19 mai 1834, d'une pension de réforme pourvu, toutefois, qu'ils n'aient pas été écartés de l'armée par mesure de discipline.

Décès des militaires en activité de service

Les décès des militaires en activité de service sont constatés comme pour les autres citoyens, et dans les mêmes formes, à l'exception, que l'officier de l'état-civil est tenu d'envoyer au Ministre de la Guerre copie de l'acte de décès.

Les scellés doivent être apposés sur les papiers de tous les officiers généraux ou supérieurs et assimilés, conformément aux prescriptions de l'arrêté du 13 nivose, an X, et le Ministre a la faculté de reprendre non-seulement tout ce qui est réputé appartenir à l'Etat, mais plus encore, tout ce qui pourrait intéresser l'Etat à un titre quelconque. L'instruction du 13 février 1848 trace la ligne à suivre, en pareil cas, aussi bien pour la levée des scellés que pour la réclamation des papiers ou objets réputés appartenir à l'Etat.

Décès des légionnaires

Au commencement de chaque trimestre, les maires sont tenus de fournir au Préfet deux états nominatifs des légionnaires décédés pendant le trimestre écoulé, savoir :

1° Etat des décorés de la légion-d'honneur ;

2° Etat des médaillés de la légion-d'honneur.

De son côté le Préfet dresse un état récapitulatif qu'il transmet aussitôt au grand chancelier de la légion-d'honneur. Il adresse, en outre, au Ministre de l'Intérieur un état récapitulatif comprenant seulement les légionnaires *civils* décédés dans le courant du semestre écoulé.

Décès des hommes de 20 à 45 ans

Les Maires sont tenus d'adresser au commandant du bureau de recrutement subdivisionnaire avis du décès de tout homme âgé de 20 à 45 ans. Cet avis devra contenir très exactement les nom, prénoms, filiation, acte de naissance, etc.

De son côté le commandant de recrutement assurera la radiation du registre matricule.

(Format : 22 centimètres sur 16.)

DÉPARTEMENT
d
—
ARRONDISSEMENT
d
—
CANTON
d

Exécution de la circulaire ministérielle du 20 mars 1877 (ministère de l'Intérieur).

(1) Subdivision de recrutement dont dépend la commune dans laquelle a eu lieu le décès.

(2) Nom, prénoms, surnoms.

(3) Date en toutes lettres.

(4) Le maire ne remplira cette partie du bulletin que lorsque les renseignements seront portés à sa connaissance, sans qu'il soit tenu à aucune recherche.

(5) Armée active (régiments) — réserve (corps d'affectation) — armée territoriale (régiment).

MAIRIE d

AVIS DE DÉCÈS

A FOURNIR PAR LE MAIRE

POUR TOUT INDIVIDU AGÉ DE 20 A 45 ANS

Le Maire de la commune d , canton d , département d , a l'honneur d'informer M. le Commandant du bureau de recrutement de la subdivision d (1) que le nommé (2) né le , à , canton d , département d , est décédé le (3) dans la dite commune, ainsi qu'il résulte de l'acte dressé aujourd'hui même en notre mairie.

RENSEIGNEMENTS COMPLÉMENTAIRES (4)

A concouru au tirage au sort dans le canton d , département d (classe de 18),

Faisant partie de l'armée (5)

A , le 18 .

Le Maire,

(Cachet)

Du testament des militaires

Les articles 981, 984, 998 et 1001 du code civil règlent les conditions particulières des testaments des militaires décédés en activité de service, ainsi que les formes spéciales de ces testaments qui, sauf le fond, restent soumis aux prescriptions du code civil. C'est seulement lorsque les militaires se trouvent hors du territoire français en expédition militaire qu'ils peuvent tester dans des conditions autres que celles imposées à tout citoyen par le code civil. A l'intérieur, le militaire ne jouit de ce privilège que tout autant qu'il se trouve dans une place forte ou ville assiégée.

L'officier démissionnaire ou le soldat congédié, dès qu'il est congédié, ne peut plus tester militairement.

Le testament militaire est reçu par tout officier général ou supérieur, en présence de deux témoins, ou par deux fonctionnaires de l'intendance militaire, ou encore par un seul de ces fonctionnaires en présence de deux témoins. Enfin, si le militaire est malade ou blessé, 'lofficier de santé en chef, assisté du commandant militaire, chargé de la direction et de la police de l'ambulance, peut recevoir le testament ; l'inexécution de ces conditions rend le testament nul.

Tout militaire conserve le droit de faire son testament olographe dans les formes ordinaires prescrites par le code civil.

TITRE III

—

Chapitre Premier

—

CORPS ANNEXES DE L'ARMÉE

Mobilisation. — Justice militaire

—

GENDARMERIE

Le corps de la gendarmerie qui fait partie intégrante de l'armée et qui, en cette qualité, est placé sous les ordres du ministre de la guerre, se rattache également aux ministres de la marine, de l'intérieur et de la justice.

Il est le gardien né de l'ordre public, de la sûreté de l'Etat, tout en contribuant puissamment au recrutement de l'armée, et à l'application des lois militaires dont il a pour ainsi dire la sauvegarde.

Nous résumerons succinctement son rôle dans l'exécution des mesures prises sur toute l'étendue du territoire touchant le recrutement de l'armée, l'appel des réservistes, de l'armée territoriale, dans la recherche des déserteurs et des insoumis et, enfin, dans ses rapports directs avec les autorités civiles et militaires.

En ce qui concerne le recrutement de l'armée, la gendarmerie seconde activement les autorités préfectorales et municipales ; elle est chargée des enquêtes sur les conscrits qui allèguent des infirmités pouvant être simulées, elle assiste au tirage, au conseil de révision pour le maintien du bon ordre, etc.

L'appel des réservistes et des hommes de l'armée territoriale s'effectue toujours par l'intermédiaire et avec concours direct de la gendarmerie qui notifie les ordres individuels, informe le recrutement par des rapports détaillés, en même temps qu'elle renseigne, guide de ses conseils les hommes appelés qui, la plupart du temps, ignorent les obligations que la loi leur impose.

C'est encore à la gendarmerie que l'autorité militaire s'adresse pour la recherche et l'arrestation des déserteurs et des insoumis, et que toutes les mesures et dispositions prises à l'égard des réfractaires sont exécutées. S'agit-il des hommes déjà incorporés et pour lesquels les familles sollicitent des congés à un titre quelconque! La gendarmerie intervient, reçoit les pièces produites à cet effet, par ces dernières, et les transmet avec ces renseignements particuliers au corps auquel l'homme appartient.

S'agit-il, en un mot, de toute question touchant l'ordre public, l'exécution des lois, l'autorité civile comme l'autorité militaire ont recours à la gendarmerie, toujours prête à se multiplier dans l'intérêt de l'Etat.

Le corps de la gendarmerie est recruté parmi les hommes en activité de service,ou appartenant à la réserve,ou d'anciens militaires justifiant des conditions d'âge et de bons services dans l'armée active. Il prend rang, dans toutes les circonstances, à la droite des troupes.

En campagne, lorsque l'armée envahit le territoire ennemi, le commandant supérieur de la gendarmerie prend le titre de grand prévôt,et le commandant celui de prévôt.

La gendarmerie remplit à l'armée des fonctions analogues à celles qu'elle exerce à l'intérieur: constatation des délits, procès-verbaux, poursuites et arrestation des coupables, police, maintien de l'ordre, etc.

Les officiers et sous-officiers de l'armée sont tenus d'obtempérer aux réquisitions de la gendarmerie.

Le corps de gendarmerie comprend : 1° 31 légions pour les départements et l'Algérie ; 2° la gendarmerie coloniale ; 3° la garde républicaine, spécialement chargée de la surveillance de Paris ; 4° une légion de gendarmerie mobile.

L'organisation de la gendarmerie comporte des enfants de troupe dont l'admission fait l'objet de décisions spéciales du ministre dans les proportions ci-après :

Effectif des compagnies	dépassant 300 hommes	8	enfants de troupe.
id.	de 270 à 300	7	id.
id.	de 230 à 270	6	id.
id.	de 170 à 230	5	id.
Au-dessous	de 170	4	id.

Conditions d'admission dans la gendarmerie

Pour être admis à servir dans la gendarmerie il faut :

1° être âgé de 25 ans au moins et 40 ans au plus (les anciens gendarmes peuvent seuls être réadmis jusqu'à l'âge de 45 ans.) Toutefois nul ne peut être admis, s'il est trop âgé pour pouvoir compléter à 60 ans le temps de service exigé pour la retraite;

2° Avoir au moins la taille de 1m 66;

3° Avoir servi *activement* sous les drapeaux pendant 3 ans au moins;

4° Savoir lire et écrire correctement;

5° Justifier, par attestations légales, d'une bonne conduite soutenue.

DOUANES

Organisation militaire

Un des puissants auxiliaires de l'armée, en cas de guerre, est, sans contredit, le service des Douanes, qui, par sa connaissance des communications frontières, par son contact permanent avec les pays limitrophes, et par les relations internationales qu'il pratique, est plus à même que tout autre service de seconder l'armée dans ses marches et manœuvres offensives et défensives.

A ce titre nous croyons utile de donner un aperçu succinct de son organisation militaire qui, réglée primitivement par le décret du 2 avril 1875, l'a été définitivement par le décret du 22 septembre 1882. En temps de paix, la réserve des douanes ressort du Ministère des Finances; en temps de guerre, il passe sous les ordres du Ministre de la Guerre, dès que l'ordre de mobilisation de l'armée est donné.

La composition des bataillons, compagnies et sections est alors arrêtée par le Ministre de la Guerre de concert avec son collègue des Finances.

L'organisation de guerre comprend la constitution de bataillons, compagnies et sections, et l'indication du lieu de leur rassemblement en cas d'envahissement par l'ennemi, de la région sur laquelle s'exerce leur service de paix.

Le personnel est partagé en deux catégories : la première comprend les préposés stationnés à proximité des places et des ouvrages fortifiés ; elle est constituée en *compagnies et sections de forteresse* affectées à la défense des places et des forts.

La deuxième, qui s'étend à tout le personnel valide non rangé dans la première catégorie, est constituée en *sections, compagnies et bataillons actifs* appelés à seconder, dans la région de leur service de paix, les opérations des armées actives.

En temps de paix, les compagnies et sections de forteresse relèvent des commandats de bataillon dans la circonscription desquels elles se trouvent.

Les bataillons sont numérotés dans l'ordre ci-après : Nord, Est, Sud, Ouest. Dans chaque bataillon, les compagnies sont numérotées de la droite à la gauche, en faisant face à la frontière.

Les unités de forteresse sont désignées par les noms des ouvrages ou des places auxquelles elles sont affectées.

L'état-major de chaque bataillon se compose : d'un chef de bataillon et d'un adjudant-major (capitaine ou lieutenant), qui peut être pris parmi les officiers de l'armée active, de la réserve ou de l'armée territoriale ; le petit état-major comprend seulement un sergent vaguemestre.

Les officiers sont nommés par le chef de l'Etat sur la présentation du Ministre de la Guerre et d'après les propositions du Ministre des Finances.

Les directeurs nomment les sergents-majors, fourriers, sergents, caporaux, clairons, tambours, ainsi que le sergent vaguemestre du bataillon. Ils notifient ces nominations au chef de bataillon et au capitaine de la compagnie.

Les grades sont assimilés à ceux de l'armée et jouissent, à dater du jour de l'appel à l'activité, des mêmes prérogatives, honneurs, récompenses, etc. Ils continuent à jouir de leur traitement civil, moins les indemnités de résidence et de tournée.

Sous le rapport des pensions pour infirmités et blessures, et des pensions des veuves, ils jouissent également des mêmes droits attribués aux militaires de même grade de l'armée active.

Uniforme

Le département des finances continue à assurer l'habillement et le petit équipement des préposés.

L'armement est fourni par le Ministère de la Guerre, ainsi que les divers objets de campement.

Contrôles de guerre des douanes

Chaque directeur doit tenir les commandants de bureaux de recrutement au courant de toutes les mutations concernant les hommes qui figurent ou qui seraient admis ultérieurement dans les compagnies de sa direction.

De leur côté, les commandants de recrutement sont tenus de n'affecter ces hommes à aucun corps de l'armée active ou territoriale, tant qu'ils restent dans le service actif des douanes.

Mode de recrutement du service des douanes (Bureaux)

Tout sujet qui se destine à la carrière des bureaux doit débuter par un surnumérariat (circ. du 9 septembre 1824).

Les candidats au surnumérariat sont soumis à un examen préalable ; ils doivent être *âgés de* 18 *ans au moins et* 25 *ans au plus.*

Le programme des examens est arrêté par le Ministre des Finances sur la proposition du directeur général.

Les demandes d'admission au concours doivent être adressées au directeur, accompagnées :

1° De l'acte de naissance ;

2° D'un certificat attestant qu'il jouit de sa qualité de français ;

3° D'une déclaration attestant qu'il possède, personellement ou par sa famille, les ressources nécessaires pour assurer son existence pendant la durée du surnumérariat;

4° D'un certificat constatant qu'il a l'instruction et l'aptitude requises. Cette dernière justification s'établit au moyen d'un examen devant un comité spécial ;

5° De l'extrait du casier judiciaire ;

6° D'un certificat constatant qu'il n'est atteint d'aucune infirmité ou difformité physique de nature à le faire exempter du service militaire actif.

Tout candidat qui, ayant déjà subi le tirage au sort, a été exempté ou classé dans le service auxiliaire ne peut pas entrer dans le service actif des douanes ; s'il en fait déjà partie, il doit être licencié.

Comité d'examen des postulants au surnumérariat

Le comité se compose : à l'administration centrale, d'un administrateur, de trois chefs de bureau et d'un sous-chef.

Au chef-lieu de chaque direction, du directeur, d'un inspecteur, d'un receveur principal, d'un sous-inspecteur et d'un premier commis des bureaux de la direction.

La présence de trois membres suffit pour que le comité puisse procéder à ses opérations. La présidence appartient à l'employé le plus élevé en grade parmi ceux qui sont présents.

Epoque de la réunion du comité d'examen

C'est le directeur général qui détermine chaque année les époques de ces réunions (ar. min. du 24 déc. 1845). La première condition d'admission à l'examen est, pour tout candidat au surnumérariat, celle de se rendre, s'il est reçu, dans n'importe quelle direction où l'administration jugera devoir lui faire faire son stage. Il ne peut y avoir d'exception qu'en faveur des fils d'employés et pour des motifs spéciaux.

Programme d'examen

Il est restreint et sans complications ; les questions posées sont courtes et de facile solution. Les épreuves peuvent se faire séance tenante et sans interruption. La séance est ouverte à huit heures du matin et close à quatre heures du soir. Le lendemain, seulement, les postulants peuvent être examinés en dehors des indications du programme, sur les autres matières à l'étude desquelles ils ont déclaré s'être livrés.

Les postulants qui, convoqués en temps utile, n'ont pas répondu à l'appel, sont considérés avoir renoncé au concours.

Le programme est réglé ainsi qu'il suit :

1° Une page d'écriture faite sous la dictée, sur papier non réglé, et sans que le candidat puisse en corriger l'orthographe au moyen d'aucun livre ou secours étranger ;

2° La même page recopiée à main posée ;

3° Calcul des quatre premières règles, théorie des proportions, solution de plusieurs problèmes d'arithmétique élémentaire ;

4° Connaissance du système métrique ;

5° Solution de diverses questions sur la géographie physique et politique ;

6° Rédaction d'une lettre ou d'une note sur un sujet donné ;

7° Connaissance d'une langue étrangère.

Le candidat peut, indépendamment du programme qui précède, être examiné sur les autres matières désignées par lui comme ayant fait l'objet de ses études, notamment sur les langues mortes ou vivantes, le droit, la chimie, l'histoire naturelle, le dessin linéaire, etc. (arrêté minist. du 24 décembre 1845).

Du nombre des surnuméraires

Le nombre des surnuméraires est fixé au vingtième des employés de bureaux.

La durée du surnumérariat est d'une année au moins.

Nul ne peut être admis à travailler dans les bureaux à quelque titre que ce soit, s'il n'est employé ni surnuméraire.

Les cadres de chaque direction doivent, autant que possible, être toujours au complet.

Les agents appelés sous les drapeaux sont remplacés dès que les circonstances le permettent.

Agents des douanes non disponibles

Les agents non disponibles forment une catégorie spéciale, composée des employés des bureaux ou de brigades qui ont concouru au tirage au sort, et les agents du service sédentaire, sans distinction de grade, non encore libérés des obligations militaires (âgés au-dessous de 45 ans), qui font partie de l'administration des douanes depuis 3 mois au moins.

Ces agents sont signalés par le directeur au commandant de recrutement au moyen d'états.

Temps de guerre

En temps de guerre, la non-disponibilité dispense de rejoindre immédiatement, en cas de convocation par voie d'affiche et de publication. Cependant, elle n'affranchit pas des obligations militaires que le Ministre de la Guerre peut juger opportun d'imposer aux agents des douanes. Ils restent à leur poste tant qu'ils n'ont pas été l'objet d'appels individuels.

En temps de paix, la non-disponibilité exempte de toute obligation militaire.

Les agents qui perdent leurs titres à la disponibilité sont signalés à l'autorité militaire qui prend, à leur égard, telle mesure que comporte leur âge et la classe à laquelle ils appartiennent.

Tout agent qui n'a pas entre ses mains un certificat établissant son inscription sur le contrôle des non disponibles, doit obéir aux convocations militaires. Ces certificats sont établis par le commandant de recrutement de la région.

Décorations étrangères

Les agents du service actif, jusque et y compris les capitaines, décorés d'ordres étrangers, sont exonérés des droits de chancellerie (déc. min. du 15 nov. 1885).

Autorités qui ont droit de requérir le service des douanes

Ce droit est accordé aux Préfets, procureurs du gouvernement et tous autres officiers de police judiciaire (commissaires de police, maires et adjoints, juges de paix, juges d'instruction) dans l'exercice de leurs fonctions.

Les douanes coloniales

Le service des douanes dans les colonies de la Martinique et de la Guadeloupe est dirigé par un directeur, qui reçoit de l'administration générale des douanes, par l'intermédiaire du Ministère de la Marine, les instructions relatives aux détails du service. Tout le personnel fait partie des douanes de France, mais il est sous les ordres directs du Ministre de la Marine. Les nominations sont, cependant, faites par le Ministre des Finances ou par le sous-secrétaire d'Etat de ce ministère. Le Ministre de la Marine vise les commissions.

Pour prendre rang dans les douanes de France, avec le même grade, il leur faut 5 années de fonctions aux colonies. Ils touchent un supplément de traitement ; en Algérie, ce supplément est du quart, dans les autres colonies il est de la moitié.

Du mariage des agents de douanes

Lorsqu'un agent désire contracter mariage, il est tenu d'en aviser ses supérieurs qui peuvent, le cas échéant, s'y opposer et le mettre au besoin en mesure d'opter entre sa position administrative et une alliance qui pourrait compromettre la dignité du service. Nul agent ne peut donc se marier qu'après avoir obtenu l'autorisation du directeur et avoir accompli une année au moins de service. (circ. des 30 novembre 1842 et 14 décembre 1849).

Cette autorisation est demandée par l'intermédiaire des chefs locaux.

Des pièces à produire par les candidats à un emploi de préposé ou de matelot des douanes

1° Demande d'admission sur timbre ;
2° Acte de naissance sur timbre et légalisé ;
3° Certificat de moralité et de célibat sur timbre et légalisé ;
4° Extrait du casier judiciaire ;
5° Certificat de bonne conduite au corps ;
6° Extrait du livret militaire concernant les incorporations successives au corps ;
7° Spécimen d'écriture sous dictée et recopié à main posée.

A mérite égal, sont admis de préférence :

1° Les anciens sous-officiers de l'armée ;
2° Les anciens caporaux ou brigadiers ;
3° Les fils d'employés des douanes ;
4° Les anciens marins de l'Etat.

SAPEURS-POMPIERS

Notice

Le décret du 29 décembre 1875, qui régit actuellement le corps des sapeurs-pompiers, détermine d'une manière générale toutes les dispositions organiques ou administratives qui concourent au fonctionnement des corps ou portion de corps de sapeurs-pompiers.

Notre intention, étant donné le cadre restreint que nous avons dû nous assigner, n'est donc pas d'entrer dans des explications détaillées ou superflues sur les diverses dispositions qui, pour la plupart d'entre elles, sont empruntées aux anciennes lois qui régissaient l'organisation des corps de sapeurs-pompiers faisant partie de la garde nationale. Nous nous bornons à résumer tout ce qui peut être utile à connaître de cette organisation.

Organisation des sapeurs-pompiers

Elle a lieu par commune, en vertu d'arrêtés préfectoraux qui fixent leur effectif d'après la population et l'importance du matériel de secours.

Les communes ne sont pas légalement tenues d'entretenir des corps de sapeurs-pompiers, mais celles qui désirent en conserver ou en organiser un, doivent s'engager à remplir les conditions prescrites (voyez le mot entretien).

Le corps relève du Ministère de l'Intérieur. Sa mission, toute de dévouement, consiste spécialement à porter des secours contre les incendies. Les pompiers peuvent être exceptionnellement appelés, en cas de sinistre autre que l'incendie, à concourir à un service d'ordre ou de sauvetage et à fournir, avec l'assentiment de l'autorité militaire supérieure, des escortes dans les cérémonies publiques, (art. 1 et 2 du décret du 29 décembre 1875).

Recrutement

Le recrutement des corps des sapeurs-pompiers a lieu au moyen d'engagements volontaires [1] parmi les hommes qui, résidant dans la commune, ont satisfait à la loi du recrutement ou qui, bien qu'appartenant à l'armée active, à la réserve ou à l'armée territoriale, sont laissés ou renvoyés dans leurs foyers. Ils restent soumis à toutes les obligations que leur impose la loi militaire.

Ils sont choisis de préférence parmi les anciens officiers, sous-officiers et soldats du génie et de l'artillerie, les agents des ponts-et-chaussées, des mines et du service vicinal, des ingénieurs, des architectes et des ouvriers d'art. Ce service est incompatible avec les fonctions de maire et d'adjoint. Ne peuvent en faire partie les individus privés par jugement de tout ou partie de leurs droits civils (art. 7, 8 et 9 du décret du 29 décembre 1875).

Admission

L'admission dans le corps de sapeurs-pompiers est prononcée ; savoir : s'il s'agit de corps déjà constitués, par le conseil d'administration.

(1) Cinq ans renouvelables.

S'il s'agit de corps à créer ou à réorganiser, par une commission composée du maire ou de son adjoint, président, de deux membres du conseil municipal nommés par le conseil et de trois délégués choisis par le préfet. Le président a voix prépondérante.

Au moment de son admission le sapeur-pompier doit contracter par écrit un engagement de servir pendant cinq ans et à se soumettre à toutes les obligations résultant du règlement qui régit le corps ou compagnie. L'engagement est toujours renouvelable et ne peut être résilié que pour des causes reconnues légitimes par le conseil d'administration (art. 11 du décret du 29 décembre 1875).

Armement

Sur la demande des communes, le gouvernement délivre des armes aux compagnies de sapeurs-pompiers. Ces armes restent la propriété de l'Etat. L'entretien est à la charge du corps ; les réparations, en cas d'accident causé par le service, sont à la charge des communes. En cas de suspension ou de dissolution, elles sont immédiatement réintégrées dans les arsenaux, par les soins de l'autorité militaire, et aux frais de la commune, qui est tenue de pourvoir aux dépenses de réparations constatées par procès-verbal adressé au Ministre de l'Intérieur qui le notifie à la municipalité et en fait poursuivre le recouvrement par les voies ordinaires.

Constitution des cadres

D'UNE SUBDIVISION :	de 14 à 25 hommes	de 26 à 40 hommes	de 41 à 50 hommes
Lieutenant	»	»	1
Sous-lieutenant.	1	1	1
Sergents.	1	2	2
Caporaux	2	4	4
Tambours ou clairons. . .	1	1	1
D'UNE COMPAGNIE :	**de 51 à 100 hommes**	**de 101 à 150 hommes**	**de 151 à 250 hommes**
Capitaine { en premier . .	1	1	1
Capitaine { en second . .	»	»	1
Lieutenants.	1	1	2
Sous-lieutenants	1	2	2
Sergent-major	1	1	1
Sergent-fourrier	1	1	1
Sergents.	4	6	8
Caporaux	8	12	16
Tambours ou clairons. . .	1	2	2

Il peut être attaché à chaque compagnie un chirurgien sous aide-major, ainsi qu'un corps de musique. Les musiciens ne comptent pas dans l'effectif. Ils sont choisis par le chef de musique. Celui-ci a rang de lieutenant ou de sous-lieutenant, suivant qu'il appartient à un bataillon, compagnie ou subdivision (art. 13 et 14 du décret).

Conseil d'administration

Le Conseil d'administration des corps de sapeurs-pompiers se compose :

1° *Pour les subdivisions* : de l'officier commandant, président; du sous-officier et du plus ancien sous-officier; et d'un sapeur-pompier désigné par ses collègues [1];

2° *Pour les compagnies* : Du chef de corps, président; des deux officiers les plus anciens ; du plus ancien sous-officier ; d'un caporal ou d'un sapeur-pompier désigné par les caporaux et sapeurs-pompiers réunis [1].

---

(1) La désignation a lieu pour cinq ans au scrutin secret et à la majorité absolue des suffrages exprimés. Au deuxième tour, la pluralité des voix suffit (art. 15 du décret).

3° *Pour les bataillons:* La composition est réglée par arrêté ministériel.

Dépenses

Les dépenses afférentes aux corps de sapeurs-pompiers sont à la charge de la commune ; elles consistent :

1° Frais d'habillement et d'équipement des sous-officiers, caporaux et sapeurs ;
2° Achat des tambours ou clairons ;
3° Loyer, entretien, chauffage, éclairage et mobilier;
4° Loyer du local où sont remisées les pompes, entretien des pompes et des accessoires ;
5° Solde des tambours ou clairons ;
6° Réparations, entretien et prix des armes détériorées ou détruites, sauf recours contre les sapeurs-pompiers ;
7° Frais de registres, livrets, papiers, contrôles et menus frais de bureau ;
8° Secours et pensions allouées aux sapeurs-pompiers, à leurs veuves ou à leurs enfants ;
9° Frais de réintégration des armes dans les arsenaux de l'Etat.

Ces dépenses sont réglées par le maire, sur mémoire revisé par le chef de corps, sur les dépenses communales (art. 29 du décret).

Discipline

Bien que dépendant du Ministre de l'Intérieur, les corps de sapeurs-pompiers sont tenus à une discipline sévère. Un règlement approuvé détermine les peines disciplinaires qui sont :

1° La réprimande ;
2° La mise à l'ordre ;
3° Un service hors tour ;
4° La privation totale ou partielle, pendant un certain temps, des immunités ou avantages accordés aux sapeurs-pompiers ;
5° L'amende; (fixée par le règlement.)
6° La privation du grade ;
7° L'exclusion temporaire ;
8° La radiation définitive des contrôles.

Ces peines sont infligées : les trois premières par le chef de corps, les autres par le conseil d'administration

Le recouvrement se fait au moyen de retenues par le

commandant. Ce produit est versé dans la caisse de secours.

Le refus d'acquitter une amende entraîne l'exclusion.

Dissolution ou suspension du corps

Les corps de sapeurs-pompiers peuvent être suspendus ou dissous selon les cas : la dissolution ne peut être prononcée que par un décret du chef de l'Etat.

La suspension par arrêté préfectoral pour une durée qui ne peut excéder une année. Elle cesse d'avoir effet si elle n'est confirmée dans le délai de deux mois par le Ministre de l'Intérieur (art. 4 du décret du 29 décembre 1875).

Effectif

Comme la constitution du corps dépend de l'importance de la population de la commune ou de celle du corps lui-même, l'effectif peut se composer d'une subdivision de compagnie, d'une compagnie ou d'un bataillon ; savoir : tout corps dont l'effectif, cadre compris, est inférieur à 51 hommes forme une subdivision de compagnie.

Les compagnies sont de 51 hommes au moins, de 250 au plus.

Au-delà de 250 hommes, il peut être formé un bataillon, avec l'autorisation du Ministre de l'Intérieur qui détermine alors, par arrêté, la composition de l'état-major. Dans aucun cas, la force numérique d'un bataillon ne peut dépasser 500 hommes (art. 12, décret du 29 décembre 1875).

Engagement résilié

Quand un sapeur-pompier a fait valoir devant le conseil d'administration les causes pour lesquelles il demande la résiliation de son engagement et que celui-ci a déféré à la demande, il perd ses droits aux avantages pécuniaires ou autres auxquels il pouvait prétendre ; il en est, bien entendu, de même pour les hommes rayés des contrôles pour toute autre cause.

Entretien

L'entretien reste à la charge de la commune qui est préalablement tenue de justifier, par délibération du conseil municipal, approuvée par le Préfet, savoir :

1° D'un matériel de secours suffisant ou les ressources nécessaires pour l'acquérir ;
2° Engagement pour subvenir, pendant une période minimum de cinq ans, aux dépenses du corps (voyez dépenses), (décret du 29 décembre 1875).

Nomination des officiers

Après avis du maire, le Préfet adresse des propositions au chef de l'Etat qui nomme pour cinq ans. (Art. 5 du décret du 29 décembre 1875), autant que possible, ils sont choisis parmi d'anciens officiers de l'armée ou dans des corps administratifs ou professionnels.

Suspension, révocation d'officiers

La suspension et la révocation des officiers des sapeurs-pompiers peuvent être prononcées contre tout officier qui néglige ses devoirs, commet une faute contre la discipline, ou tient une conduite pouvant compromettre son caractère ou porter atteinte à l'honneur du corps. Le chef de corps par l'intermédiaire du maire, en réfère au Préfet qui, selon le cas, prononce la suspension ou provoque la révocation de l'officier par décret du chef de l'Etat.

La suspension ne peut excéder six mois, après ce délai, l'officier reprend son service.

Organisation des secours en cas d'incendie

Le soin d'organisation des secours en cas d'incendie appartient exclusivement à l'officier commandant ou au sapeur-pompier le plus élevé en grade qui, seul, donne des ordres aux travailleurs. Il est bien entendu que, dans n'importe quel cas, l'autorité municipale ou supérieure conserve ses droits pour le maintien de l'ordre pendant le sinistre ou pour prendre toute autre disposition qu'elle jugerait utile, mais cela en dehors de l'organisation directe des secours.

Quand des corps de pompiers de plusieurs communes se trouvent réunis sur le lieu du sinistre, le commandement appartient à l'officier le plus élevé en grade, et, en cas d'égalité de grade, au plus ancien. Néanmoins, l'officier qui a dirigé les premières opérations, conserve, en cas d'égalité de grade, le commandement (art. 20 et 21 du décret).

Pensions et secours

C'est aux communes qu'incombe le devoir, sinon l'obligation, d'allouer soit une pension soit un secours aux sapeurs-pompiers victimes de leur dévouement dans le service, ainsi qu'à leurs veuves et à leurs enfants.

Les communes peuvent pourvoir aux fonds nécessaires à cet effet, savoir :

1° Par les compagnies d'assurances (loi du 11 juillet 1868, art. 15), au moyen d'un crédit voté *ad hoc.*

2° Par des caisses de secours et de retraite, constituées conformément aux articles 8 et 10 de la loi du 5 avril 1851, et approuvées par décret du conseil d'Etat ;

3° Au moyen de caisses de secours organisées sous forme de société de secours mutuels approuvées par le Préfet (décret du 26 mars 1852).

Les ressources de ces caisses se composent :

1° Des allocations votées par le conseil municipal ;

2° Des cotisations des membres honoraires ou participants ;

3° Du produit des amendes ;

4° D'une part prélevée sur le produit des services rétribués (bals, concerts, théâtres), d'après le règlement local;

5° Des subventions allouées par le Conseil général ou l'Etat ;

6° Du produit des dons, legs, etc. ;

7° Des dons et souscriptions provenant des compagnies d'assurances contre l'incendie.

Places fortes

Les sapeurs-pompiers qui font partie de l'armée territoriale et qui se trouvent appartenir à l'une des communes situées dans l'intérieur du périmètre des places fortes, sont rayés des contrôles de cette armée et classés parmi les non disponibles (1).

Ils reçoivent du commandant du dépôt de recrutement un certificat d'inscription sur les contrôles de non disponibles, en échange de leurs livrets individuels qui restent en dépôt dans les mairies de leur commune, sous la responsabilité des maires.

---

(1) Voyez non disponibles.

Récompenses honorifiques aux sapeurs-pompiers

Aux termes de la circulaire ministérielle du 20 juillet 1858, des médailles d'honneur pouvaient être décernées aux sapeurs-pompiers, après 20 ans de service, et alors même qu'ils ne s'étaient signalés par aucune action d'éclat. Cette disposition a été abrogée par l'article 32 du décret du 29 décembre 1875, relatif à l'organisation de ce corps. Cet article porte que les membres des compagnies des sapeurs-pompiers qui compteront 30 années de services et qui auront constamment fait preuve de dévouement, pourront recevoir du Ministre de l'Intérieur des diplômes d'honneur. L'ancienneté est donc une des conditions essentielles pour l'obtention d'une récompense honorifique. Les demandes sont adressées par le Préfet, avec les renseignements nécessaires, au directeur de l'administration départementale au Ministère de l'Intérieur.

Règlement du service

Il est réglé dans chaque commune, par un arrêté municipal, pris sur la proposition du chef de corps et approuvé par le Préfet. Il doit être combiné de manière à laisser aux hommes le temps et la liberté nécessaires à l'accomplissement de leurs devoirs religieux les dimanches et jours de fête.

Les commandants, une fois le règlement approuvé, peuvent prendre toutes les mesures et donner tous les ordres relatifs au service ordinaire, aux revues, aux manœuvres et exercices après toutefois en avoir informé préalablement la municipalité (art. 16 et 17 du décret du 29 décembre 1875).

Les sapeurs-pompiers en tenue doivent rendre les honneurs militaires à l'armée qui les rendra aux officiers des sapeurs-pompiers en uniforme (circulaire du 21 novembre 1874. Int.)

Réquisition des sapeurs-pompiers

Les sapeurs-pompiers peuvent être réquisitionnés :

1° Par le maire ; 2° par le sous-préfet ; 3° par le préfet ; 4° par l'autorité militaire qu'il s'agisse, soit d'organiser un service d'ordre ou un service d'honneur, soit de porter secours en cas d'incendie ou autre sinistre dans les limites ou hors des limites de la commune.

Réunions. — Manœuvres

Sauf les cas d'incendies ou les services d'escortes prévus dans le règlement approuvé, les sapeurs-pompiers ne peuvent, avec ou sans uniforme, se réunir sans avoir au préalable l'autorisation du maire de la commune, qui de son côté en réfère en temps utile au sous-préfet ou au préfet qui peuvent eux ajourner ou au besoin interdire les réunions ou manœuvres. En dehors de la commune et hors le cas d'incendie, aucune réunion ne peut avoir lieu sans l'autorisation expresse du préfet. Lorsque la réunion doit avoir lieu hors du département, c'est le Ministre de l'Intérieur qui décide (art. 18 du décret).

Uniforme

L'uniforme est obligatoire pour tous les officiers, sous-officiers, caporaux et sapeurs-pompiers des bataillons, compagnies et subdivisions des villes chefs-lieux du département, d'arrondissement et dans les communes ayant une population agglomérée de plus de 3000 âmes. Dans les autres communes, une petite tenue peut être suffisante.

Les frais d'uniforme (1), officiers exceptés, sont à la charge des communes et rentrent dans les frais généraux d'organisation.

Sapeurs-pompiers de Paris

Les sapeurs-pompiers de Paris constituent un régiment d'infanterie dont la composition est de 2 bataillons et 6 compagnies. Cette composition peut être modifiée, de concert avec la ville de Paris et suivant les besoins du service, par décret du chef de l'Etat (loi du 13 mars 1875).

Modèle de règlement d'une caisse de secours et de retraite

Article Premier. — Il est établi, dans la commune de   , une caisse de secours et pensions de retraite en faveur des sapeurs-pompiers.

Art. 2. — Les ressources de la caisse se composent :

---

(1) L'uniforme a été déterminé par le décret du 14 juin 1852. Il peut être modifié par arrêté ministériel.

1° Des allocations ou subventions votées par le Conseil municipal et portées au budget de la commune ;

2° Des cotisations des membres honoraires ou participants ;

3° Du produit des amendes imposées aux sapeurs-pompiers ;

4° S'il y a lieu, d'une part prélevée sur le produit des services rétribués, tels que concerts, théâtres, et dont l'importance est fixée par le règlement du service des sapeurs-pompiers ;

5° Des subventions qui pourront être accordées par le Conseil général ou par l'Etat ;

6° Du produit des donations et legs faits par les particuliers ;

7° Du produit de dons et souscriptions provenant des compagnies d'assurances contre l'incendie ;

8° Des rentes sur l'Etat acquises avec les fonds de la caisse restés sans emploi.

Art. 3. — Une somme de   francs sera, chaque année, inscrite au budget communal, jusqu'à ce que la caisse possède un revenu d'au moins   francs.

Art. 4. — La caisse ne pourra commencer à servir des secours ou pensions que lorsqu'elle possèdera, en rentes sur l'Etat et en subvention annuelles permanentes, un revenu fixe de 400 francs.

Art. 5. — Ont droit à une pension sur cette caisse, conformément à l'article 1er de ladite loi :

1° Les sapeurs-pompiers de tous grades qui, dans leur service, ont reçu des blessures ou contracté une maladie entraînant une incapacité de travail personnel, temporaire ou permanente ;

2° Les veuves ou enfants de sapeurs-pompiers qui ont péri dans leur service ou qui sont morts des suites de blessures ou de maladies qu'ils y ont reçues ou contractées.

Art. 6. — Les accidents provenant d'un incendie survenu hors de la commune donnent droit à des secours ou pensions sur la caisse, sauf le recours de la commune de   contre la commune sur le territoire de laquelle l'accident aura eu lieu.

Art. 7. — Les secours et pensions accordés par application de la loi du 5 avril 1851 seront fixés par délibérations du conseil municipal, sauf le recours au conseil général ouvert aux intéressés par l'article 6 de ladite loi.

En cas d'insuffisance de la caisse, il sera pourvu au payement de secours et pensions, par les moyens indiqués en l'article 6 de ladite loi.

Art. 8. — Les sous-officiers, caporaux, sapeurs-pompiers, tambours et clairons peuvent obtenir des pensions de retraite, après vingt-cinq ans de services effectifs, pourvu qu'ils aient soixante ans d'âge, ou qu'ils justifient que des infirmités ou autres causes graves les empêchent de continuer leur service.

Art. 9. — La pension est fixée à 80 francs [1] pour vingt-cinq ans de service. Elle sera de 100 francs après trente ans de service.

Art. 10. — Si un sapeur-pompier retraité est admis dans un hospice, sa pension est suspendue et peut être remplacée par une subvention hebdomadaire de 50 centimes, à la charge de la caisse.

Art. 11. — Tout sapeur-pompier qui se retire avant l'expiration de son engagement ou qui est exclu du corps perd ses droits à la retraite.

Art. 12. — Tout pensionné qui serait condamné à une peine afflictive ou infamante, ou à une peine correctionnelle pour vol, escroquerie, abus de confiance ou attentat aux mœurs, perd ses droits à la pension

Art. 13. — Les pensions de retraite sont accordées par délibération du conseil municipal, sur la proposition du conseil d'administration du corps. La délibération n'est exécutoire qu'après l'approbation du préfet.

Art. 14. — En cas de concurrence entre plusieurs candidats, le conseil d'administration tient compte des états de services.

Art. 15. — Si, au moment où la pension de retraite est liquidée, les pensions précédemment réglées absorbent en totalité les revenus de la caisse ou ne laissent disponible qu'une somme inférieure au montant de la nouvelle pension, le titulaire ne pourra prétendre qu'à la portion disponible jusqu'à ce qu'une extinction de pension ou un accroissement de revenus permette de le payer intégralement.

Art. 16. — La caisse sera gérée par l'administration municipale, à titre de propriété de la commune et soumise à toutes les règles de comptabilité communale.

Art. 17. — Les fonds restés sans emploi seront, à la fin de chaque année, versés à la caisse de dépôts et consignations pour servir à l'achat de rentes sur l'Etat.

Toutefois, il pourra être réservé, par délibération du conseil municipal, une portion de cet excédant de recette pour accroître le revenu du nouvel exercice.

---

(1) Ces chiffres, donnés à titre d'exemple, peuvent être modifiés.

ART. 18. — En cas de dissolution de la compagnie des sapeurs-pompiers, les pensions liquidées ou acquises à à cette époque continueront à être servies, mais il n'en sera plus accordé d'autres. Le décret qui ordonnera la liquidation de la caisse règlera l'emploi des fonds disponibles.

DÉCRET DU 29 DÉCEMBRE 1875 (EXTRAIT)

ARTICLE PREMIER. — Les corps de sapeurs-pompiers sont spécialement chargés du service des secours contre les incendies.

Ils peuvent être exceptionnellement appelés, en cas de sinistre autre que l'incendie, à concourir à un service d'ordre ou de sauvetage et à fournir, avec l'assentiment de l'autorité militaire supérieure, des escortes dans les cérémonies publiques.

ART. 2. — Les corps de sapeurs-pompiers relèvent du Ministre de l'Intérieur.

Ils peuvent néanmoins recevoir des armes de l'État ; mais ils ne peuvent se réunir en armes qu'avec l'assentiment de l'autorité militaire.

ART. 3. — Ils sont organisés par commune, en vertu d'arrêtés préfectoraux qui fixent leur effectif d'après la population et l'importance du matériel de secours en service dans la commune.

ART. 6. — Toute commune qui veut obtenir l'autorisation de former un corps de sapeurs-pompiers doit justifier qu'elle possède un matériel de secours suffisant ou les ressources nécessaires pour l'acquérir. Elle doit, en outre, s'engager à subvenir, pendant une période minimum de cinq ans, aux dépenses énumérées dans l'article 29.

La délibération, qui est transmise au préfet, énonce les voies et moyens à l'aide desquels le conseil municipal compte pourvoir à la dépense, et indique les avantages et immunités qu'il se propose d'accorder aux sapeurs-pompiers.

ART. 11. — Tout sapeur-pompier prend, au moment de son admission, l'engagement de servir pendant cinq ans et de se soumettre à toutes les obligations résultant du règlement du service tel qu'il sera arrêté en exécution de l'article 16.

Art. 16. — Le service est réglé dans chaque commune par un arrêté municipal pris sur la proposition du chef de corps et soumis à l'approbation du Préfet.

Ce règlement doit être combiné de façon à laisser aux

sapeurs-pompiers le temps et la liberté nécessaires à l'accomplissement de leurs devoirs religieux les dimanches et jours de fête.

Art. 19. — Tout homme faisant partie d'un corps de sapeurs-pompiers doit obéissance à ses supérieurs.

Les chefs de corps doivent obtempérer aux réquisitions du maire, du Sous-Préfet, du Préfet ou de l'autorité militaire, qu'il s'agisse soit d'organiser un service d'ordre ou un service d'honneur, soit de porter secours en cas d'incendie ou autre sinistre dans les limites ou hors des limites de la commune.

Art. 22. — Dans les localités où les troupes, soit de l'armée de terre, soit de l'armée de mer, peuvent être appelées à concourir avec les corps des sapeurs-pompiers à l'un des services énoncés à l'article 1er, il n'est point dérogé par le présent décret aux règlements militaires en vigueur et spécialement à l'article 214 du décret du 13 octobre 1863.

Art. 28. — Les communes sont responsables, sauf leur recours contre les sapeurs-pompiers, des armes que le gouvernement peut leur délivrer; ces armes restent la propriété de l'Etat.

L'entretien de l'armement est à la charge du sapeur-pompier; les réparations, en cas d'accident causé par le service, sont à la charge des communes.

En cas de suspension ou de dissolution d'un corps de sapeurs-pompiers, les armes qui lui sont confiées doivent être immédiatement réintégrées dans les arsenaux, par les soins de l'autorité militaire, et aux frais de la commune.

En cas de réintégration d'armes dans les magasins de l'Etat, les procès-verbaux constatant le montant des réparations à la charge des communes sont adressés par les soins de l'autorité militaire et transmis au Ministre de l'Intérieur, qui les notifie aux communes et fait poursuivre le recouvrement des sommes dont elles sont constituées débitrices.

Art. 32. — Les sapeurs-pompiers qui compteront trente années de service et qui auront fait constamment preuve de dévouement pourront recevoir du Ministre de l'Intérieur un diplôme d'honneur.

Des médailles seront accordées par décret du Président de la République à ceux d'entre eux qui se seront particulièrement signalés.

En cas de condamnation criminelle ou correctionnelle, la médaille pourra être retirée par décret.

Art. 33. — Il pourra être créé dans le département où

le conseil général aura voté les fonds nécessaires un emploi d'inspecteur du service des sapeurs-pompiers, lequel sera nommé par le Préfet.

Plusieurs départements pourront être réunis en une seule inspection par arrêté du Ministre de l'Intérieur, qui pourvoira dans ce cas à la nomination.

Art. 34. — Les corps de sapeurs-pompiers actuellement existants seront réorganisés dans le délai d'un an, conformément aux dispositions qui précèdent.

Les sapeurs-pompiers réadmis conserveront leur rang et les droits résultant de leur ancienneté.

Art. 35. — Les Ministres de l'Intérieur et de la Guerre sont chargés, chacun en ce qui le concerne, de l'exécution du présent décret.

MANŒUVRES MILITAIRES. — MOBILISATION

Manœuvres

Le Ministre de la Guerre fixe annuellement les époques auxquelles doivent s'effectuer, dans les corps d'armée ou portions de corps d'armée, les grandes manœuvres militaires qui ont lieu généralement fin août et commencement de septembre. Il ne faut pas confondre les grandes manœuvres avec les appels des réservistes pour des périodes d'exercices qui ont lieu au printemps et à l'automne. Les généraux commandant les corps d'armée informent trois semaines au moins avant l'époque fixée pour le commencement de ces manœuvres, les Préfets des départements intéressés et leur désignent, en même temps, les communes qui pourront être traversées ou occupées, et celles où le droit de réquisition pourra être exercé (voyez réquisition).

Des commissions d'évaluation des dégâts sont immédiatement instituées (voyez ce mot). Les maires, de leur côté, aussitôt qu'ils ont reçu du Préfet avis de l'époque et de la durée des manœuvres, en avisent les populations par tous les moyens de publicité dont ils disposent, et invitent les propriétaires de vignes, terrains ensemencés ou non encore récoltés à les indiquer par des signes très apparents. Il informe, en outre, les habitants que ceux qui seraient l'objet de dommages de la part des troupes sont tenus, sous peine de déchéance, de les faire connaître dans les délais de trois jours (voyez réquisitions, commissions d'évaluation, délais).

L'appel des hommes a lieu dans les mêmes conditions et délais qu'en cas de mobilisation (voyez ce mot).

Mobilisation

La mobilisation a lieu en vertu d'un décret du chef de l'Etat qui indique les classes mobilisées ; elle peut être partielle ou totale selon les circonstances ; elle s'effectue par corps d'armée, par ordre individuel ou voie d'affiches. La concentration des troupes a lieu de même ; elle peut être suivie ou précédée de mesures spéciales ressortant de simples décisions ministérielles, telles que rappels des hommes en disponibilité, en congé, en permission, et tous autres militaires se trouvant momentanément dans leurs foyers pour un motif quelconque.

Sauf un certain nombre de fonctionnaires et agents (Voyez tableaux plus loin) qui eux-mêmes, dès la publication de l'ordre de mobilisation, tombent sous la juridiction des tribunaux militaires. Tout homme lié à l'armée à un titre quelconque, ne peut se soustraire à ses devoirs militaires, et est tenu de rejoindre son corps dans les délais de deux jours hors le cas de maladie constatée (voyez réservistes malades) ; dans le cas contraire, il est déclaré insoumis, à moins que, résidant à l'étranger, il n'ait rempli les formalités réglementaires (voyez les mots insoumis, changement de résidence pour les délais d'appel et pénalités).

L'ordre de mobilisation est télégraphié au commandant de chaque corps d'armée qui est immédiatement assisté dans son commandement par l'officier général, désigné d'avance, qui doit le remplacer dès que le corps d'armée quitte la région.

D'ailleurs, chaque homme peut se rendre facilement compte de ce qu'il a à faire en consultant l'ordre de route qui est porté à la gauche de son livret, conformément au décret du 7 août 1875.

Cette mesure a sans doute supprimé une des plus grandes difficultés de la mobilisation, en ce qui concerne les isolés. Mais quelle qu'en soit son importance, elle nous paraît insuffisante lorsqu'il s'agit de mouvoir instantanément de grandes masses ou même de simples détachements d'une importance relative. C'est en vue de parer à ces difficultés et aux encombrements qui se produisent en pareil cas que le commandement, en vertu des pouvoirs qui lui sont dévolus, prend sur place toutes les dispositions nécessaires par voie de réquisition (voyez réquisitions militaires).

D'autre part, les chefs de corps, les commandants de dépôts des diverses écoles et des bureaux de recrutement où la concentration a lieu, délivrent, sous leur responsabilité personnelle, des ordres de mouvement qui tiennent lieu de feuilles de route et contiennent des bons de chemins de fer nécessaires pour effectuer, sans le moindre retard, le transport des troupes jusqu'à destination.

Quant aux militaires isolés, ils n'ont qu'à se présenter au guichet du chemin de fer munis de l'ordre de mouvement rapide auquel est adhérent le bon du chemin de fer, et l'employé de la compagnie est tenu de délivrer un billet de place sans nul déboursé. Il est procédé de même pour les détachements avec cette seule différence que l'ordre et le bon indiquent numériquement le nombre d'officiers, d'hommes et de chevaux ou mulets, que la compagnie doit transporter (déc. du 18 juillet 1876).

Pour le logement et le cantonnement des troupes *(voyez ces mots)*.

La loi n'a pas tracé les mesures que les autorités locales doivent prendre dès que l'ordre de mobilisation est publié ; elle a laissé aux préfets, sous-préfets, maires et fonctionnaires divers la plus entière initiative pour l'exécution des ordres émanés du commandement, comptant ainsi sur le patriotisme de tous.

Les maires, en pareil cas, ont des devoirs particuliers à remplir, et c'est surtout à eux qu'incombe l'obligation de veiller à ce que toutes les dispositions arrêtées par le général en chef soient strictement exécutées dans les délais impartis.

Le rôle du maire consiste surtout à publier immédiatement les avis de mobilisations qui lui sont adressés par le recrutement, à informer les propriétaires des chevaux, juments, mulets et mules et des voitures attelées, que des réquisitions pouvant être faites, ils doivent se tenir, sur l'heure, prêts à livrer les animaux, voitures, etc., à l'autorité militaire ; à assurer le logement et le cantonnement des troupes ; à se concerter avec la gendarmerie locale pour tous autres détails d'exécution des ordres du général en chef ; et enfin, à engager les hommes appelés à rejoindre leurs corps respectifs *immédiatement* (voyez délais d'appel).

Fonctionnaires et agents dispensés de rejoindre leurs corps en cas de mobilisation

On trouvera ci-après le tableau général des fonctionnaires ou agents qui, n'appartenant plus à la réserve de l'armée active, sont dispensés de rejoindre immédiatement leurs corps en cas de mobilisation, s'ils remplissent depuis plus de six mois les fonctions en vertu desquelles ils sont dispensés.

Ce tableau est divisé en trois catégories ; la première, tableau A, comprend les personnels des divers ministères qui restent, en cas de mobilisation, à la disposition des Ministres de la Guerre et de la Marine ; le second, tableau B, comprend les fonctionnaires et agents qui, n'appartenant plus à la réserve de l'armée active, sont dispensés de rejoindre immédiatement en cas de mobilisation ; et le troisième, tableau C, les fonctionnaires et agents qui sont dispensés de rejoindre immédiatement, alors même qu'ils appartiendraient encore à la réserve de l'armée active.

Les contrôles de ces dispensés, à titre exceptionnel, sont tenus par les administrations ou compagnies auxquelles les intéressés appartiennent d'une part, et d'autre part, par le commandant de recrutement de la région.

Les administrations et compagnies doivent, chaque mois, envoyer au commandant de recrutement un état indiquant les mutations survenues parmi ces fonctionnaires ou agents.

Ces dispensés sont néanmoins soumis, dès la publication de l'ordre de mobilisation, à la juridiction militaire, par application de l'art. 57 du code de justice militaire.

Personnel placé sous les ordres des Ministres de la Guerre et de la Marine ou mis à leur disposition, en cas de mobilisation.

(Tableau A)

(Application de l'art. 51 de la loi sur le recrutement de l'armée).

SERVICES. — **Ministère de la Guerre** : Administration centrale. Etablissements.

Ministère de la Marine : Administration centrale. Etablissements métropolitains et coloniaux.

Ministère de l'Intérieur : Sapeurs-pompiers des places de guerre et cantonniers : n'appartenant plus à la réserve de l'armée active. Médecins et chirurgiens des hospices. Médecins chefs de service des hospices. — Médecins, Chirurgiens et pharmaciens internes des services pénitentiaires, maisons centrales, pénitentiers.

Ministère des Travaux publics — non compris l'administration centrale et les cantonniers faisant partie de la réserve de l'armée active.

Forêts (agents et préposés organisés militairement).

Ministère des Finances : Douaniers (bataillons, compagnies et sections). Postes et télégraphes.

Chemins de fer : Sections techniques. Personnel de l'exploitation technique. Administration centrale.

Désignation des fonctionnaires et agents qui, en cas de mobilisation, sont autorisés à ne pas rejoindre immédiatement quand ils n'appartiennent pas à la réserve de l'armée active.

(Tableau B)

(Application de l'art. 51 de la loi sur le recrutement de l'armée).

Personnel de l'administration du Sénat et de la Chambre des députés : Secrétaires généraux. Chefs de service. Chefs adjoints ou sous-chefs.

MINISTÈRE DES FINANCES

Administration centrale : Secrétaire général. Directeur général de la comptabilité publique. Directeur. Chef de la division du contentieux. Caissier-payeur central du Trésor. Payeur central de la Dette publique. Contrôleur central. Chefs de bureau. Contrôleur spécial près le receveur central de la Seine.

Inspection générale des Finances : Inspecteurs généraux des finances. Inspecteurs et adjoints à l'inspection.

Trésorerie : Trésoriers-payeurs généraux. Receveurs particuliers. Percepteurs. Un fondé de pouvoirs de chaque trésorier-payeur général, désigné par le Ministre des Finances.

Trésorerie d'Afrique, de Cochinchine et du Tonkin : Trésosieurs-payeurs. Payeurs particuliers. Payeurs adjoints.

Administration des contributions directes : Directeur général. Administrateurs. Chefs de bureau. Directeurs. Inspecteurs. Premiers commis de direction.

Administration de l'enregistrement, des domaines et du timbre : Directeur général. Administrateurs. Chefs de bureau. Directeurs. Inspecteurs. Conservateurs des hypothèques.

Administration des douanes : Directeur général. Administrateurs. Chefs de bureau. Directeurs. Inspecteurs. Sous-inspecteurs.

Administration des contributions indirectes (France) et contributions diverses (Algérie) : Directeur général. Administrateurs. Chefs de bureau. Directeurs. Sous-directeurs, chefs de service dans un arrondissement. Inspecteurs. Receveurs principaux. Receveurs particuliers. Entreposeurs. Contrôleurs. Receveurs ambulants. Receveurs buralistes.

Administration des manufactures de l'État (Tabacs) : Directeur général. Administrateurs. Chefs de bureau. Directeurs. Contrôleurs des manufactures. Inspecteurs. Entreposeurs des tabacs en feuilles. Vérificateurs et commis de culture.

Administration des monnaies et médailles : Directeur général. Caissier agent comptable. Contrôleur principal.

Banque de France : Gouverneur. Sous-gouverneur. Secrétaire général. Contrôleur. Caissier principal. Caissiers particuliers et sous-caissiers. Chefs de bureau. Inspecteurs. Ouvriers de l'imprimerie des billets. Directeurs des succursales. Caissiers des succursales.

Banque d'Algérie : Directeur. Sous-directeur. Secrétaire général. Inspecteur. Caissier principal. Chefs de bureau. Directeur des succursales. Caissiers.

Caisse des dépôts et consignations : Directeur général. Chef de division. Caissier général. Chefs de bureau.

Ministère de l'Intérieur

Administration centrale : Directeurs. Chefs de bureau.

Etablissements nationaux de bienfaisance : Directeurs. Médecins en chef.

Services pénitentiaires, maisons centrales, pénitenciers : Inspecteurs. Economes. Agents comptables. Commis greffiers.

Sûreté publique : Commissaires divisionnaires. Commissaires spéciaux de police. Inspecteurs spéciaux.

Administration départementale : Préfets, sous-préfets et secrétaires généraux. Chefs de division de préfecture. Inspecteurs des enfants assistés. Chef du bureau militaire de préfecture. Agents voyers en chef et agents voyers d'arrondissement. Directeurs des asiles publics d'aliénés. Médecins titulaires des asiles publics d'aliénés.

Administration communale : Secrétaires chefs du bureau militaire des mairies des chefs-lieux de département, d'arrondissement, ainsi que des communes qui, n'étant pas chefs-lieux de département ou d'arrondissement, ont plus de 4,000 habitants. Receveurs d'octroi. Préposés en chef d'octroi. Commissaires de police. Sergents de ville ou gardiens de la paix. Gardes champêtres.

Services spéciaux de la ville de Paris ressortissant à la préfecture de la Seine: Directeurs. Receveurs et Economes des hôpitaux et hospices. — Agents du service des eaux : Contrôleurs et sous-contrôleurs. Conducteurs municipaux. Gardes cantonaux des eaux. — Agents de l'Assistance publique : Directeur de l'administration centrale. Chefs de division. Inspecteurs des enfants assistés. — Agents de la direction des travaux autres que ceux du service vicinal : Directeurs et chefs de bureau de la préfecture de la Seine. Secrétaires chefs de bureau des maires des 20 arrondissements de Paris.

Services spéciaux de la ville de Paris ressortissant à la préfecture de police : Chefs de division et chefs de bureau de la préture de police. Chef et chef-adjoint de la police municipale. Inspecteurs divisionnaires. Officiers de paix. Inspecteurs de police. Secrétaires des commissariats de police. Inspecteurs de commissariats. Contrôleurs de services extérieurs. Gardiens de la paix de la ville de Paris. Sergents de ville des communes du département de la Seine.

Administration de l'Algérie

Secrétaire général du Gouvernement. Chefs de bureau du Gouvernement général. Administrateurs des communes mixtes.

Ministère des Travaux publics

Administration centrale : Directeurs. Chefs de bureau.

Chemins de fer

Personnel sédentaire : Contentieux. Service des Titres.

Ministère de l'Instruction publique et des Beaux-Arts

Administration centrale : Directeurs. Chefs de bureaux. Proviseurs et Principaux des lycées et collèges de l'Etat. Directeurs des écoles normales primaires de l'Etat.

Administration des Cultes

Directeur. Chefs de bureau. Les ministres des cultes reconnus par l'Etat, chargés du service d'une paroisse. Les aumôniers des lycées, des hôpitaux, des prisons et des établissements pénitentiaires.

Ministère des Affaires étrangères

Administration centrale : Directeurs. Sous-directeurs. Chefs de division. Chefs de bureau.

Agents en fonctions à l'étranger : Ambassadeurs. Ministres plénipotentiaires. Conseillers d'ambassade. Consuls généraux. Consuls. Vice-consuls rétribués. Secrétaires d'ambassade, 1re, 2e et 3e classe. Consuls suppléants. Chanceliers. Commis de chancellerie. Interprètes et drogmans.

Pays de protectorat

Résidents généraux ou supérieurs. Résidents. Vice-résidents. Chanceliers de résidence. Commis de résidence.

Ministère de la Justice

Directeurs. Chefs de bureaux. Procureurs généraux, Procureurs de la République. Dans chaque tribunal de première instance, parmi les magistrats inamovibles composant ce tribunal, les deux magistrats appartenant aux classes de mobilisation les plus anciennes, dans le cas où leur maintien serait indispensable pour que le tribunal ne soit pas réduit à moins de deux juges ; dans les tribunanx d'Algérie et des colonies, deux magistrats.

Ministère de l'Agriculture

Directeurs. Chefs de bureau. Directeurs des écoles vétérinaires. Directeurs et gagistes des dépôts d'étalons.

Ministère du Commerce

Directeurs et chef de division de la comptabilité. Chefs de bureau.

Désignation des fonctionnaires et agents qui, en cas de mobilisation, sont autorisés à ne pas rejoindre immédiatement, même quand ils appartiennent à la réserve de l'armée active.

(Tableau C)

(Application de l'art. 51 de la loi sur le recrutement de l'armée).

MINISTÈRE DES FINANCES

Trésorerie d'Afrique, de Cochinchine et du Tonkin : Commis de trésorerie.

Administration de l'enregistrement, des domaines et du timbre : Sous-inspecteurs. Receveurs.

Administration des douanes : Receveurs. Contrôleurs et contrôleurs adjoints.

Administration des contributions indirectes (France) et contributions diverses (Algérie) : Commis principaux. Commis. Préposés.

MINISTÈRE DE L'INTÉRIEUR

Services pénitentiaires, maisons centrales, pénitenciers : Directeurs. Greffiers. Gardiens ou surveillants. Gardien-comptable en chef, gardiens-comptables et seconds gardiens des transports cellulaires. Gardiens-chefs des prisons annexes de l'Algérie.

JUSTICE MILITAIRE

Pénalités en matière de recrutement

Tout jeune homme qui, par suite de fraudes ou manœuvres, n'a pas été inscrit sur les tableaux de recensement de la classe à laquelle il appartient, ou qui s'est abstenu de comparaître devant le conseil de révision, ou qui s'est fait exempter ou dispenser du service, est déféré aux tribunaux civils et est passible d'un emprisonnement d'un mois à un an.

Les auteurs ou complices sont punis des mêmes peines.

Les omis condamnés sont inscrits sur les tableaux de la première classe, et les premiers numéros de tirage leurs sont attribués. S'il y en a plusieurs de la même classe et du même canton, le plus bas numéro est attribué à celui dont l'omission est la plus ancienne ; dans le cas contraire, l'inscription a lieu par ordre alphabétique.

Les exemptés ou dispensés indûment sont rétablis par mesure administrative sur la 1re partie de la liste de recrutement, et doivent accomplir dans l'armée active le temps de service qui incombe aux jeunes gens de la même classe et de la même portion du contingent.

Les hommes prévenus de s'être rendus impropres au service, soit temporairement, soit d'une manière permanente, sont déférés, sur la demande du conseil de révision, aux tribunaux civils et, si le fait est établi, ils sont condamnés à un emprisonnement d'un mois à un an.

Les mêmes dispositions et peines leurs sont applicables si le délit est constaté dans l'intervalle de la clôture de la liste cantonale à la mise en activité, c'est-à-dire entre le conseil de révision et l'appel sous les drapeaux. A l'expiration de leur peine ils sont envoyés dans une compagnie de discipline.

Pénalités appliquées aux médecins qui sont chargés de l'examen des conscrits

Tout médecin militaire ou civil, chargé d'examiner l'état physique des conscrits, reconnu avoir reçu ou agréé des dons ou promesses de dons pour exempter un conscrit, est passible d'un emprisonnement de deux mois à deux ans. Cette peine leur est appliquée, soit qu'au moment des dons ou promesses ils aient déjà été désignés pour assister au conseil de révision, soit que les dons ou promesses aient été agréés en prévision des fonctions qu'ils auraient à y remplir.

Il leur est défendu, sous la même peine, de rien recevoir, même pour une exemption ou dispense justement prononcée. Les complices, s'ils sont médecins, officiers de santé ou pharmaciens,sont punis des mêmes peines et sont passibles de plus d'une amende de 200 fr. à 1,000 francs. Les complices, autres que les médecins, officiers de santé ou pharmaciens, ne sont punis que de l'emprisonnement.

Pénalités encourues par les fonctionnaires ou officiers publics, civils ou militaires

Les fonctionnaires ou officiers publics, civils ou militaires prévenus d'avoir donné une extension quelconque, soit à la durée, soit aux règles ou conditions des appels, des engagements ou rengagements, en raison de leurs fonctions, sont passibles des peines édictées par l'art. 185 du code pénal, et condamnés à une amende de 200 fr. au moins et cinq cents francs au plus, avec interdiction de l'exercice de leurs fonctions depuis cinq ans jusqu'à vingt, sans préjudice, selon les cas, des peines plus graves prévues par le code pénal.

Pénalités dont sont passibles les jeunes soldats appelés

Tout jeune soldat appelé qui n'arrive pas à destination dans le délai fixé par l'ordre d'appel est déclaré insoumis après un délai d'un mois en temps de paix, et deux jours en temps de guerre, hors le cas de force majeure constatée, et est puni d'un emprisonnement d'un mois à un an en temps de paix, et de deux à cinq ans en temps de guerre. Dans ce dernier cas, à l'expiration de sa peine, il est envoyé dans une compagnie de discipline. En temps de guerre les noms des insoumis sont affichés dans toutes les communes du canton de leur domicile; ils restent affichés pendant toute la durée de la guerre. Ils sont privés de leurs droits électoraux.

Pénalités dont est passible tout réceleur d'insoumis

Tout réceleur d'insoumis est puni d'un emprisonnement qui ne peut excéder six mois. Selon les circonstances, la peine peut être réduite de 50 à 500 francs.

Manœuvres coupables pour empêcher le départ d'un appelé

Toute manœuvre, ayant pour but d'empêcher le départ d'un homme appelé, est puni d'un emprisonnement d'un mois à un an. Si le délinquant est fonctionnaire public, employé du gouvernement ou ministre d'un culte salarié par l'État, la peine peut être portée jusqu'à deux années d'emprisonnement et à une amende qui ne pourra excéder 2,000 francs.

Brevetés, commissionnés et inscrits maritimes cessant leurs fonctions

Tout breveté, commissionné ou inscrit maritime qui vient à cesser ses fonctions ou s'il se fait rayer de l'inscription maritime, est tenu d'en faire la déclaration au maire de sa commune et de retirer une expédition de sa déclaration. L'inobservation de ses formalités est punie d'une amende de 10 fr. à 200 fr.; il peut, en outre, être condamné à un emprisonnement de quinze jours à trois mois. En temps de guerre la peine est double.

Pénalités dont sont passibles les hommes de la réserve de l'armée active, de l'armée territoriale ou de sa réserve

Les hommes appartenant à la réserve de l'armée active, de l'armée territoriale et de sa réserve sont justiciables des tribunaux militaires, en temps de paix comme en temps de guerre, pour les crimes et délits indiqués sur le tableau ci-après.

Toutefois, les hommes appartenant à l'armée territoriale ou à sa réserve ne sont plus justiciables des tribunaux militaires, en temps de paix, pour ces crimes et délits, lorsqu'ils ont été renvoyés dans leurs foyers depuis plus de six mois, à moins que, au moment où les faits incriminés ont été commis, les délinquants fussent revêtus d'effets d'uniforme.

Les circonstances atténuantes peuvent être admises en temps de paix, mais en temps de guerre, aucune circonstance atténuante n'est admise.

Tableau des articles du code de justice militaire

(Livre IV, titre II) applicables dans les cas prévus par les art. 57 et 79 de la loi sur le recrutement de l'armée.

Art. 204, 205, 206, 208. — *Trahison, espionnage et embauchage.*

Art. 219.— (§ 1er). — *Violation de consigne.*

Art. 220. — *Violence envers une sentinelle.* L'article 220 ne sera applicable aux hommes renvoyés dans leurs foyers depuis plus de six mois que s'ils étaient, au moment du fait incriminé, revêtus d'effets d'uniforme.

Art. 223 et 224. — *Voies de faits et outrages envers un supérieur.* Pour l'application du premier paragraphe de chacun de ces articles, le fait incriminé ne sera considéré comme ayant eu lieu à l'occasion du service que s'il est le résultat d'une vengeance contre un acte d'autorité légalement exercé.

Le 2e paragraphe de ces mêmes articles ne sera applicable que dans les cas où le supérieur et l'inférieur seraient l'un et l'autre revêtus d'effets d'uniforme.

Art. 225. — *Rébellion.* Cet article n'est applicable qu'aux hommes revêtus d'effets d'uniforme et, en outre, dans les cas prévus par l'article 77 du code de justice militaire.

Art. 226, 228, 229. — *Abus d'autorité.* Pour l'application de l'article 229, il est nécessaire que le supérieur et l'inférieur soient l'un et l'autre revêtus d'effets d'uniforme.

Art. 242. — (§ 1er). — *Provocation à la désertion.*

Art. 248. — *Vol.* L'avant-dernier paragraphe de cet article n'est applicable que si le délinquant était logé militairement dans la maison où il a commis le vol.

Art. 249. — *Blessures faites à un blessé pour le dépouiller.*

Art. 250, 251, 252, 253, 254, 255. — *Pillage, destruction, dévastation d'édifices.*

Art. 258. — *Meurtre chez l'habitant.* Cet article est applicable sous la réserve indiquée ci-dessus pour l'article 248.

Art. 266. — *Port illégal d'insignes.* Cet article n'est applicable qu'en cas de port illégal, soit d'effets d'uniforme militaire, soit d'insignes, décorations ou médailles sur des effets d'uniforme militaire.

LOI DU 18 NOVEMBRE 1875(1), CODE DE JUSTICE MILITAIRE. JURIDICTIONS

Art. 10. — Sont justiciables des tribunaux militaires, en temps de paix comme en temps de guerre, pour tous crimes et délits commis pendant la durée de leurs fonctions, les officiers, sous-officiers, brigadiers ou caporaux, appartenant à l'effectif permanent et soldé de l'armée territoriale, prévu par le 3e paragraphe de l'article 29 de la loi du 24 juillet 1873,(1) et dont la composition est déterminée par le tableau I annexé à la loi du 13 mars 1875(1).

Art. 11. — Sont également justiciables des tribunaux militaires, en temps de paix comme en temps de guerre, pour tous crimes et délits, les hommes désignés à l'article 1er de la présente loi :

1° En cas de mobilisation, à partir du jour de leur appel à l'activité jusqu'à celui où ils seront renvoyés dans leurs foyers ;

2° Hors le cas de mobilisation, lorsqu'ils seront convoqués pour les manœuvres, exercices ou revues, depuis l'instant de leur réunion en détachement pour rejoindre, ou de leur arrivée à destination, s'ils rejoignent isolément, jusqu'au jour où ils seront renvoyés dans leurs foyers;

3° Lorsqu'ils sont placés dans les hôpitaux militaires ou dans les salles des hôpitaux civils affectées aux militaires et lorsqu'ils voyagent comme militaires, sous la conduite de la force publique, ou qu'ils se trouvent détenus dans les établissements prisons et pénitenciers militaires.

Art. 12. — Ils sont toujours justiciables des tribunaux militaires :

1° Pour les faits d'insoumission ;

2° Pour tous les crimes et délits prévus au titre II du livre IV du code de justice militaire, lorsqu'ils se trouvent dans les cas prévus par l'article 9 de la présente loi, ou lorsque, au moment où les faits incriminés ont été commis, les délinquants étaient revêtus d'effets d'uniforme.

Art. 13. — Ils sont encore justiciables des tribunaux militaires, en temps de paix comme en temps de guerre, pour les crimes et délits prévus par les articles du code de justice militaire énumé-

---

(1) Abrogé en principe par la loi du 15 juillet 1889, mais restant en vigueur jusqu'à ce qu'il en ait été autrement décidé.

rés à l'article 18 de la présente loi, lorsqu'après avoir été appelés sous les drapeaux ils ont été renvoyés dans leurs foyers.

Toutefois, les hommes appartenant à l'armée territoriale ou à la réserve de cette arme, ne sont plus justiciables des tribunaux militaires en temps de paix, pour les crimes et délits prévus par le paragraphe précédent, lorsqu'ils ont été renvoyés dans leurs foyers depuis plus de six mois, à moins que, au moment où les faits incriminés ont été commis, les délinquants fussent revêtus d'effets d'uniforme.

Art. 14. — Les dispositions des articles précédents, en vertu desquelles est établie la compétence des tribunaux militaires, s'appliquent selon les distinctions établies et sous la réserve des exceptions portées au livre II du code de justice militaire.

Art. 15. — En temps de paix comme en temps de guerre, les hommes désignés à l'article 1er de la présente loi, sont en dehors des cas spécifiés aux articles 11, 12 et 13 ci-dessus, justiciables des tribunaux ordinaires, pour tous crimes et délits prévus et punis par les lois pénales, ainsi que pour les infractions contre les obligations spéciales qui leur sont imposées par le titre Ier et par l'article 24 de la présente loi, lorsque ces infractions constituent des délits.

Art. 16. – Sont laissés à la repression directe de l'autorité militaire pour être l'objet des punitions disciplinaires prononcées par les officiers généraux ou supérieurs dans le commandement desquels les délinquants sont placés, les infractions contre le devoir militaire ci-après énumérées, lorsqu'elles ne constituent ni crime, ni délit.

1° Les infractions contre les obligations spéciales imposées par la présente loi aux hommes désignés à l'article 1er. ;

2° Leur retard non justifié en cas de convocation pour des manœuvres, exercices ou revues ;

3° Les infractions qu'ils commettent contre la discipline, lorsqu'ils sont revêtus d'effets d'uniforme ;

4° Tout acte de désobéissance aux ordres de l'autorité militaire donnés en exécution des lois qui les régissent. Les dispositions relatives à ces diverses infractions feront l'objet d'un réglement spécial approuvé par le Président de la République.

Conseil de discipline

A un degré moins élevé que les cours martiales et les conseils de guerre, dont les unes sont instituées par décret en temps de guerre dans les armées mobilisées, et les autres qui fonctionnent à l'état permanent, avec une juridiction régulière et légale, et qui sont appelés à juger de crimes et délits, se trouvent placés, dans chaque corps de troupe organisé, un conseil dit « de discipline. » Sa mission est sans doute, d'un ordre moins élevé que celle des conseils de guerre ou les cours martiales, mais son action n'en est pas moins salutaire pour l'ordre et la discipline de l'armée.

Les pénalités qu'appliquent les conseils de discipline sont de quatre espèces :

La première, des punitions subies au corps lorsque l'infraction à la discipline est de peu d'importance ;

La seconde, l'envoi du délinquant dans les compagnies de discipline;

La troisième, l'envoi dans les bataillons d'infanterie légère d'Afrique ;

Et enfin, la quatrième, l'envoi aux compagnies disciplinaires des colonies.

Ces deux dernières pénalités ne sont généralement appliquées que lorsqu'il est notoirement établi et reconnu que le sujet est un réfractaire endurci, que les punitions au corps sont insuffisantes pour le corriger, et que sa présence au milieu de ses camarades est nuisible à l'ordre et à la discipline militaires.

Les peines infligées disciplinairement n'ont pas de caractère pénal, elles sont purement disciplinaires.

Conseil d'enquête

Le décret du 29 juin 1878 a prévu trois espèces de conseils d'enquête :

1° Conseil d'enquête de régiment ou de corps de troupe formant bataillon ou escadron ;

2° Conseil d'enquête de région ou de corps d'armée ;

3° Conseil d'enquête spécial pour les généraux de brigade, les généraux de division et les fonctionnaires qui leur sont assimilés.

Chaque conseil d'enquête est composé de 5 membres, désignés d'après le grade ou l'emploi de l'officier objet de l'enquête. Deux membres au moins doivent être de l'arme ou du service militaire auquel appartient l'officier, objet de l'enquête.

Les officiers de la réserve et de l'armée territoriale sont passibles de conseil d'enquête comme leurs camarades de l'armée active.

Conseil de guerre

Auprès de chaque corps d'armée est attaché un conseil de guerre chargé de connaître des crimes, délits et contraventions. Ce conseil est composé, dans les conditions ordinaires, d'un colonel ou lieutenant-colonel, président, d'un chef de bataillon, d'escadron ou major, de deux capitaines, un lieutenant, un sous-lieutenant et un sous-officier. Sa composition peut, cependant, varier selon le grade ou le rang de l'officier traduit devant la juridiction.

Dans tous les cas, le président du conseil doit toujours être d'un grade supérieur à celui occupé dans l'armée par l'inculpé.

La compétence des conseils de guerre est régie, en outre du code militaire, par les lois des 18 mai et 18 novembre 1875.

Cours martiales

Les cours martiales instituées par la loi du 19 octobre 1790, furent supprimées par la loi du 12 mai 1793. Mais en temps de guerre leur fonctionnement s'impose pour la repression immédiate des crimes et délits, aussi bien que pour le maintien strict de la discipline militaire. Leur justice est sommaire, rigoureuse et immédiate ; le délit ou le crime est puni presque séance tenante. Dès qu'il est constaté, au premier gite d'étape, la cour martiale, composée à peu près de la même manière que le conseil de guerre, se réunit, entend lecture de la plainte, l'audition de l'accusé et des témoins, et juge et statue, sans avocat, ni révision, ni cassation. Son arrêt ou jugement est exécuté sur place, dès le lendemain matin avant la mise en route du corps de troupe.

De même que pour le conseil de guerre, le président de la cour martiale doit toujours occuper un grade supérieur à celui de l'accusé. Les cours martiales ont fonctionné et fonctionnent presque toujours en temps de guerre; c'est le gouvernement qui les rétablit, c'est ainsi qu'elles ont fonctionné pendant les évènements de 1870-1871, en vertu des décrets des 26 septembre et 2 octobre 1870.

CHAPITRE II

RÉQUISITIONS MILITAIRES

Notice

La loi du 3 juillet 1877, et le décret de 2 août même année portant règlement d'administration publique de la dite loi, ont déterminé d'une manière générale les conditions dans lesquelles l'autorité militaire a le droit de faire des réquisitions, en cas de mobilisation partielle ou totale de l'armée, de manœuvres ou de rassemblement de troupes.

Nous résumons dans ce chapitre les points les plus importants, ceux,en un mot, qui intéressent le plus directement les fonctionnaires et les particuliers, tant au point de vue de l'exécution des mesures que des obligations imposées à chacun.

En cas de mobilisation, de manœuvres ou de rassemblement de troupes, des affiches sont placardées dans toutes les communes où le droit de réquisition est exercé par l'autorité militaire; s'il s'agit de manœuvres ou de rassemblement ces affiches indiquent les dates pendant lesquelles les réquisitions pourront être exercées. La gendarmerie et les maires veillent à la publication et à la conservation de ces affiches.

Du mode d'établissement des réquisitions

Les réquisitions sont extraites d'un carnet à souche, formulées par écrit et signées ; elles doivent mentionner l'espèce et la quantité des prestations imposées, et autant que possible leur durée.

Il doit toujours être délivré reçu des prestations fournies.

L'autorité militaire a le droit d'exiger par voie de réquisition tout ce qui est nécessaire ou utile à l'armée ; savoir : logement, vivres, moyens de transport, chauffage, matériaux, outils, bateaux, moulins, guides, traitement des malades chez l'habitant, etc., etc. (art. 5 de la loi du 3 juillet 1877).

Résumé des prestations à fournir par voie de réquisition

Les prestations exigibles par voie de réquisition comprennent notamment :

1° Le logement chez l'habitant et le cantonnement pour les hommes et pour les chevaux, mulets et bestiaux, dans des locaux disponibles, ainsi que les bâtiments nécessaires pour le personnel et le matériel des services de toute nature qui dépendent de l'armée ;

2° La nourriture journalière des officiers et soldats logés chez l'habitant, conformément à l'usage du pays ;

3° Les vivres et le chauffage pour l'armée, les fourrages pour les chevaux, mulets et bestiaux ; la paille de couchage pour les troupes campées ou cantonnées ;

4° Les moyens d'attelage et de transport de toute nature, y compris le personnel ;

5° Les bateaux ou embarcations qui se trouvent sur les fleuves, rivières, lacs et canaux ;

6° Les moulins et les fours ;

7° Les matériaux, outils, machines et appareils nécessaires pour la construction ou la réparation des voies de communication, et, en général, pour l'exécution de tous les travaux militaires ;

8° Les guides, les messagers, les conducteurs, ainsi que les ouvriers pour tous les travaux que les différents services de l'armée ont à exécuter ;

9° Le traitement des malades ou blessés chez l'habitant;

10° Les objets d'habillement, d'équipement, de campement, de harnachement, d'armement et de couchage, les médicaments et moyens de pansement ;

11° Tous les autres objets et services dont la fourniture est nécessitée par l'intérêt militaire ;

12° Les chevaux, mulets, mules et voitures attelées ;

13° Les pigeons voyageurs.

Hors le cas de mobilisation, il ne pourra être fait réquisition que des prestations énumérées aux cinq premiers paragraphes ci-dessus. Les moyens d'attelage et transport, bateaux et embarcations, dont il est question aux §§ 4 et 5, ne pourront également être requis chaque fois, hors le cas de mobilisation, que pour une durée maximum de 24 heures.

Logement et cantonnement de troupes

Les municipalités ont le devoir de veiller à ce que la charge du logement ou du cantonnement soit répartie avec équité sur tous les habitants, sans distinction de personnes, quelles que soient leurs fonctions ou qualités.

Les habitants ne devront jamais être délogés de la chambre et du lit où ils ont l'habitude de coucher ; ils ne pourront néanmoins, sous ce prétexte, se soustraire à la charge du logement selon leurs facultés.

Hors le cas de mobilisation, le maire ne peut envahir le domicile des absents ; il devra loger ailleurs à leurs frais, (loi du 3 juillet 1877, art. 13).

Les établissements publics ou particuliers requis préalablement par l'autorité militaire, et effectivement utilisés par elle, ne sont pas compris dans la répartition du logement ou du cantonnement.

Personnes dispensées de fournir le logement dans leur domicile

Sont dispensés de fournir le logement dans leur domicile, les détenteurs de caisses publiques, les veuves et filles seules et les communautés religieuses de femmes ; mais les uns et les autres sont tenus d'y suppléer en fournissant le logement en nature chez d'autres habitants ; à défaut de quoi, il y sera pourvu à leurs frais par les soins du maire.

Les officiers et fonctionnaires militaires en garnison sont tenus de fournir, dans leur domicile propre, le logement comme les autres habitants.

Etat des ressources en logement et en cantonnement des troupes

Tous les trois ans les maires dressent, en double expédition, sur des modèles qui leur sont transmis par les commandants des corps d'armée, un état des ressources que peut offrir leur commune pour le logement et le cantonnement de troupes [1].

---

(1) Sont considérés comme logement, tous établissements publics ou privés, maisons, écuries, hangards, etc., et comme cantonnement, tous endroits où peuvent camper des troupes.

Cet état vu et révisé sur place par des officiers, de concert avec les municipalités, est adressé au commandant du corps d'armée par l'intermédiaire du Préfet. Une expédition doit être soigneusement conservée à la mairie.

Du logement chez un tiers

Toutes les fois qu'un maire est tenu de loger des militaires aux frais et pour le compte de tiers, il doit prendre un arrêté spécial et motivé, qui est notifié aussitôt que possible à la personne intéressée ; cet arrêté qui fixe la somme à payer, est pris en vertu de la loi du 3 juillet 1877, art. 13. La somme est recouvrée comme en matière de contribution. Le Maire adresse deux expéditions de son arrêté au Préfet qui le rend exécutoire et le transmet ensuite au trésorier-payeur général qui fait procéder au recouvrement.

Le maire peut-il envahir une habitation privée en l'absence du propriétaire ?

Sauf le cas de guerre ou de mobilisation le maire ne peut, quelles que soient les circonstances, envahir une habitation privée en l'absence du propriétaire pour y loger ou cantonner des troupes de passage. Il doit dans ce cas loger ailleurs aux frais du propriétaire. Il prend, à cet effet, un arrêté fixant la somme à payer ; il adresse cet arrêté en double expédition au Préfet qui le rend exécutoire et fait procéder au recouvrement comme en matière de contributions (art. 13 de la loi du 3 juillet 1877).

De la durée du logement

Les habitants sont tenus de loger ou de cantonner gratuitement les troupes pendant une durée maximum de trois nuits. La dite durée s'applique indistinctement au séjour d'un seul corps ou de corps différents.

En cas de mobilisation, un décret spécial détermine la durée pendant laquelle les habitants sont tenus de loger ou de cantonner les troupes.

En toutes circonstances, les troupes ont droit, chez l'habitant, au feu et à la chandelle.

Conventions passées avec les communes pour le logement et le cantonnement des troupes

Toutes les fois que des communes par leur situation topographique se trouvent exposées à recevoir fréquemment des troupes,ou à les loger ou à les cantonner pendant une durée plus ou moins longue, l'administration de la guerre souscrit avec ces communes des conventions particulières réglant le montant et le mode de paiement des indemnités qui pourraient leur être dues.

De la responsabilité des troupes logées ou cantonnées

Les troupes sont responsables des dégâts et dommages occasionnés par elles dans leurs logements ou cantonnements.

Les habitants qui auront à se plaindre à cet égard adresseront leurs réclamations, par l'intermédiaire du maire, au commandant de la troupe, afin qu'il y soit fait droit, si elles sont fondées ; elles devront être remises, après constatations des dégâts, *à peine de déchéance*, avant le départ de la troupe, ou en temps de paix, *trois heures après, au plus tard.* Un officier est laissé, à cet effet, par le commandant de la troupe.

Constatation des dégâts

S'il est reconnu que des dégâts ont été commis chez un ou plusieurs habitants par des soldats qui y étaient logés ou cantonnés, procès-verbal doit être dressé contradictoirement par le maire et par l'officier chargé d'examiner la réclamation.

En temps de paix, le procès-verbal est remis à l'habitant qui adresse sa réclamation à l'autorité militaire.

Des réclamations pour dégâts pendant les grandes manœuvres

Les réclamations doivent, à peine de déchéance, être déposées à la mairie *dans les trois jours* qui suivent le passage ou le départ des troupes.

Le maire transmet cette réclamation à l'officier spécialement chargé de ce service ou la transmet au Préfet qui la fait parvenir à l'intendant militaire.

Commission d'évaluation des dégâts dans les propriétés privées à l'occasion des manœuvres en pays de montagne

Lorsqu'un corps d'armée, portion de corps d'armée, ou groupe de troupes opèrent isolément en pays de montagne, le général commandant le corps d'armée, nomme une commission d'évaluation des dégâts occasionnés aux propriétés privées. Cette commission est composée, selon l'importance des manœuvres, de 5 ou 7 membres.

Pour les groupes alpins la commission comprend généralement 5 membres seulement, savoir :

Un capitaine président ; un membre civil résidant dans la commune ; trois experts civils.

Les membres civils et les experts sont nommés par le général sur la proposition du Préfet.

Le premier n'a droit à aucune indemnité, les experts ont droit, au contraire, à 6 francs par journée d'opérations sur le territoire de la commune de leur résidence, et 12 francs par journée hors de leur commune.

Commission ordinaire d'évaluation des dégâts

En outre de la commission dont il s'agit plus haut, une autre commission est attachée à chaque corps d'armée ou portion de corps d'armée opérant isolément, elle procède, comme la précédente à l'évaluation des dégâts. Si cette évaluation est acceptée par les intéressés, le montant de la somme fixée est payé sur le champ. En cas de désaccord la contestation est introduite et jugée comme il est dit ci-après :

Dans les trois jours qui suivent la proposition de la commission, les décisions de l'autorité militaire doivent être transmises au maire qui les notifie administrativement à chacun des intéressés ou à leur résidence habituelle *dans les vingt-quatre heures* de la réception.

Dans un délai de quinze jours maximum à partir de cette notification, les intéressés doivent faire connaître au maire s'ils acceptent ou refusent l'allocation qui leur est offerte. Faute par eux d'avoir fait connaître leur refus dans ce délai, les allocations sont considérées comme définitives. Le refus sera motivé et indiquera la somme réclamée *(voir plus loin refus d'acceptation)*.

Etat des allocations dressé par le maire

A l'expiration du délai de quinzaine, le maire dresse l'état des allocations devenues définitives par l'acceptation ou le silence des intéressés ; cet état est adressé par le maire à l'intendant militaire qui mandate collectivement au nom de la commune, le montant des allocations.

Le mandat doit être payé comptant.

En temps de guerre, le payement peut être fait en bon du trésor, le maire est tenu de mandater et le receveur municipal est tenu de payer à chaque indemnitaire la somme qui lui revient.

Refus d'acceptation d'indemnités

Les communes ou les particuliers peuvent refuser, s'ils se croient lésés dans leurs droits, les indemnités qui leur sont offertes par le fonctionnaire de l'intendance. Dans ce cas le maire est tenu de transmettre le refus d'acceptation au juge de paix du canton, celui-ci appelle en conciliation le fonctionnaire de l'intendance et les réclamants.

En cas de non conciliation le juge de paix peut prononcer immédiatement, ou ajourner les parties pour être jugées dans le plus bref délai.

Il statue en dernier ressort jusqu'à une valeur de 200 francs inclusivement; et en premier ressort jusqu'à 1,500 francs inclusivement, au-dessus de ce chiffre l'affaire est portée devant le tribunal de première instance.

Dans tous les cas, le jugement sera rendu comme en matière sommaire (art. 26 de la loi du 3 juillet 1877).

Commissions centrales d'évaluation des dégâts

Indépendamment des commissions attachées à chaque corps d'armée dont il est question plus haut, le Ministre institue, en cas de mobilisation totale, deux autres commissions, dont l'une dite *centrale* et l'autre dite *commission mixte départementale.*

La première, siégeant au ministère, ou près le corps d'armée, est chargée de correspondre avec la commission départementale d'évaluation, d'assurer l'uniformité et la régularité des liquidations et d'émettre son avis sur toutes les difficultés auxquelles peut donner lieu le règlement des indemnités.

La seconde siège au chef-lieu de chaque département; elle est composée de trois, cinq ou sept membres, selon l'importance des réquisitions à exercer.

Le nombre des membres civils est de deux dans les commissions composées de trois personnes, de trois dans celles qui sont composées de cinq personnes et de quatre dans celles de sept.

Les membres civils sont nommés sur la désignation du Préfet.

Leurs fonctions sont gratuites.

L'arrêté ministériel ou du corps d'armée qui nomme les commissions départementales désigne en même temps le président et le secrétaire, qui peuvent être choisis parmi les membres militaires et parmi les membres civils.

La commission ne peut valablement délibérer que s'il y a au moins trois membres présents dans les commissions composées de trois ou cinq membres, et cinq dans celles composées de sept membres. Les commissions d'évaluation peuvent s'adjoindre, avec voix consultative, des notables commerçants, pour l'établissement des tarifs ; elles peuvent aussi désigner des experts, pour l'estimation des dommages. Les frais d'expertise restent à la charge de l'administration.

Ces commissions établissent, pour les différents objets susceptibles d'être réquisitionnés, des tarifs qui sont arrêtés par le Ministre de la Guerre (décret du 2 août 1877).

Tarif des indemnités pour logement et cantonnement au-delà de trois nuits dans le même mois

1° Logement :

Par officier logé seul et par jour......... Fr.	1	»
Par deux officiers logés ensemble et par jour..	1	50
Par sous-officier et par jour	0	15
Par soldat et par jour........................	0	10
Par cheval et par jour (plus le fumier)	0	05

2° Cantonnement :

Par homme et par jour.........................	0	05
Par cheval, le fumier.		

De la remise aux parties prenantes des fournitures requises

Le maire doit faire procéder à cette remise en sa présence ou à celle de son délégué. Il tient un registre des prestations fournies par chaque habitant, soit en vertu de la répartition par lui faite, soit en vertu de réquisitions directes, et mentionne sur ce registre les quantités fournies et les prix réclamés ; il délivre reçu aux prestataires.

Les habitants qui sont l'objet de réquisitions directes, portent à la mairie les reçus qu'ils ont obtenus de l'autorité militaire, et les échangent contre des reçus de l'autorité municipale.

Il en est de même des certificats qui sont délivrés aux habitants pour constater l'accomplissement d'un service requis.

Réquisition pour un service personnel

L'article 42 du décret de 2 août 1877 confère à l'autorité militaire le droit de requérir pour service personnel. Si la personne requise abandonne son poste, l'officier qui constate cet abandon prévient immédiatement le procureur de la République du domicile du délinquant, en lui faisant connaître le nom de ce dernier et son domicile.

En temps de paix, la pénalité est de 16 à 50 fr. En temps de guerre, la personne est traduite devant le conseil de guerre, et est passible d'un emprisonnement de six jours à cinq ans (art. 21 de la loi du 3 juillet 1877).

Transports militaires par chemin de fer

Le règlement général du 1er juillet 1874, modifié par le décret du 29 octobre 1884, embrasse des points si divers dans le mode des transports militaires par chemin de fer, qu'il ne nous est pas possible de relater ici les nombreuses dispositions qu'il renferme.

Nous nous bornons donc à résumer succinctement les opérations principales en engageant le lecteur à se reporter, pour les questions de détail, au règlement précité.

Les transports militaires se divisent en deux catégories : les transports ordinaires ; les transports stratégiques.

Les transports ordinaires sont ceux qui ont lieu à l'intérieur, et qui peuvent être exécutés sans troubler l'exploitation commerciale des chemins de fer, ils comprennent :

1° Le transport des militaires voyageant isolément, soit à leurs frais, soit en vertu de bons de chemin de fer ;

2° Le transport des troupes et de leur matériel par les trains ordinaires de l'exploitation ;

3° Le transport des troupes et du matériel qui les accompagne, par trains spéciaux, ajoutés au service journalier des chemins de fer, avec des marches subordonnées à celles des trains commerciaux ;

4° Les transports de matériel, denrées et approvisionnements de toute nature, exécutés conformément aux règles commerciales ou aux stipulations particulières arrêtées entre l'Etat et les compagnies de chemins de fer.

En cas de mobilisation ou de guerre, les transports ordinaires concourent, dans les conditions et les limites déterminées par la commission militaire supérieure des chemins de fer, aux mouvements isolés ou aux opérations de concentration qui sont prescrites sur les réseaux ou lignes dont les moyens de transport ont été requis par le Gouvernement.

Les transports stratégiques ont pour objet le déplacement par grandes masses de troupes et de matériel de guerre ; ils sont combinés de manière à opérer la concentration rapide de ces masses sur un ou plusieurs points déterminés. Ces transports nécessitent généralement l'emploi de tout ou partie des ressources en matériel et en personnel des compagnies de chemins de fer ; ils ont pour conséquence de restreindre ou de supprimer complètement, sur une ou plusieurs lignes, le service ordinaire de l'exploitation commerciale.

Le Gouvernement peut requérir la totalité des moyens de transport dont dispose une compagnie. La réquisition est notifiée aux compagnies *par un arrêté spécial* du Ministre des Travaux publics ; son retrait leur est notifié de la même manière.

Autorités qui ordonnent le transport des corps ou des détachements

Le Ministre de la Guerre et les généraux commandant les corps d'armée ont, seuls, qualité pour ordonner que les corps ou détachements et le matériel qui les accompagnent voyagent par chemins de fer.

Les demandes de trains et avis de transport adressés par ces autorités aux compagnies de chemins de fer *sont obligatoires* pour ces dernières.

Les transports de matériel sans troupes ne sont exécutés qu'en vertu d'ordres de transport délivrés directement :

Par le Ministre de la Guerre et par les fonctionnaires de l'intendance militaire chargés, dans chaque place, du service des transports, ou leurs suppléants.

Les autorités supérieures (Ministre de la Guerre et généraux commandant les corps d'armée) ont la faculté de déléguer leur pouvoir,de prescrire des transports de troupes par voie ferrée à un ou plusieurs de leurs subordonnés ; elles usent de cette faculté suivant leur appréciation et sous leur responsabilité personnelle.

Toute délégation doit préciser les limites dans lesquelles les délégués ont à se mouvoir, selon les circonstances locales et administratives, et les conditions de service de la voie ferrée.

Les demandes de trains ou avis de transport, signés par un délégué, mentionnent toujours les délégations en vertu desquelles ces pièces sont établies.

Transports en temps de guerre

En temps de guerre, les transports en deçà de la base d'opérations sont ordonnés par le Ministre de la Guerre ; et au-delà par le général en chef. C'est la direction militaire des chemins de fer de campagne, à l'aide d'un personnel organisé militairement, et d'un matériel fourni par les compagnies requisitionnées,qui est chargée de l'exécution des ordres du Ministre ou du général en chef, selon le cas.

Prix de transport de troupes dû aux compagnies en cas de réquisition totale

Le prix des transports militaires, en cas de réquisition totale, est doublé et s'élève du quart à la moitié des taxes normales en-deçà de la base d'opérations ;

Au-delà, il n'est dû que la taxe de péage fixée par le cahier des charges qui régit chaque compagnie.

La réquisition totale donne droit d'utiliser les dépendances de la gare, de la voie, des fils télégraphiques sans autre indemnité.

L'emploi des machines et wagons se paye conformément aux prix fixés par décret du conseil d'État.

Le matériel réquisitionné sera inventorié (décret du 2 août 1877, art. 59, 61, 62, 63).

Des réquisitions de l'autorité maritime

En cas de mobilisation totale ou partielle, le Ministre de la Marine, comme son collègue de la Guerre, détermine l'époque où pourra commencer et celle où devra se terminer l'exercice du droit de réquisition.

Les vices-amiraux, commandant en chef, et préfets maritimes peuvent seuls exercer de plein droit des réquisitions. Ils peuvent déléguer leurs pouvoirs aux officiers investis d'un commandement, ainsi qu'aux commissaires de la marine.

Exceptionnellement, et sous sa responsabilité personnelle tout officier commandant une force navale, un bâtiment ou un détachement à terre, peut réquisitionner les prestations qu'il juge nécessaires, (décret du 2 août 1877, art. 65, 66, 67, 71).

RECENSEMENT DES CHEVAUX, MULETS, MULES ET VOITURES ATTELÉES SUSCEPTIBLES D'ÊTRE REQUIS EN CAS DE MOBILISATION

Devoirs des Préfets et Maires

Chaque année, dans les premiers jours de décembre au plus tard, les Préfets adressent aux maires des instructions détaillées sur la manière dont les opérations de recensement doivent être faites. Les maires sont tenus à des publications par voie d'affiche et, au besoin, à des avertissements particuliers pour informer les propriétaires qu'ils doivent se présenter à la mairie avant le 1er janvier à l'effet de déclarer : 1° tous les chevaux, juments, mulets et mules qui sont en leur possession, sans *aucune distinction ni exclusion*, et en indiquer l'âge et le signalement; 2° toutes les voitures attelées autres que celles qui sont exclusivement affectées au service des personnes.

Dispenses de déclaration et de recensement des chevaux et voitures

Sont seuls dispensés de la déclaration et du recensement des chevaux, mulets, mules et voitures, savoir :

1° Les agents diplomatiques des puissances étrangères;

2° Les nationaux des pays désignés ci-après, en faveur desquels l'exemption de toute réquisition militaire a été stipulée par des conventions spéciales : Brésil, Bolivie, Haïti, Vénézuéla, République de l'Equateur, Chili, Guatémala, Costa Rica, Portugal, Honduras, Nouvelle-Grenade, Iles Sandwich, San-Salvador, Nicaragua, Pérou, Confédération Argentine et Espagne ; Mecklembourg-Schwerin, villes Hanséatiques, Colombie, République Dominicaine, Grande-Bretagne, Italie, Paraguay, Russie, Suisse. Toutefois ces exemptions ou dispenses ne s'appliquent aux nationaux d'aucun de ces pays lorsqu'ils sont propriétaires fonciers ou fermiers en France.

Mode de recensement des chevaux, juments, mulets, mules et des voitures attelées

Tous les ans, avant le 16 janvier, il est procédé au recensement des chevaux, juments, mulets et mules sur la déclaration obligatoire des propriétaires ou, au besoin, d'office par les soins du maire.

Tous les trois ans le même recensement est fait pour les voitures attelées,à l'exception de celles réservées au transport des personnes.

L'inscription de tous les animaux déclarés, quels que soient leur âge et leur aptitude, devra être faite avec le plus grand soin par les maires, sur un registre de déclaration (modèle A), en consultant d'ailleurs le registre de l'année précédente qui doit se trouver à la mairie.

Du registre préparatoire à établir par les maires

Ce registre devra contenir, au fur et à mesure des déclarations faites, savoir :

1° Les noms, prénoms de chaque propriétaire ;

2° Ses professions et qualités ;

3° Son domicile ;

Le signalement détaillé de chaque animal (sexe, âge, taille, nom, robe) ; pour les animaux déjà visités les années précédentes, on reproduira le signalement donné par la commission du dernier classement, la décision de cette commission et, s'il y a lieu, le classement déjà donné.

Du registre de classement

Du 1er au 15 janvier de chaque année, les maires dresseront, à l'aide du registre préparatoire A, la liste, modèle B, dite de *recensement* des chevaux, juments, mulets, et mules susceptibles, par leur âge, d'être requis pour le service de l'armée *en cas de mobilisation*. Cette dernière liste qui doit présenter les noms des propriétaires, sera établie *par ordre alphabétique*, elle comprendra tous ceux des animaux qui ont atteint ou atteindront dans l'année du recensement l'âge fixé par la loi, *six ans et au-dessus* [2], sauf les exceptions ci-après :

---

(1) Les imprimés nécessaires sont annuellement adressés aux maires par le Préfet.

(2) L'âge se compte à partir du 1er janvier de l'année de la naissance.

1° Les chevaux, juments, mulets et mules qui sont reconnus être déjà inscrits dans une autre commune ;

2° Les animaux qui sont reconnus avoir déjà *été réformés* par une commission de classement, en raison de tares, de mauvaise conformation ou d'autres motifs qui les rendent impropres au service de l'armée ;

3° Les chevaux, juments, mulets et mules reconnus avoir *été ajournés* par une commission de classement pour défaut de taille.

Du certificat de déclaration

Le maire est tenu de délivrer à tous les propriétaires qui ont fait la déclaration de leurs animaux, un certificat (modèle E) constatant la dite déclaration et mentionnant le nombre des chevaux, juments, mulets et mules inscrits.

Des registres et relevés numériques

Les registres, listes et relevés numériques doivent toujours être établis, arrêtés et certifiés conformes, *même s'ils sont négatifs.*

Ces documents sont établis en double expédition : une est conservée à la mairie et l'autre est transmise à l'autorité militaire.

Cas où le propriétaire aurait plusieurs résidences

Lorsqu'un propriétaire a une ou plusieurs résidences, il doit simplement présenter aux maires des communes où il ne fait pas de déclaration, le certificat du maire de la commune où il l'a faite; ces derniers en prennent note sur leurs registres.

Mode de procéder dans les villes divisées en plusieurs cantons

Dans les villes divisées en plusieurs cantons, il doit être ouvert un registre de déclaration et une liste de recensement pour chaque canton ou arrondissement municipal.

Ces documents doivent être visés, certifiés et arrêtés par le maire : le registre le 31 décembre, et la liste le 15 janvier.

Taille des animaux recensés et classés

Le minimum de la taille est fixé à 1 mètre 47 pour les chevaux et juments, et à 1 mètre 44 pour les mulets et mules.

En Corse, exceptionnellement, ce minimum est réduit à 1 mètre 44 pour les chevaux et juments, et à 1 mètre 40 pour les mulets et mules.

Relevés numériques à dresser par les maires

Indépendamment des registres relatés plus haut, les maires dressent, en outre, en double expédition, un relevé numérique modèle C, qu'ils transmettent, du 16 au 20 janvier, au commandant de recrutement, et l'autre au Sous-Préfet. Des imprimés *ad hoc* leur sont fournis par la Préfecture ou l'autorité militaire.

De leur côté, les commandants de recrutement établissent, en double expédition, *un relevé numérique général* des renseignements fournis par les maires, et le transmettent, dès le 25 *janvier de chaque année*, tant au général commandant le corps d'armée qu'au Ministre de la Guerre.

Des convocations individuelles des propriétaires

Les convocations individuelles ne sont pas exigibles ; seul l'avis collectif publié sur la voie publique est indispensable, et est seul obligatoire. Quand les municipalités jugeront à propos d'en établir dans l'intérêt de leurs administrés, ces convocations seront à leur charge et sous leur responsabilité. Les autorités militaires n'ont pas à intervenir dans les inscriptions à faire pour le recensement. Ce travail est fait sous la responsabilité directe de la municipalité.

Le recensement annuel n'est, d'ailleurs, qu'une mesure d'intérêt général prescrite par la loi, et n'apporte aucune restriction au droit de propriété et aux transactions dont les animaux recensés peuvent être l'objet.

VOITURES ATTELÉES SUSCEPTIBLES D'ÊTRE REQUISES EN CAS DE MOBILISATION

Recensement des voitures

Tous les trois ans, les maires dressent et arrêtent, le 15 janvier, un registre contenant la désignation des propriétaires, le nombre et le signalement des voitures ainsi que celui des animaux destinés à les atteler.

Ils établissent, en outre, un relevé numérique, en double expédition, dont l'une pour le Sous-Préfet et l'autre pour le commandant de recrutement.

Des instructions sont, d'ailleurs, en temps et lieu, adressées par les Préfets aux maires pour l'exécution de ce travail qui s'opère dans les mêmes conditions et époques que pour le recensement et le classement des chevaux, juments, mules et mulets.

Les commandants de recrutement procèdent également de même pour l'envoi de l'état numérique à qui de droit.

Pénalités

L'article 52 de la loi du 3 juillet 1877 [1] rend les maires, aussi bien que les propriétaires d'animaux et de voitures, passibles d'amendes pour toutes les infractions aux dispositions relatives au recensement, au classement et à la réquisition des chevaux, juments, mulets, mules et voitures.

Des poursuites sont exercées à la diligence du procureur de la République sur le vu du procès-verbal que la gendarmerie a dressé sur les injonctions du président de la commission de classement.

Frais d'imprimés

Les frais relatifs aux imprimés que les maires emploient pour le recensement et le classement des chevaux,

(1) Article 52. Les maires ou les propriétaires de chevaux, juments, mulets ou mules, de voitures ou de harnais qui ne se conforment pas aux dispositions de la présente loi, sont passibles d'une amende de 25 à 1000 fr. Ceux qui auront fait sciemment de fausses déclarations seront frappés d'une amende de 50 à 2,000 francs.

mulets et voitures sont exclusivement à la charge du ministère de la Guerre. Ces frais sont ordonnancés par l'intendance militaire (circ. des 20, 24 octobre et 22 novembre 1877).

Les maires reçoivent, d'ailleurs, en temps opportun, tous ces imprimés de la Préfecture.

Exemption de réquisition

En dehors des animaux reconnus impropres par les commissions de classement et des voitures attelées, non susceptibles d'être requises, et des animaux et voitures appartenant aux agents diplomatiques des puissances étrangères, et aux nationaux des pays mentionnés plus haut, sont seuls exemptés de toute réquisition militaire les chevaux, juments, mulets, mules et voitures attelées appartenant aux fonctionnaires, aux officiers et aux établissements indiqués au tableau ci-après :

(Art. 40 et 42 de la loi du 3 juillet 1877).

Fonctionnaires et établissements publics qui sont tenus de posséder des chevaux, juments, mulets et mules et des voitures pour le service de l'État.

DÉSIGNATION DES MINISTÈRES	DÉSIGNATION : 1° Des fonctionnaires qui sont tenus de posséder des chevaux et voitures ; 2° Des administrations auxquelles des chevaux de service et des voitures sont nécessaires.	Nombre d'animaux par fonctionnaire ou établissement	Nombre de voitures à 2 ou 4 roues par fonctionnaire ou établissement
	Tous les Ministres (1).	»	»
	Imprimerie nationale		
Justice.	Directeur et service	10	5
Affaires étrangères	Le directeur du cabinet et secrétariat .	3	2
	L'inspecteur du matériel	1	1
	Préfets des départements.	2	»
	Sous-Préfets des arrondissements . .	1	»
	Établissements pénitentiaires		
Intérieur . .	Clairvaux (Aube)	6	5
	Val-d'Yère (Cher)	11	5
	Casabianca (Corse).	45	20
	Castelluccio (Corse)	8	4
	Chiavari (Corse)	31	15
	Saint-Han (Côtes-du-Nord)	2	1
	Gaillon (Eure)	1	1
	Les Douaires (Eure)	10	5
	Maison centrale de Nîmes (Gard) . .	1	1
	Colonie de Mettray (Indre-et-Loire) .	2	5
	La Motte-Beuvron (Loir-et-Cher) . .	8	4
	Fontevrault (Maine-et-Loire) . . .	3	2
	Loos (Nord).	2	2
	Saint-Bernard (Nord)	13	6
	La Grande-Trappe (Orne).	2	2
	Ecole Saint-Joseph à Frasnes (Hte-Sne).	2	1
	Atelier refuge de Rouen	2	2
	Saint-Hilaire (Vienne)	14	7
	Établissements généraux de bienfaisance		
	Maison nationale de Charenton (Seine)	3	2
	Asile national de Vincennes. . . .	5	2
	Asile national du Vésinet (S.-et-O.) .	3	2
	Institution nationale des sourdes-muettes de Bordeaux.	1	1

(1) Sans fixation de chiffre.

DÉSIGNATION DES MINISTÈRES	DÉSIGNATION : 1° Des fonctionnaires qui sont tenus de posséder des chevaux et voitures ; 2° Des administrations auxquelles des chevaux de service et des voitures sont nécessaires.	Nombre d'animaux par fonctionnaire ou établissement	Nombre de voitures à 2 ou 4 roues par fonctionnaire ou établissement
	Hospice national du Mont-Genèvre. .	1	1
	Institution nationale des sourds-muets de Chambéry.	1	1
	Établissements hospitaliers		
	Dépôt de mendicité de Montreuil-sous-Laon (Aisne).	4	2
	Hospice d'Angoulême (Charente) . .	2	2
	Dépôt de mendicité de Rabès (Corrèze)	1	1
	Hospice général de Tours (I.-et-L.) .	5	3
	Hospice d'Alençon (Orne).	1	1
	Dépôt de mendicité de Neurey (Hte-Sne)	2	1
	Hospices du Mans (Sarthe)	1	1
	Hospices de Poitiers (Vienne) . . .	1	1
	Établissements dépendant de l'Assistance publique de Paris (Seine)		
INTÉRIEUR .. (Suite)	Hôpital de la Charité, à Paris . . .	1	1
	— de la Pitié, à Paris	1	1
	— Saint-Antoine, à Paris . . .	1	2
	— Necker, à Paris	1	2
	— Beaujon, à Paris.	1	2
	— Lariboisière, à Paris. . . .	2	2
	— Saint-Louis, à Paris. . . .	2	3
	— des enfants malades, à Paris .	2	1
	— Sainte-Eugénie, à Paris. . .	2	2
	— de Berck-sur-Mer (P.-de-C.) .	3	1
	Maison municipale de santé, à Paris .	1	2
	Hospice des enfants assistés, à Paris .	4	3
	— de Bicêtre (vieillesse hommes), à Paris	6	4
	— de la Salpêtrière (vieillesse femmes), à Paris. . . .	6	6
	— des incurables, à Ivry . . .	3	3
	Maison des ménages, à Issy	2	3
	Institution de Sainte-Périne, à Auteuil	1	2
	Amphithéâtre d'anatomie, à Paris . .	1	2
	Hospice de la reconnaissance (fondation Brézin), à Garches (Seine-et-Oise) .	1	3

DÉSIGNATION DES MINISTÈRES	DÉSIGNATION : 1° Des fonctionnaires qui sont tenus de posséder des chevaux et voitures ; 2° Des administrations auxquelles des chevaux de service et des voitures sont nécessaires.	Nombre d'animaux par fonctionnaire ou établissement	Nombre de voitures à 2 ou 4 roues par fonctionnaire ou établissement
	Asiles d'aliénés		
	Prémontré (Aisne).	6	3
	Sainte-Catherine, commune d'Yzeure (Allier)	3	2
	Saint-Lizier (Ariège)	1	1
	Rodez (Aveyron)	1	1
	Aix (Bouches-du-Rhône).	2	1
	Marseille (Bouches-du-Rhône) . . .	1	1
	Breuty (Charente)	2	1
	Lafond, commune de Cognehors (Charente-Inférieure).	2	1
	Bourges (Cher)	2	2
	Dijon (Côte-d'Or)	1	1
	Lehon près Dinan (Côtes du-Nord). .	2	1
	Bon-Sauveur, à Bigard (Côtes-du-Nord).	2	1
	Evreux (Eure)	3	2
	Bonneval (Eure-et-Loir)	3	2
	St-Athanase, près Quimper (Finistère).	4	2
	Toulouse (Haute-Garonne)	5	1
	Auch (Gers).	2	1
INTÉRIEUR . . (Suite)	Bordeaux (Gironde)	1	1
	Cadillac (Gironde)	2	2
	Rennes (Ille-et-Vilaine)	3	2
	Saint-Robert à Saint-Egrève (Isère). .	1	1
	Dôle (Jura)	4	2
	Blois (Loir-et-Cher)	2	2
	Saint-Alban (Lozère)	2	1
	St-Gemmes, près Angers (Main.-et-Loire)	4	2
	Pontorson (Manche)	1	1
	Picauville (Manche)	1	1
	Saint-Lô (Manche).	1	1
	Châlons (Marne)	2	1
	Saint-Dizier (Haute-Marne)	1	1
	La Roche-Gandon, com. de Mayenne (Mayenne)	2	1
	Maréville (Meurthe-et-Moselle) . . .	4	2
	Fains, près Bar-le-Duc (Meuse). . .	1	1
	La Charité, près Nevers (Nièvre) . .	1	1
	Bailleul (Nord).	6	3
	Armentières (Nord)	5	3
	Lommelet à Marquette (Nord) . . .	4	2

DÉSIGNATION DES MINISTÈRES	DÉSIGNATION : 1° Des fonctionnaires qui sont tenus de posséder des chevaux et voitures ; 2° Des administrations auxquelles des chevaux de service et des voitures sont nécessaires.	Nombre d'animaux par fonctionnaire ou établissement	Nombre de voitures à 2 ou 4 roues par fonctionnaire ou établissement
INTÉRIEUR (Suite)	Alençon (Orne)	2	1
	Pau (Basses-Pyrénées)	4	2
	Bron (Rhône)	4	2
	Le Mans (Sarthe)	1	1
	Bassens (Savoie)	1	1
	Sainte-Anne, à Paris	3	1
	Vaucluse, commune d'épinay-sur-Orge (Seine-et-Oise)	7	3
	Ville-Evrard, commune de Neuilly-sur-Marne (Seine-et-Oise)	4	2
	Quatre-Mares à Sotteville-les-Rouen (Seine Inférieure)	6	3
	Bon-Sauveur (Tarn)	1	1
	Mont-de-Vergues, à Avignon (Vaucluse)	2	1
	La Roche-sur-Yon (Vendée)	2	1
	Naugeat, à Limoges (Haute-Vienne)	1	1
FINANCES	Administration centrale	3 (1)	3
	1° Administration des Douanes		
	Inspecteurs divisionnaires	2	»
	Sous-Inspecteurs divisionnaires	2	»
	Employés des brigades à cheval	1	»
	2° Administration des Contributions indirectes		
	Receveurs ambulants à cheval	1	»
	Commis principaux à cheval	1	»
	3° Administration des Télégraphes		
	Dépôt central à Paris	3 (1)	»
MARINE ET COLONIES	Adjudicataires des travaux dans les ports et établissements de la marine, à Cherbourg	6	»
	Idem, à Brest	12	»
	Idem, à Lorient	8	»
	Idem, à Rochefort	4	»
	Idem, à Toulon	9	»
	Idem, à Indret	8	»
	Idem, à Guérigny	11	»

(1) Ces chevaux appartiennent à un entrepreneur.

DÉSIGNATION DES MINISTÈRES	DÉSIGNATION : 1° Des fonctionnaires qui sont tenus de posséder des chevaux et voitures ; 2° Des administrations auxquelles des chevaux de service et des voitures sont nécessaires.	Nombre d'animaux par fonctionnaire ou établissement	Nombre de voitures à 2 ou 4 roues par fonctionnaire ou établissement
Instruction publique, cultes et beaux-arts	Faculté de médecine de Paris . . .	1	1
	Lycée de Nantes	4	1
Agriculture et commerce	*1° Service des Haras*		
	Inspecteurs généraux	2	1
	Directeurs des dépôts d'étalons . . .	1	1
	Sous-Directeurs des dépôts d'étalons .	1	»
	2° Service des Forêts		
	Inspecteurs	1	»
	Sous-Inspecteurs	1	»
	Gardes généraux	1	»
	Gardes généraux adjoints.	1	»
	Brigadiers du service des dunes. . .	1	»
Travaux publics	*1° Service des Ponts et Chaussées*		
	Les Ingénieurs ordinaires chargés d'un service d'arrondissement	1	»
	2° Service des bâtiments civils et palais nationaux		
	Conservation du mobilier national . .	4	10
	Palais du Luxembourg	1	2
	Palais de Versailles	1	2
	Palais de Saint-Cloud.	3	4
Guerre....	*1° Cadre de réserve (officiers généraux et assimilés)*		
	Général de division	6	»
	Général de brigade.	4	»
	Intendant général inspecteur.	6	»
	Intendant militaire.	4	»
	Médecin-inspecteur	3	»
	Pharmacien-inspecteur	3	»

DÉSIGNATION DES MINISTÈRES	DÉSIGNATION : 1° Des fonctionnaires qui sont tenus de posséder des chevaux et voitures ; 2° Des administrations auxquelles des chevaux de service et des voitures sont nécessaires.		Nombre d'animaux par fonctionnaire ou établissement	Nombre de voitures à 2 ou 4 roues par fonctionnaire ou établissement
	2° Réserve et armée territoriale (officiers supérieurs et assimilés)			
Guerre....	Colonel	Service d'état-major.	3	»
		Infanterie.	2	»
		Cavalerie.	3	»
		Artillerie.	3	»
		Génie.	3	»
	Lieutent-colonel.	Service d'état-major.	3	»
		Infanterie.	2	»
		Cavalerie.	3	»
		Artillerie.	3	»
		Génie.	3	»
	Chef de bataillon ou d'escadron.	Service d'état-major.	3	»
		Infanterie.	2	»
		Cavalerie.	2	»
		Artillerie.	2	»
		Génie.	2	»
		Train des équipages militaires.	2	»
	S.-Intend. milit. de 1re et 2e classe.	Intendance militaire.	3	»
	Adjoint 1re classe		2	»
	Médecin principal de 1re et 2e classe.	Corps de santé.	2	»
	Médecin-major de 1re classe.	Infanterie.	2	»
		Artillerie.	2	»
	Officier principal.	Service des subsistances.	2	»

Commission d'inspection et de classement des chevaux, juments, mulets et mules et des voitures attelées

Chaque année, aux époques déterminées par l'art. 38 de la loi, des commissions constituées dans les formes prescrites par la dite loi, procèdent à l'inspection et au classement des animaux recensés. Cette opération n'a lieu, en ce qui concerne les voitures attelées, que tous les trois ans, le classement s'opère généralement dans le courant du mois de mai.

Du personnel de ces commissions

Les commissions sont composées d'un officier de l'armée active, de réserve ou de l'armée territoriale; d'un membre civil choisi dans la commune, désigné par le Préfet à l'autorité militaire.

Ces deux membres ont voix délibérative ; en cas de partage des voix, celle du président est prépondérante. Chaque commission est assistée d'un vétérinaire militaire ou civil, à défaut, d'une personne compétente de la commune désignée par le Maire. Le vétérinaire ou son suppléant n'a que voix consultative.

Itinéraires des commissions d'inspection et de classement

Les généraux commandant les corps d'armée répartissent chacune des subdivisions de région en circonscriptions ; ils arrêtent ensuite l'itinéraire de chacune des commissions et le notifient au Préfet qui en informe les membres civils et les vétérinaires désignés pour en faire partie. Le Préfet doit en outre faire publier, par voie d'affiches, (seule obligatoire) dans toutes les communes, un avis invitant les propriétaires à présenter leurs animaux ou voitures attelées devant la commission, cet avis donnera le jour, l'heure et l'endroit où doit avoir lieu l'opération. Les commissions n'opéreront pas les dimanches et jours fériés, (circ. du 9 avril 1878).

Certificat de réforme délivré par le maire

Aussitôt que la commission d'inspection et de classement a terminé ses opérations, le maire doit délivrer aux propriétaires d'animaux refusés un certificat de réforme. Ce certificat sera présenté au recensement suivant, à la mairie du lieu où se trouve l'animal réformé, avec une attestation par écrit de deux propriétaires ou patentables voisins ou d'un vétérinaire, constatant que l'animal dont il s'agit n'a pas été changé.

Indemnité allouée aux membres de la commission d'inspection et de classement

A l'exception des membres civils, les officiers, vétérinaires et sous-officiers ont droit aux indemnités ci-après, lorsqu'ils opèrent hors de leur résidence ou garnison, savoir :

1° Officiers et vétérinaires militaires, 12 fr. par journée (1) ;

2° Sous-officiers secrétaires, 5 fr. par journée (1) ;

3° Vétérinaires civils, 10 fr. par journée au lieu de leur résidence, et 22 fr. hors du lieu de leur résidence.

La personne désignée pour remplacer le vétérinaire reçoit la même indemnité de 10 fr.

Ces indemnités sont payées à la fin de la tournée, par le sous-intendant militaire, sur le vu de l'itinéraire qui doit lui être transmis par le président de la commission. Des avances peuvent être faites jusqu'à concurrence de la moitié du service restant à faire.

Le membre civil de la commission n'a droit à aucune indemnité.

Commissions mixtes de réquisitions des chevaux, et mulets en cas de mobilisation

En outre de celles qui, chaque année, procèdent au classement et à l'inspection des chevaux, mulets, etc., il est institué dans chaque circonscription ou arrondissement une commission mixte chargée, en cas de mobilisation seulement, de recevoir des animaux pouvant être requis.

Cette commission dont les membres sont nommés par le commandant de corps d'armée, est composée de :

Un membre civil titulaire et deux suppléants, trois secrétaires civils, deux vétérinaires dont un suppléant.

Le Président est toujours un officier de l'armée du grade de capitaine ou de lieutenant.

---

(1) N'ont pas droit au logement chez l'habitant.

PIGEONS VOYAGEURS

Notice

Les évènements de 1870-1871 ayant démontré les services que peuvent rendre, en cas de guerre, les pigeons voyageurs, le Gouvernement s'empressa d'encourager les éleveurs en instituant un concours annuel auquel prennent part les éleveurs ou Sociétés colombophiles possédant dix couples au moins. Les récompenses accordées, aux plus méritants,consistent en objets d'art et médailles. Le décret du 15 septembre 1885 compléta ces dispositions en réglementant les diverses formalités à accomplir par les éleveurs et les sociétés colombophiles.

Aux termes de ce décret, il est procédé, chaque année, par les soins des maires, sous la surveillance de l'autorité militaire et des Préfets, au recensement des pigeons voyageurs. A cet effet, les éleveurs sont tenus de faire la déclaration au maire de leur résidence du nombre de pigeons voyageurs qu'ils possèdent ; il leur est délivré récépissé. Ces déclarations doivent être faites avant le 1er janvier.

Les pigeons voyageurs peuvent être réquisitionnés tout aussi bien que les chevaux, mulets et voitures, par l'autorité militaire, conformément à la loi du 3 juillet 1877.

Les sociétés colombophiles ne peuvent se constituer régulièrement qu'après avoir été autorisées par le Préfet qui notifie sa décision au général commandant le corps d'armée.

La chasse des pigeons voyageurs est formellement interdite sur tout le territoire français. Si, pour une circonstance quelconque, un particulier capturait des pigeons voyageurs, il est tenu, sous peine de poursuites, de les livrer aux autorités locales, lesquelles, après s'être assurées des inscriptions ou marques distinctives que les pigeons doivent avoir sous les ailes, les relachent s'ils appartiennent à des sociétés ou à des éleveurs français ; dans le cas contraire, c'est-à-dire, s'ils sont d'origine étrangère, ils sont remis à l'autorité militaire (commandant d'armes ou de gendarmerie) pour être envoyés au général commandant la subdivision, qui statue.

DÉCRET DU 15 SEPTEMBRE 1885.

Article premier. — Les réquisitions de pigeons voyageurs qui peuvent être exercées, en vertu de l'article 5 de la loi du 3 juillet

1877, et dans les conditions spécifiées à l'article 1er de la même loi, sont préparées par les moyens indiqués ci-après :

Art. 2.— Tous les ans, à l'époque du recensement des chevaux, juments, mules et mulets, un recensement des pigeons voyageurs est effectué par les soins des maires, sur la déclaration obligatoire des propriétaires et, au besoin, d'office.

Art. 3. -- Chaque année, dans le courant du mois de novembre, les généraux commandant les corps d'armée arrêtent, sur la proposition des Préfets, la liste des communes de leur région où ce recensement aura lieu.

Art. 4. — Le maire de chacune des communes désignées, en exécution de l'article précédent, fait publier, dès le commencement de décembre, un avertissement adressé à tous les éleveurs isolés ou sociétés colombophiles qui possèdent des pigeons voyageurs dans la commune, pour les informer qu'ils doivent, avant le 1er janvier, faire à la mairie, personnellement ou par l'intermédiaire d'un représentant, la déclaration du nombre de leurs colombiers, du nombre de pigeons voyageurs qui y sont élevés, et des directions dans lesquelles ils sont entraînés.

Il est délivré à chaque éleveur isolé ou société colombophile qui a fait la déclaration prescrite ci-dessus, un certificat constatant la dite déclaration et mentionnant les renseignements fournis.

Art. 5. — Dans les premiers jours du mois de janvier, le maire fait exécuter des tournées par les gardes champêtres et les agents de police, pour s'assurer que toutes les déclarations ont été exactement faites.

Art. 6. — Du 1er au 15 janvier, le maire dresse en double expédition, sur un modèle qui lui est transmis par le commandant de la région, un état contenant les renseignements qui lui ont été fournis par les propriétaires ou qu'il a pu recueillir.

L'une des expéditions de cet état est adressée au commandant de la région par l'intermédiaire du Préfet; l'autre expédition est conservée à la mairie.

Art. 7. — Dans toutes les communes, les maires prennent les dispositions nécessaires pour être, en tout temps, informés de l'ouverture des nouveaux colombiers affectés à l'élève des pigeons voyageurs. Les renseignements recueillis par leurs soins sur ces colombiers sont transmis immédiatement à l'autorité militaire par l'intermédiaire des Préfets.

Art. 8. — Les Ministres de la Guerre et de l'Intérieur sont chargés, chacun en ce qui le concerne, de l'exécution du présent décret, qui sera publié au *Bulletin des Lois*.

Fait............

Loi du 3 juillet 1877 sur les réquisitions militaires (extrait)

Art. 8. — Le logement des troupes, en station ou en marche, chez l'habitant, est l'installation, faute de casernement spécial, des hommes, des animaux et du matériel dans les parties des maisons, écuries, remises ou abris des particuliers reconnues, à la suite d'un recensement, comme pouvant être affectées à cet usage, et fixées en proportion des ressources de chaque particulier ; les conditions d'installation afférentes aux militaires de chaque grade, aux animaux et au matériel, étant d'ailleurs déterminées par les règlements en vigueur.

Le cantonnement des troupes en stations ou en marche est l'installation des hommes, des animaux et du matériel dans les maisons, établissements, écuries, batiments ou abris de toute nature appartenant soit aux particuliers, soit aux communes ou au département, soit à l'Etat, sans qu'il soit tenu compte des conditions d'installation attribuées, en ce qui concerne le logement défini ci-dessus, aux militaires de chaque grade, aux animaux et au matériel, mais en utilisant, dans la mesure du nécessaire, la contenance des locaux, sous la réserve toutefois que les propriétaires ou détenteurs conservent toujours le logement qui leur est indispensable.

Art. 9. — Aux termes de l'article 5 ci-dessus, et en cas d'insuffisance des bâtiments militaires destinés au logement des troupes dans les places de guerre ou les villes de garnison, il y est suppléé au moyen du logement des officiers et des hommes de troupe chez l'habitant. Cette disposition est également applicable à la fourniture des magasins et des écuries.

Le logement est fourni de la même manière, à défaut de bâtiments militaires dans les villes, villages, hameaux et maisons isolées, aux troupes détachées ou cantonnées, ainsi qu'aux troupes de passage et aux militaires isolés.

Art. 10. — Il sera fait par les municipalités un recensement de tous les logements, établissements et écuries, que les habitants peuvent fournir pour le logement ou le cantonnement des troupes, dans les circonstances spécifiées à l'article 9.

Ce recensement sera communiqué à l'autorité militaire.

Il pourra être révisé en tout ou en partie dans les localités et aux époques fixées par le Ministre de la Guerre.

Art. 11. — Dans tous les cas où les troupes devront être logées ou cantonnées chez l'habitant, l'autorité militaire informera les municipalités du jour de leur arrivée.

Les municipalités délivreront ensuite, sur la présentation des ordres de route, les billets de logement, en observant de réunir, autant que possible, dans le même quartier les hommes et les chevaux appartenant aux mêmes unités constituées, afin d'en faciliter le rassemblement.

Art. 12. — Dans l'établissement du logement ou du cantonnement chez l'habitant, les municipalités ne feront aucune distinction de personnes, quelles que soient leurs fonctions ou qualités.

Seront néanmoins dispensés de fournir le logement dans leur domicile les détenteurs de caisses publiques déposées dans ledit domicile, les veuves et filles vivant seules et les communautés religieuses de femmes. Mais les uns et les autres sont tenus d'y suppléer en fournissant le logement en nature chez d'autres habitants, avec lesquels ils prendront des arrangements à cet effet ; à défaut de quoi, il y sera pourvu de leurs frais par les soins de la municipalité.

Les officiers et les fonctionnaires militaires, dans leur garnison ou résidence, ne logeront pas les troupes dans le logement militaire qui leur sera fourni en nature; et lorsqu'ils seront logés en dehors des bâtiments militaires, ils ne seront tenus de fournir le logement aux troupes qu'autant que celui qu'ils occuperont excédera la proportion affectée à leur grade ou à leur emploi.

Les officiers en garnison dans le lieu de leur habitation ordinaire seront tenus de fournir le logement dans leur domicile propre comme les autres habitants.

Art. 13. — Les municipalités veilleront à ce que la charge du logement ou du cantonnement soit répartie avec équité sur tous les habitants.

Les habitants ne seront jamais délogés de la chambre et du lit où ils ont l'habitude de coucher ; ils ne pourront, néanmoins, sous ce prétexte, se soustraire à la charge du logement selon leurs facultés.

Hors le cas de mobilisation, le maire ne pourra envahir le domicile des absents; il devra loger ailleurs à leurs frais.

Les établissements publics ou particuliers requis préalablement par l'autorité militaire, et effectivement utilisés par elle, ne seront pas compris dans la répartition du logement ou du cantonnement.

Art. 14. — Les troupes seront responsables des dégâts et dommages occasionnés par elles dans leurs logements ou cantonnements. Les habitants qui auront à se plaindre, à cet égard, adresseront leurs réclamations, par l'intermédiaire de la municipalité, au cantonnement de la troupe, afin qu'il y soit fait droit, si elles sont fondées.

Les dites réclamations devront être adressées et les dégâts constatés, à peine de déchéance, avant le départ de la troupe, ou, en temps de paix, trois heures après, au plus tard; un officier sera laissé, à cet effet, par le commandement de la troupe.

Art. 15. — Le logement des troupes, en cas de passage, de rassemblement, de détachement ou de cantonnement, donnera droit à l'indemnité, conformément à l'article 2, sauf les exceptions suivantes :

1° Le logement des troupes de passage chez l'habitant ou leur cantonnement pour une durée maximum de trois nuits dans chaque mois, la dite durée s'applique indistinctement au séjour d'un seul corps ou de corps différents chez les mêmes habitants;

2° Le cantonnement des troupes qui manœuvrent ;

3° Le logement chez l'habitant ou le cantonnement des troupes rassemblées dans les lieux de mobilisation, dont un décret fixe la durée.

Art. 16. — En toutes circonstances, les troupes auront droit, chez l'habitant, au feu et à la chandelle.

Art. 17. — Dans tous les cas où les troupes seront gratuitement logées chez l'habitant ou cantonnées, le fumier provenant des animaux appartiendra à l'habitant. Dans tous les cas où le logement chez l'habitant et le cantonnement donneront droit à une indemnité, le fumier restera la propriété de l'Etat, et son prix pourra être déduit du montant de la dite indemnité avec le consentement de l'habitant.

Art. 18. — Un règlement de l'administration publique fixera les détails d'exécution du logement des troupes en dehors des bâtiments militaires, notamment les conditions du logement attribué aux militaires de chaque grade.

Il déterminera, en outre, le prix de la journée de logement ou de cantonnement pour les hommes ou les animaux et le prix de la journée de fumier.

Art. 19. — Toute réquisition doit être adressée à la commune ; elle est notifiée au maire. Toutefois, si aucun membre de la municipalité ne se trouve au siège de la commune, ou si une réquisition urgente est nécessaire sur un point éloigné du siège de la commune et qu'il soit impossible de la notifier régulièrement, la réquisition peut être adressée directement, par l'autorité militaire, aux habitants.

Les réquisitions exercées sur une commune ne doivent porter que sur les ressources qui y existent, sans pouvoir les absorber complètement.

Art. 20. — Le maire assisté, sauf le cas de force majeure ou d'extrême urgence, de deux membres du conseil municipal appelés dans l'ordre du tableau, et de deux habitants les plus imposés de la commune, répartit les prestations exigées contre les habitants et les contribuables, alors même que ceux-ci n'habitent pas la commune et n'y soient pas représentés.

Cette répartition est obligatoire pour tous ceux qui y sont compris. Il est délivré par le maire, à chacun d'eux, un reçu des prestations fournies.

Le maire prendra les mesures nécessitées par les circonstances, pour que, dans le cas d'absence de tout habitant ou contribuable, la répartition, en ce qui le concerne, soit effective.

Au lieu de procéder par voie de répartition, le maire, assisté, comme il est dit ci-dessus, peut, au compte de la commune, pourvoir directement à la fourniture et à la livraison des prestations requises ; les dépenses qu'entraîne cette opération sont imputées sur les ressources générales du budget municipal, sans qu'il soit besoin d'autorisation spéciale.

Dans les cas prévus par le premier paragraphe de l'article 19 ou lorsque les prestations requises ne sont pas fournies dans les délais prescrits, l'autorité militaire fait d'office la répartition entre les habitants.

Art. 21. — Dans le cas de refus de la municipalité, le maire ou celui qui en fait fonctions, peut être condamné à une amende de vingt-cinq à cinquante francs.

En temps de guerre, et par l'application des dispositions portées à l'article 62 du code de justice militaire, il est traduit devant le conseil de guerre et peut être condamné à l'emprisonnement de six jours à cinq ans, dans les termes de l'article 194 du même code.

Art. 22.— Tout militaire qui, en matière de réquisitions, abuse des pouvoirs qui lui sont conférés, ou qui refuse de donner reçu des quantités fournies, est puni de la peine d'emprisonnement dans les termes de l'article 194 du code de justice militaire ; tout militaire qui exerce des réquisitions sans avoir qualité pour le faire, est puni, si ces réquisitions sont faites sans violence, conformément au cinquième paragraphe de l'article 248 du code de justice militaire.

Si ces réquisitions sont exercées avec violence, il est puni conformément à l'article 250 du même code.

Le tout sans préjudice des restitutions auxquelles il peut être condamné.

Art. 23. — Dans les eaux maritimes, les propriétaires, capitaines ou patrons de navires, bateaux et embarcations de toute nature sont tenus, sur réquisitions, de mettre ces navires, bateaux ou embarcations à la disposition de l'autorité militaire, qui a le droit d'en disposer dans l'intérêt de son service et qui peut également requérir le personnel en tout ou en partie.

Ces réquisitions se font par l'intermédiaire de la marine, sur les points du littoral où elle est représentée.

Art. 24. — Lorsqu'il y a lieu, par application de l'article 1er de la présente loi, de requérir des prestations pour les besoins de l'armée, le Ministre de la Guerre nomme, dans chaque département où peuvent être exercées des réquisitions, une commission chargée d'évaluer les indemnités dues aux personnes et aux communes qui ont fourni des prestations.

Un règlement d'administration publique déterminera la composition et le fonctionnement de cette commission, qui devra comprendre des membres civils et des membres militaires, en assurant la majorité à l'élément civil.

Art. 25. — Le maire de chacune des communes où il a été exercé des réquisitions, adresse, dans le plus bref délai, à la commission, avec une copie de l'ordre de réquisition, un état nominatif contenant l'indication de toutes les personnes qui ont fourni des prestations, avec la mention des quantités livrées, des prix réclamés par chacune d'elles et de la date des réquisitions.

L'autorité militaire fixe, sur la proposition de la commission, l'indemnité qui est allouée à chacun des intéressés.

Art. 26. — Dans les trois jours de la proposition de la commission, les décisions de l'autorité militaire sont adressées au maire et notifiées administrativement par lui à chacun des intéressés ou à leur résidence habituelle, dans les vingt-quatre heures de la réception.

Dans un délai de quinze jours, à partir de cette notification, ceux-ci doivent faire connaître, au maire, s'ils acceptent ou refusent l'allocation qui leur est faite.

Faute par eux d'avoir fait connaître leur refus dans ce délai, les allocations sont considérées comme définitives. Le refus sera motivé et indiquera la somme réclamée.

Il est transmis par le maire au juge de paix du canton, qui en donne connaissance à l'autorité militaire, et envoie de simples avertissements sans frais pour une date aussi prochaine que possible à l'autorité militaire et au réclamant.

En cas de non conciliation, il peut prononcer immédiatement ou ajourner les parties pour être jugées dans le plus bref délai.

Il statue, en dernier ressort, jusqu'à une valeur de deux cents francs (200 fr.) inclusivement, et en premier ressort jusqu'à quinze cents francs (1,500 fr.) inclusivement. Au-dessus de ce chiffre, l'affaire sera portée devant le tribunal de première instance.

Dans tous les cas le jugement sera rendu comme en matière sommaire.

Art. 27. — Après l'expiration du délai fixé par le deuxième paragraphe de l'article précédent, le maire dresse l'état des allocations devenues définitives par l'acceptation ou le silence des intéressés.

Le montant des allocations portées sur ce tableau est mandaté collectivement, au nom de la commune, par les soins de l'intendance.

Le mandat doit être payé comptant.

En temps de guerre, le paiement peut être fait en bons du Trésor portant intérêt à 5 % du jour de la livraison.

Art. 28. — Aussitôt après le paiement du mandat ou l'échéance du bon du Trésor, le maire est tenu de mandater et le receveur municipal est tenu de payer à chaque indemnitaire la somme qui lui revient.

Art. 36. — L'autorité militaire a le droit d'acquérir, par voie de réquisition, pour compléter et pour entretenir l'armée au pied de guerre, des chevaux, juments, mules et mulets et des voitures attelées.

Art. 37. — Tous les ans, avant le 16 janvier, a lieu dans chaque commune, sur la déclaration obligatoire des propriétaires, et, au besoin d'office, par les soins du maire, le recensement des chevaux, juments, mules et mulets susceptibles d'être requis en raison de l'âge qu'ils ont eu au 1er janvier, c'est-à-dire six ans et au-dessus pour les chevaux et juments, quatre ans et au-dessus pour les mulets et mules. L'âge se compte à partir du 1er janvier de l'année de la naissance.

Tous les trois ans, avant le 16 janvier, a lieu dans chaque commune, et de la même manière que ci-dessus, le recensement des voitures attelées de chevaux et de mulets, autres que celles qui sont exclusivement affectées au transport des personnes.

Art. 38. — Chaque année, le Ministre de la Guerre peut faire procéder, du 16 janvier au 1er mars ou du 15 mai au 15 juin, à l'inspection et au classement des chevaux, juments, mulets ou mules recensés ou non avant l'âge fixé à l'article précédent.

La même opération peut être faite, aux mêmes époques, dans l'année du recensement pour les voitures attelées.

L'inspection et le classement ont lieu en temps de paix dans chaque commune à l'endroit désigné à l'avance par l'autorité militaire, en présence du maire ou de son suppléant légal.

Il y est procédé par des commissions mixtes, désignées dans chaque région par le général commandant le corps d'armée et composées chacune d'un officier-président et ayant voix prépondérante, en cas de partage, d'un membre civil choisi dans la commune, ayant voix délibérative, et d'un vétérinaire militaire ou d'un vétérinaire civil, ou à défaut d'une personne compétente désignée par le maire ayant voix consultative.

Il ne sera pas alloué d'indemnité au membre civil de la dite commission.

Art. 39. — Les animaux reconnus propres à l'un des services de l'armée sont classés suivant les catégories établies au budget pour les achats annuels de la remonte, les chevaux d'officier formant dans chaque catégorie des chevaux de selle une classe à part.

Art. 45. — Dès la réception de l'ordre de mobilisation, le maire est tenu de prévenir les propriétaires que : 1° tous les animaux classés présents dans la commune; 2° tous ceux qui y ont été introduits depuis le dernier classement et qui ne sont pas compris dans les cas d'exemption prévus par l'article 40 ; 3° tous ceux qui ont atteint l'âge légal depuis le dernier classement ; 4° tous ceux enfin qui, pour un motif quelconque, n'auraient pas été déclarés au recensement, ni présentés au dernier classement, bien qu'ils eussent l'âge légal, doivent être conduits, aux jour et heure fixés pour chaque canton, au point indiqué par l'autorité militaire. Le maire prévient également les propriétaires des voitures, d'après les numéros de tirage portés sur le dernier état de classement, suivant la demande de l'autorité militaire, d'avoir à les conduire tout attelées au même point de rassemblement.

Les animaux doivent avoir leur ferrure en bon état, un bridon et un licol pourvu d'une longe.

Art. 46. — Des commissions mixtes, désignées par l'autorité militaire, procèdent au dit point, à la réception par canton des animaux amenés et opèrent le classement non encore fait de ceux qui se trouvent compris dans les cas spéciaux indiqués à l'article précédent. Si le nombre des animaux présentés à la commission est supérieure au chiffre à requérir dans la catégorie, il est procédé à un tirage au sort pour déterminer l'ordre dans lequel ils seront appelés.

Art. 47. — Le propriétaire d'un animal compris dans le contingent a le droit de présenter à la commission de remonte et de faire inscrire à sa place un autre animal non compris dans le contingent, mais appartenant à la même catégorie et à la même classe dans la catégorie.

Art. 48. — Après avoir statué sur tous les cas de réforme, de remplacement et d'ajournement demandé pour cause de maladie, la commission de réception, en présence des maires ou de leurs suppléants légaux, prononce la réquisition des animaux nécessaires pour la mobilisation.

Elle procède également à la réception des voitures attelées.

Elle fixe le prix des voitures et des harnais d'après les prix courants du pays.

Les animaux qui attellent les voitures admises entrent en déduction du contingent requis en vertu du présent article et sont payés conformément à l'article 49 ci-après.

Art. 49. — Le prix des animaux requis sont déterminés à l'avance et fixés d'une manière absolue, pour chaque catégorie, aux chiffres portés au budget de l'année, augmentés du quart pour les chevaux de selle et pour les chevaux d'attelage d'artillerie. Toutefois cette augmentation n'est pas applicable aux chevaux entiers.

Art. 50. — Les propriétaires des animaux, voitures ou harnais requis reçoivent, sans délai, des mandats en représentant le prix et payables à la caisse du receveur des finances le plus à proximité.

Art. 51. — Les propriétaires qui, aux termes de l'article 45, n'auront pas conduit leurs animaux classés ou susceptibles de l'être, leurs voitures attelées désignées par l'autorité militaire, au lieu indiqué pour la réquisition, sans motifs légitimes admis par la commission de réception, sont déférés aux tribunaux, et, en cas de condamnation, frappés d'une amende égale à la moitié du prix d'achat fixé pour la catégorie à laquelle appartiennent les animaux ou à la moitié du prix moyen d'acquisition des voitures ou harnais dans la région.

Néanmoins, la saisie et la réquisition pourront être exécutées immédiatement et sans attendre le jugement, à la diligence du président de la commission de réception ou de l'autorité militaire.

Art. 52. — Les maires ou propriétaires de chevaux, juments, mulets ou mules, de voitures ou de harnais qui ne se conforment pas aux dispositions du chap. VIIIe de la présente loi, sont passibles d'une amende de vingt-cinq à mille francs (25 à 1000 fr.). Ceux qui auront fait sciemment de fausses déclarations seront frappés d'une amende de cinquante à deux mille francs (50 à 2000 fr.).

Art. 53. — Lorsque l'armée sera replacée sur le pied de paix les anciens propriétaires des animaux requis pourront les réclamer sauf restitution du prix intégral de paiement et sous réserve de les rechercher eux-mêmes dans les rangs de l'armée et d'aller les prendre à leurs frais au lieu de garnison des corps ou de l'officier détenteur.

Art. 54. — Les indemnités qui peuvent être allouées en cas de dommages causés aux propriétés privées par le passage ou le stationnement des troupes dans les marches, manœuvres et opérations d'ensemble, prévues à l'art. 28 de la loi du 24 juillet 1873, doivent, à peine de déchéance, être réclamés par les ayants-droit à la mairie de la commune, dans les trois jours qui suivront le passage ou le départ des troupes. Une commission attachée à chaque corps d'armée ou fraction de corps d'armée opérant isolément, procède à l'évaluation des dommages. Si cette évaluation est acceptée, le montant de la somme fixée est payé sur le champ.

En cas de désaccord, la contestation sera introduite et jugée comme il a été dit à l'article 26.

Un règlement d'administration publique déterminera la composition et le mode de fonctionnement de la commission.

CHAPITRE III

ÉCOLES MILITAIRES

ÉCOLE POLYTECHNIQUE

Notice

L'école polytechnique, établie à Paris, en vertu de la loi du 25 frimaire, an VIII, est actuellement régie par le décret du 15 avril 1873 ; elle est spécialement destinée au recrutement des sujets pour les services suivants :

Artillerie de terre et de mer ; génie militaire et génie maritime ; marine nationale, le corps des ingénieurs hydrographes ; commissariat de la marine ; ponts et chaussées, les mines ; manufactures de l'Etat ; corps des ingénieurs des poudres et salpêtres ; lignes télégraphiques.

Elle prépare, en outre, à toutes les carrières qui exigent des connaissances étendues dans les sciences mathématiques, physiques et chimiques.

La durée des cours d'études est de deux ans.

Les élèves ne peuvent être admis dans les services publics ci-dessus désignés qu'après avoir satisfait aux examens de sortie, à la fin des deux années d'études.

L'admission dans les services publics, des élèves qui ont satisfait à ces examens, est, d'ailleurs, subordonnée au nombre des places disponibles au moment de la sortie de l'école.

L'école est soumise au régime militaire.

Situation des élèves au point de vue militaire

Les élèves de l'école polytechnique sont considérés comme présents sous les drapeaux dans l'armée active, pendant leur séjour à l'école; s'ils satisfont aux examens de sortie et qu'ils ne soient pas classés dans l'armée de terre ou de mer, ils reçoivent un brevet de sous-lieutenant de réserve ou une commission équivalente et passent, comme officiers, le temps légal dans la disponibilité et dans la réserve de l'armée active, puis dans l'armée territoriale; ceux de ces élèves qui ne satisfont pas aux examens de sortie suivent les conditions de la classe de recrutement à laquelle ils appartiennent par leur âge. Le temps passé par eux à l'école est déduit des années de service imposées par la loi.

Conditions d'admission à l'école

Nul n'est admis à l'école que par voie de concours.

Le concours est public; il a lieu chaque année à Paris et dans certains centres de province spécialement désignés.

Les épreuves portent uniquement sur les matières du programme des connaissances exigées, arrêté tous les ans par le Ministre; mais toutes ces matières, y compris la langue allemande, sont également obligatoires. Par suite, les candidats dont l'instruction en l'une quelconque des parties du programme serait reconnue insuffisante sont déclarés inadmissibles.

Aucun candidat ne peut se présenter aux épreuves du concours, s'il n'est muni du diplôme de bachelier ès-sciences, ou du diplôme de bachelier de l'enseignement secondaire spécial, ou du diplôme de bachelier ès-lettres, ou du certificat de la première épreuve de ce baccalauréat (1).

Un avantage de 15 points est accordé aux candidats qui sont en possession du diplôme de bachelier ès-lettres ou pourvus du certificat de la première épreuve de ce baccalauréat.

Le concours est annuellement déterminé par le Ministre de la Guerre; il comprend l'examen du premier degré et l'examen du second degré.

---

(1) Cette condition est constatée par les examinateurs d'admission qui se font produire les diplômes et constatent que la date de leur obtention est antérieure à celle du jour de l'ouverture du concours de l'année.

Pièces à produire

Les pièces à produire pour l'inscription sont :

1° L'acte de naissance du candidat et celui de son père, revêtus des formalités prescrites par la loi ;

2° Une pièce attestant la possession du diplôme de bachelier ès-sciences, ou du diplôme de bachelier de l'enseignement secondaire spécial, ou du diplôme de bachelier ès-lettres, ou du certificat relatif à la première épreuve de ce baccalauréat ou tout au moins une pièce justifiant de l'inscription comme candidat pour l'obtention d'un de ces diplômes à la session d'avril, pièce qui devra être remplacée avant le 10 mai par une autre constatant l'obtention du diplôme ;

3° Une déclaration d'un docteur en médecine, attaché à un hospice civil ou à un hôpital militaire, dûment légalisée et constatant que le candidat a eu la petite vérole ou qu'il a été vacciné ;

4° Un certificat du commandant du bureau de recrutement de la subdivision de région, constatant que le candidat n'est atteint d'aucune infirmité ou vice de conformation qui le rendrait impropre au service militaire, et que sa constitution permet d'estimer qu'à sa sortie de l'école il aura l'aptitude requise pour le service en temps de guerre (1).

5° Une désignation par écrit des centres d'examens et de compositions choisis par le candidat ou par sa famille, conformément aux dispositions ci-après énoncées ;

6° Une déclaration du père, de la mère ou du tuteur, reconnaissant qu'il est en mesure de payer la pension, ou, à défaut de cette déclaration, la remise d'une demande de concession de bourse établie sur papier timbré ; la demande de bourse doit préciser si la famille sollicite une bourse avec trousseau ou demi-trousseau, ou une demi-bourse avec trousseau ou demi-trousseau, ou seulement la demi-bourse.

---

(1) Ce certificat devra donc être délivré non seulement aux candidats qui seront reconnus être immédiatement aptes au service militaire, mais encore à ceux dont l'entrée au service donnerait lieu à un simple ajournement pour faiblesse de constitution, défaut de taille, insuffisance de développement thoracique ou autres motifs susceptibles d'avoir disparu au moment de la sortie de l'école.

Tout candidat militaire doit ajouter à ces pièces :

1° Un état signalétique et des services renfermant, en sus des renseignements réglementaires, l'indication des périodes de mise en subsistance dans d'autres corps ;

2° Un certificat du conseil d'administration du corps indiquant que le candidat comptera, au 31 décembre de l'année du concours, deux ans de service réel et effectif sous les drapeaux ;

3° Un certificat de bonne conduite.

Le candidat non militaire a la faculté de faire ses compositions et de subir ses examens dans les centres assignés aux départements où se trouve soit le domicile de sa famille, soit l'établissement où il a achevé son instruction. Il fait connaître le département qu'il choisit.

Le candidat militaire subit les épreuves dans les centres de compositions et d'examens assignés au département où le corps dont il fait partie se trouve en garnison.

L'autorité militaire doit lui délivrer, à cet effet, s'il y a lieu, des permissions dont la durée ne pourra excéder le temps nécessaire au voyage et à l'examen.

Si, après s'être fait inscrire à la préfecture, le candidat militaire change de garnison, il doit en informer le Ministre de la Guerre.

Les pièces fournies par les candidats qui ne seraient point admis à l'école polytechnique leur seront ultérieurement restituées par la préfecture où l'inscription aura été effectuée.

La liste d'inscription est adressée par le Préfet au Ministre aussitôt après la clôture.

Les inscriptions ont lieu avant le 15 avril de chaque année.

Prix de la pension et du trousseau

Le prix de la pension est de 1,000 francs par an, et celui du trousseau de 600 à 700 francs ; une somme de 100 francs doit, en outre, être versée pour former le fonds de masse de chaque élève.

Le bordereau du trousseau qui en fixe le prix exact, ainsi que le détail des autres objets que les élèves devront apporter avec eux, est envoyé aux familles avec les lettres de nomination.

Des bourses et demi-bourses sont instituées en faveur des élèves dont les parents sont hors d'état de payer la pension et qui remplissent les conditions exigées (*voyez concessions de places gratuites*).

Conditions d'admission au concours

Nul ne peut être admis au concours s'il n'a préalablement justifié :

1° Qu'il est français ou naturalisé français ;

2° Qu'il a seize ans au moins et vingt ans au plus au 1er janvier de l'année du concours.

Néanmoins, les sous-officiers, les caporaux et brigadiers, et les soldats de l'armée, âgés de plus de vingt ans et qui auront accompli, au 31 décembre de l'année du concours, deux ans de service réel et effectif, seront admis à concourir, pourvu qu'ils n'aient pas dépassé l'âge de vingt-cinq ans au 1er juillet de la même année.

Aucune dispense d'âge ou de temps de service, autre que celles qui viennent d'être indiquées, ne sera accordée.

Du lieu d'inscription et de l'époque à laquelle elle doit être faite

Les candidats devront se faire inscrire, *s'ils sont civils, à la préfecture du département où ils étudient, et, s'ils sont militaires, à la préfecture du département dans lequel ils sont en garnison, avant le* 15 *avril au plus tard de chaque année.* Nulle inscription n'est admise après cette époque.

Les élèves du Prytanée militaire sont seuls dispensés de l'inscription ; ils sont examinés dans le centre d'examen assigné au département de la Sarthe.

Les candidats qui ne se présentent pas devant les examinateurs à leur tour d'inscription sont considérés comme renonçant à prendre part aux épreuves et rayés de la liste.

Concession de places gratuites

Les bourses et demi-bourses, trousseaux et demi-trousseaux sont accordés par le Ministre de la Guerre, sur la proposition des conseils d'instruction et d'administration de l'école, conformément à la loi du 5 juin 1850.

De plus, il peut être alloué à chaque boursier ou demi-boursier un trousseau ou demi-trousseau à son entrée à l'école.

Les demandes adressées au Ministre de la Guerre, établies sur papier timbré, doivent être remises, au moment de l'inscription, c'est-à-dire au plus tard, le jour de la clôture de la liste d'inscription qui a lieu généralement avant le 15 avril, au Préfet chargé de l'inscription et être accompagnées d'un engagement pris par les parents ou tuteurs des candidats (voir ci-après le modèle de l'engagement à souscrire).

Modèle d'engagement à souscrire par les parents

« Je soussigné (1) étant en instance pour
« obtenir une place gratuite à l'école en faveur
« de mon (2) m'engage à rembourser au Trésor le
« montant des frais de pension et de trousseau qui me
« seront accordés, dans le cas où il ne servirait pas au
« moins pendant dix ans dans celui des services publics,
« civils ou militaires, auquel il aura droit d'être admis
« d'après son numéro de classement sur la liste de sortie.
« A défaut de payement du montant de ces frais de pen-
« sion et de trousseau, je déclare me soumettre à ce que
« le recouvrement en soit poursuivi par voie de con-
« trainte administrative décernée par M. le Ministre des
« Finances, suivant les droits qui lui sont conférés par les
« lois des 12 vendémiaire et 18 ventôse an VIII.

« A , le 18 . » (3)

Instruction réglementaire des demandes de bourse

Dans le courant de mai, le Préfet soumet au conseil municipal chaque demande appuyée de renseignements détaillés sur les moyens d'existence, le nombre d'enfants et les autres charges des parents, ainsi que d'un relevé du rôle des contributions; il provoque une délibération du conseil à ce sujet; il y joint ses observations et son avis, quand bien même la délibération serait défavorable.

Le travail du Préfet, avec chaque dossier complété, doit être envoyé au Ministre de la Guerre avant la fin de juin.

---

(1) Nom, prénoms et qualité.

(2) Fils, beau-fils, neveu, pupille, etc.

(3) Nota. — Cette pièce devra être établie sur papier timbré, et la signature du pétitionnaire sera légalisée par le maire. Elle doit être jointe à la demande de *bourse* et non au dossier de l'inscription du candidat.

Programme des examens

Chaque année le Ministre de la Guerre établi le programme des examens qu'il adresse aux Préfets, lesquels sont tenus de le communiquer aux parties intéressées. C'est donc dans les bureaux des Préfectures que les candidats doivent s'adresser pour obtenir la communication de ce programme.

Examen du premier degré

Les examens oraux du premier degré, qui portent sur l'ensemble des connaissances spécifiées dans le programme d'admission, servent, avec les compositions de mathématiques et de physique et chimie, à exclure des examens oraux du second degré les candidats insuffisamment préparés.

Examen du second degré

Les examens oraux du second degré servent, concurremment avec les compositions, à déterminer le classement par ordre de mérite des candidats.

Lorsqu'un candidat est en possession du diplôme de bachelier ès-lettres ou du certificat de la première épreuve de ce baccalauréat, il en informe les examinateurs d'admission au moment où il se présente devant chacun d'eux; ceux-ci, après vérification, signalent le candidat comme ayant droit à l'avantage de 15 points dont il a été question plus haut.

Epoque des examens

Les compositions se font simultanément, à Paris et en province, dans les premiers jours de juin ; un avis dans le *Journal officiel* fait connaître les jours des compositions. Un autre avis, également inséré au *Journal officiel*, vers la fin de mai, et publié par les Préfets dans leurs départements respectifs, fixe, d'après les demandes faites par les candidats au moment de leur inscription, les différents centres de composition ainsi que les circonscriptions de ces centres.

Sur la seule publication de cet avis et sans qu'ils aient reçu aucun avertissement particulier, les candidats doivent se rendre en temps utile dans le centre de compositions qu'ils ont choisi ou qui leur a été assigné (1).

Ces examens ont lieu : pour le 1er degré, à la Préfecture du lieu de l'inscription ; pour le second degré, qui a lieu en août, dans les villes ci-après : Nancy, Dijon, Lyon, Grenoble, Marseille, Montpellier, Toulouse, Bordeaux, Tours, Rennes.

Visite avant l'entrée à l'école

Avant d'être admis définitivement à l'école, chaque élève est soumis à une visite de médecins de l'établissement, puis, s'il y a lieu, à une contre-visite, afin de constater qu'il n'a aucun vice de conformation ni aucune infirmité qui le mettrait hors d'état de suivre les cours ou qui le rendrait impropre au service militaire.

D'autre part, nul n'est, d'ailleurs, reçu à l'école s'il ne produit un récépissé soit du receveur central de la Seine, soit d'un trésorier-payeur général ou d'un receveur particulier, constatant qu'il a payé le prix du trousseau ou du demi-trousseau, suivant le cas. Il doit, en outre, remettre au général commandant l'école une promesse sous seing privé, dans la forme indiquée par l'article 1326 du code civil, par laquelle son père, sa mère ou son tuteur s'engage à verser dans la caisse du receveur central de la Seine, d'un trésorier-payeur général ou d'un receveur particulier, par trimestre et d'avance, le montant de la pension si l'élève est pensionnaire, ou de la demi-pension s'il a obtenu une demi-place gratuite. Cette promesse, qui doit être légalisée par le maire ou par le Sous-Préfet, doit être faite par l'élève lui-même s'il est majeur ou s'il jouit de ses biens.

Il est donc essentiel que, dans la prévision de leur admission à l'école, les candidats se mettent en mesure de payer la valeur du trousseau dès qu'ils ont reçu leur lettre de nomination, et qu'ils se munissent du récépissé constatant ce versement.

Une somme de 100 francs formant le fonds de masse individuelle, doit être également versée directement à la caisse de l'école le jour même de l'entrée de l'élève.

---

(1) Une commission, siégeant à Paris, corrige les compositions écrites ; elle se compose des examinateurs d'admission, du général commandant l'école, du commandant en second, du directeur des études et de trois membres du conseil de perfectionnement élus par leurs collègues.

Les élèves dont les père, mère ou tuteur ne résident pas à proximité de Paris, doivent, en outre, avoir un correspondant dûment accrédité auprès du général commandant l'école.

L'élève qui ne se présente pas devant le commandant de l'école, dans les délais impartis, est considéré comme démissionnaire et perd tous ses droits.

ECOLE SPÉCIALE MILITAIRE DE ST-CYR

Notice

L'école spéciale militaire, établie à Saint-Cyr, (Seine et Oise), est destinée à former des officiers pour :

L'infanterie, la cavalerie et l'infanterie de marine.

La durée du cours d'instruction est de deux ans.

L'école est soumise au régime militaire.

Prix de la pension et du trousseau

Le prix de la pension est de 1,500 francs, et celui du trousseau de 600 à 700 francs.

Des bourses et des demi-bourses sont instituées en faveur des élèves dont les parents sont hors d'état de payer la pension, et qui remplissent les conditions indiquées au titre *Concession de places gratuites* (voyez ces mots).

Conditions d'admission au concours

Nul n'est admis à l'école que par la voie du concours.

Les épreuves consistent en compositions écrites et en examens oraux.

Nul ne peut être admis aux compositions s'il ne justifie de la possession de l'un des diplômes de bachelier ès lettres, bachelier ès sciences, bachelier de l'enseignement secondaire spécial.

Un avantage de 40 points est accordé aux candidats pourvus, au moment des examens écrits du baccalauréat ès lettres complet accompagné du baccalauréat ès sciences ou du baccalauréat de l'enseignement secondaire spécial.

30 points sont accordés aux candidats possédant le baccalauréat ès lettres complet.

Enfin, un avantage de 20 points est compté aux candidats pourvus de la 1re partie du baccalauréat ès lettres accompagné d'un des deux diplômes de bachelier ès sciences.

Il est tenu compte de ces avantages dans l'épreuve d'admissibilité.

Les candidats qui possèdent seulement le baccalauréat ès sciences, le baccalauréat de l'enseignement secondaire spécial ou la 1re partie du baccalauréat ès lettres, présentent leurs titres au président de la commission de surveillance des compositions au moment de l'appel des candidats.

Quant à ceux qui possèdent les diplômes ou certificats donnant droit aux avantages ci-dessus mentionnés, ils remettent ces documents au président de ladite commission chargé de les faire parvenir au Ministre de la Guerre.

Tout candidat doit préalablement justifier :

1° Qu'il est français ou naturalisé ;

2° Qu'il a eu dix-sept ans au moins et qu'il en compte moins de vingt et un au 1er janvier de l'année du concours.

Néanmoins les sous-officiers, caporaux ou brigadiers, et les soldats des corps de l'armée âgés de plus de vingt et un ans, et qui auront accompli, au 1er juillet de l'année du concours, six mois de service réel et effectif, sont admis à concourir, pourvu qu'ils n'aient pas dépassé l'âge de vingt-cinq ans à cette même date et qu'ils soient encore sous les drapeaux au moment du commencement des compositions. Aucune dispense d'âge ou de temps de service n'est accordée ; il est donc indispensable que les familles ou les directeurs d'établissements d'instruction se mettent en mesure de rassembler les pièces assez à temps pour que tout retard dans l'inscription des candidats soit évité.

Les examens oraux roulent sur toutes les matières du programme qui est arrêté tous les ans par le Ministre de la Guerre qui désigne en même temps les villes où devront avoir lieu les compositions écrites. Ces villes sont généralement Alger. — Besançon. — Bordeaux. — Brest. — Caen. — Clermont-Ferrand. — Dijon. — Grenoble. — La Flèche. — Lille. — Lyon. — Marseille. — Montpellier. — Nancy. — Nantes. — Nice. — Nîmes. — Paris. — Poitiers. — Rennes. — Rouen. — Toulouse. — Tours. — Versailles.

Aucun candidat, *pour quelque motif que ce soit,* n'est autorisé à composer à une autre époque que celle fixée. (Première quinzaine de juin).

Indépendamment des épreuves dont il est question, les candidats en subissent une autre pour la constatation de leur aptitude physique et de leur habileté dans l'exercice de l'équitation, de l'escrime, de la gymnastique, qui, tous les trois, sont obligatoires.

Un avis, inséré en temps utile au *Journal officiel,* fait connaître la date à laquelle commencent les examens oraux à Paris et dans les autres villes de province.

Les examens ont lieu presque toujours dans les villes ci-après : 1° La Flèche ; 2° Nantes ; 3° Bordeaux ; Toulouse : 5° Marseille ; 6° Lyon ; 7° Besançon ; 8° Nancy.

Un avis, inséré au *Journal officiel* et publié dans chaque préfecture, fera connaître la date à laquelle commenceront les examens oraux dans chacune de ces villes.

De l'inscription des candidats

Les candidats qui remplissent les conditions ci-dessus indiquées devront se faire inscrire *avant le* 15 *avril*, s'ils sont civils, *à la préfecture du département où ils étudient*, et, s'ils sont militaires, *à la préfecture du département dans lequel ils sont en garnison*. Nulle inscription n'est admise après cette époque, *aucune liste supplémentaire n'étant établie*.

Les élèves du Prytanée militaire sont seuls dispensés de l'inscription, mais ils doivent déposer à la préfecture, comme les autres candidats, une demande de bourse avec ou sans trousseau, s'ils désirent obtenir une place gratuite à Saint-Cyr.

Pièces à produire pour l'inscription

Les pièces à produire sont :

1° L'acte de naissance du candidat et l'acte de naissance du père du candidat, revêtus des formalités prescrites par la loi ;

2° Une déclaration d'un docteur en médecine ou en chirurgie attaché à un hospice civil ou à un hôpital militaire, dûment légalisée, et constatant que le candidat a eu la petite vérole ou qu'il a été vacciné ou inoculé ;

3° Un certificat du commandant de recrutement du département, constatant, *dans les mêmes conditions que pour l'engagement volontaire, l'aptitude réelle* au service militaire ;

4° Une déclaration écrite des centres de compositions et d'examen choisis par le candidat ou par sa famille (1).

Les candidats militaires doivent produire les mêmes pièces moins celles qui sont désignées aux §§ 2 et 3.

Ils produisent en outre les pièces suivantes :

1° Un état signalétique et des services renfermant, en sus des renseignements réglementaires, l'indication des périodes de mise en subsistance dans d'autres corps ;

2° Une déclaration du chef de corps indiquant que le *candidat comptera, au 1er juillet de l'année du concours, six mois de service réel ou effectif sous les drapeaux;* il est entendu que la condition de six mois de service n'est exigée que des candidats militaires qui ont dépassé la limite d'âge imposée aux candidats civils ;

3° Un certificat de bonne conduite ;

4° Un relevé des punitions.

Les candidats non militaires ont la faculté de choisir les villes dans lesquelles ils veulent subir leurs examens, comme il est dit plus haut ; mais, ces choix une fois faits, aucun candidat ne sera autorisé à changer de centres d'examen que pour des motifs graves, avec pièces à l'appui et par décision du Ministre.

Les candidats militaires, lors même qu'ils n'auraient pas dépassé la limite d'âge imposée aux candidats civils, ne peuvent choisir comme centres de compositions et d'examen oral que les villes les plus rapprochées du lieu où ils sont en garnison. Les chefs de corps auxquels appartiennent ces militaires contresignent leurs déclarations après s'être assurés qu'elles sont établies conformément à la prescription qui précède.

Les généraux commandant les corps d'armée devront délivrer à ces militaires, s'il y a lieu, des permissions dont la durée ne pourra excéder le temps nécessaire au voyage et à l'examen. Si, après s'être fait inscrire à la préfecture, ces candidats changent de garnison, leurs chefs de corps en informent directement le Ministre en indiquant en même temps les centres d'examen correspondant à la garnison nouvelle.

Les candidats admis à subir les examens oraux devront être rendus, la veille du jour fixé pour ces examens, dans la ville qu'ils auront choisie comme centre.

---

(1) Les candidats ne devront choisir, comme centre de compositions et d'examen, qu'une des villes désignées; et ils se rendront dans ces villes aux dates annuellement fixées, sans attendre aucun avertissement particulier.

L'offre de démission des candidats admis à l'école devra être accompagnée du consentement de leur père ou de leur tuteur.

Les pièces fournies par les candidats qui ne seraient point admis à l'école leur seront ultérieurement restituées par la préfecture où l'inscription aura été effectuée.

Programme des connaissances exigées

Les épreuves imposées aux candidats sont de deux sortes :

1° Pour l'admissibilité ;

2° Pour l'admission.

1° ADMISSIBILITÉ

1° Une composition française de la force de la classe de mathématiques élémentaire (2e année) (1) ;

2° Un thème allemand. — Les caractères allemands seront employés pour l'écriture de ce thème, qui sera fait sans l'aide de lexique ni dictionnaire : le texte sera accompagné de quelques notes pour aider le candidat pour les mots et les tournures qui sortent de la pratique usuelle;

3° Une composition mathématique comprenant une ou plusieurs questions et un calcul logarithmique (on se servira des tables à sept décimales) (2). Les candidats ne pourront se présenter qu'avec une table de logarithmes, tout autre secours leur étant formellement interdit ;

4° Le tracé d'une épure de géométrie descriptive d'après les données numériques, et dont le sujet sera pris tantôt dans la géométrie descriptive, tantôt dans la théorie des plans cotés ;

5° Un dessin au crayon qui sera, selon la désignation qui en sera faite aux candidats par une insertion au *Journal officiel*, un mois avant le commencement des compositions, un buste, un torse, ou une académie à représenter d'après la bosse (collection des modèles des lycées ou collèges) ;

---

(1) La composition française n'est appréciée qu'au point de vue de style. Toutefois, le correcteur donne à l'orthographe une note fictive, et tout candidat qui n'obtiendra pas 10 pour cette note est exclu du concours.

(2) La composition de calcul logarithmique est obligatoire ; on ne peut s'en dispenser sous peine d'exclusion.

6° La copie ombrée d'un paysage (1);

7° Un lavis à teintes plates et à teintes fondues, exécuté à l'encre de Chine.

Nota. — Dans toutes les compositions, l'écriture devra être couramment lisible et l'orthographe correcte. Toute composition qui ne réunirait pas ces conditions sera écartée et son auteur mis hors concours.

2e ADMISSION

Les épreuves pour l'admission se composent :

1° Des compositions ayant servi à l'établissement de la liste d'admissibilité ;

2° D'examens oraux portant sur les matières indiquées dans le programme.

Les questions posées par l'examinateur sont strictement maintenues dans les limites des programmes adoptés pour l'enseignement classique.

Programme des examens

Le programme des examens est arrêté chaque année par le Ministre de la Guerre. De même que pour l'école polytechnique, il est adressé dans toutes les préfectures où les intéressés peuvent en prendre connaissance.

Concession de bourses ou demi-bourses avec ou sans trousseau

Les bourses et demi-bourses, trousseaux et demi-trousseaux, sont accordés par le Ministre de la Guerre, sur la présentation des conseils d'instruction et d'administration de l'école, conformément à la loi du 5 juin 1850.

Les demandes de bourse ne sont formées qu'en faveur de candidats reconnus admissibles aux épreuves orales ; elles sont établies sur papier timbré et remises, *du* 15 *au* 31 *juillet*, au préfet du département dans lequel la famille du candidat a élu domicile, et qui est chargé de les instruire et de les transmettre (2).

Elles devront être accompagnées : 1° d'un état de situa-

(1) Tout candidat qui ne fera pas le dessin de paysage sera exclu du concours.

(2) Les familles devront bien préciser si elles demandent une bourse avec trousseau ou demi-trousseau, ou une demi-bourse avec trousseau, ou seulement une demi-bourse.

tion de famille ; 2° d'un relevé du rôle des contributions à la charge de la famille ; 3° d'une feuille de renseignements dont les préfets fournissent le modèle ; 4° enfin d'un engagement pris par les parents ou tuteurs des candidats libellé ainsi qu'il suit :

« Je soussigné, étant en instance pour obtenir « une place gratuite à l'école spéciale militaire en faveur « de mon [1] m'engage à rembourser au Trésor le « montant des frais de pension et de trousseau qui me se- « ront accordés, dans le cas où il ne servirait pas au moins « pendant 10 ans dans l'armée, y compris le temps passé « à l'école. A défaut de payement du montant de ces frais « de pension et de trousseau, je déclare me soumettre à « ce que le recouvrement en soit poursuivi par voie de « contrainte administrative décernée par M. le Ministre « des Finances, suivant les droits qui lui sont conférés par « les lois du 12 vendémiaire et 18 ventôse an VIII [2]. »

A........., le.........

Instruction des demandes de places gratuites

Dans le courant d'août, le Préfet soumet au conseil municipal chaque demande, appuyée de renseignements détaillés sur les moyens d'existence, le nombre d'enfants et les autres charges des parents, ainsi que d'un relevé du rôle des contributions ; il provoque une délibération du conseil à ce sujet ; il y joint ses observations et son avis, quand bien même la délibération serait défavorable.

Le travail du Préfet, avec chaque dossier ainsi complété, doit être envoyé au Ministre de la Guerre à la fin du mois d'août.

Entrée à l'école

Tout candidat nommé élève, qui ne se sera pas présenté au commandant de l'école dans le délai fixé par sa lettre de nomination, sera considéré comme démissionnaire.

Nul ne peut être admis s'il n'a au moins la taille de 1 mètre 540 millimètres, exigée par la loi sur le recrutement de l'armée, ou s'il se trouve dans un des cas de réforme prévus par les ordonnances et règlements sur le recrutement de l'armée. En conséquence, les élèves, à leur arri-

(1) Fils ou pupille.

(2) Cette pièce devra être établie sur papier timbré, et la signature du pétitionnaire sera légalisée par le maire.

vée à l'école, sont soumis à une contre-visite des officiers de santé.

Les élèves non militaires devront contracter un engagement volontaire avant leur entrée à l'école. Ceux d'entre eux qui n'auraient pas atteint l'âge de 18 ans au moment de leur entrée à l'école devront contracter le même engagement dès qu'ils auront atteint cet âge.

Nul ne peut d'ailleurs être reçu à l'école s'il ne produit un récépissé, soit du receveur général de Seine-et-Oise, soit d'un receveur général ou particulier d'un autre département, constatant qu'il a payé le prix du trousseau ou demi-trousseau, et s'il ne remet au général commandant l'école une promesse sous seing privé, dans la forme indiquée par l'article 1326 du code civil, par laquelle son père, sa mère ou son tuteur s'engage à verser dans la caisse du receveur général du département de Seine-et-Oise ou de tout autre receveur général ou particulier, par trimestre et d'avance, le montant de la pension, si l'élève est pensionnaire, ou de la demi-pension, s'il a obtenu une demi-place gratuite. Cette promesse, qui doit être légalisée par le maire ou par le sous-préfet, sera faite par l'élève lui-même, s'il est majeur ou s'il jouit de ses biens.

Il est donc essentiel que, dans la prévision de leur admission à l'école, les candidats se procurent à l'avance les trois pièces exigées ci-dessus, et qu'ils se mettent en état de payer la valeur de leur trousseau dès qu'ils auront reçu la lettre de nomination.

Les élèves dont le père, la mère ou tuteur ne réside pas à proximité de Saint-Cyr, doivent, en outre, avoir un correspondant dûment accrédité auprès du général commandant l'école.

ÉCOLE NAVALE

L'école navale, soumise au régime militaire, a été organisée à Brest, conformément aux dispositions de l'ordonnance du 1er novembre 1830, de la loi du 5 juin 1850, des décrets des 24 septembre 1860 et 14 décembre 1862, à l'effet de former des jeunes gens qui se destinent au corps des officiers de marine.

Un règlement annuel du Ministre de la Marine détermine les conditions d'admission et le programme des connaissances. L'admission est au concours. La durée des études est de deux ans.

Le prix de la pension est de 700 fr. par an; celui du trousseau est de 1000 fr. pour les deux années.

Des bourses et des demi-bourses peuvent être accordées.

Les élèves ne sont pas tenus de contracter un engagement volontaire.

Conditions du concours

Pour être admis au concours il faut : 1° être âgé de quatorze ans au moins et n'avoir pas accompli la dix-huitième année avant le 1er janvier de l'année du concours; 2° Se faire inscrire à la préfecture du département où est établi le domicile de la famille ou de celui où le candidat poursuit ses études. Généralement les inscriptions doivent être effectuées en avril du 1er au 25 ; mais la date en est fixée annuellement par le Ministre de la Marine.

Pièces à produire

Les pièces à produire pour l'inscription sont :

1° Acte de naissance du candidat, dûment légalisé ;

2° Certificat du maire constatant que le candidat est français ;

3° Certificat d'un docteur en médecine ou en chirurgie, dûment légalisé, attestant que le candidat a eu la petite vérole ou qu'il a été vacciné ou inoculé ;

4° Une déclaration écrite indiquant celui et ceux des centres de composition écrite et d'examen oral choisi par le candidat ou par sa famille ;

5° Déclaration sur papier timbré des parents s'engageant à payer au Trésor, par trimestre et d'avance, le montant de la pension.

Cet engagement [1] devient naturellement nul en cas d'obtention de bourse ou de demi-bourse. Il doit être écrit en entier de la main de celui qui le souscrit ou approuvé par l'intéressé dans la forme indiquée à l'article 1326 du code civil.

---

(1) Je soussigné domicilié à m'engage, dans le cas de l'admission de mon (fils, degré de parenté, tuteur), à l'école navale à verser au Trésor public, par trimestre et d'avance, une pension annuelle de sept cents francs,

A défaut de payement de cette pension aux époques fixées par les règlements, je déclare me soumettre à ce que le recouvrement en soit poursuivi par les voies de droit (art. 3 du règlement, du 24 septembre 1840). Signature et adresse lisibles.

6° Un second acte[1] sur timbre, portant engagement de payer le trousseau.

Demandes de bourses et trousseaux

De même que pour les écoles polytechnique et St-Cyr, des concessions de bourses avec ou sans trousseau peuvent être accordées. Ces demandes doivent être déposées au moment de l'inscription, et accompagnées des mêmes pièces que pour les deux écoles précitées (voir école St-Cyr).

ECOLE DU PRYTANÉE MILITAIRE

Le prytanée militaire, institué à la Flèche pour l'éducation gratuite des fils d'officiers, peut aussi recevoir d'autres enfants, à titre d'élèves payant pension ; cet établissement est soumis au régime militaire.

L'instruction donnée au prytanée comprend les cours littéraires et scientifiques nécessaires pour mettre les élèves en état d'obtenir les diplômes de bachelier ès sciences et de bachelier ès lettres, et plus particulièrement de se présenter avec succès aux concours d'admission aux écoles polytechnique et spéciale militaire.

Les candidats pour l'admission au prytanée, comme élèves, boursiers, demi-boursiers ou pensionnaires, doivent subir un examen dont les conditions et la forme sont déterminées au titre : *Examens à subir.*

Le prix de la pension est de 850 francs, celui de la demi-pension de 425 francs et celui du trousseau de 390 francs environ. Ces sommes doivent être versées en numéraire dans la caisse du receveur de l'arrondissement où se trouve domiciliée la famille.

Toutefois, la valeur du linge et menus objets du trousseau dont l'élève serait porteur au moment de son admis-

---

(1) Je soussigné, etc. à l'école navale, m'engage à verser au conseil d'administration de l'école la somme de d'environ 1,000 fr., prix du trousseau, livres et objets nécessaires aux études, la dite somme devant être fractionnée en deux paiements dont le premier de 800 fr. sera effectué au moment de l'admission, et le second, formant complément, au commencement de la deuxième année.

A défaut, etc. Signature et adresse lisibles.

sion au prytanée, et qui seraient acceptées par le conseil d'administration, sera remboursée à la famille.

Les pertes ou dégradations provenant de la faute des élèves sont à leur charge. Les familles doivent verser, dans ce but, à la caisse du conseil d'administration du prytanée, une provision de 35 francs lors de l'admission des élèves, et lorsque cette masse sera sur le point d'être épuisée, l'administration de l'école en donnera avis à la famille, qui aura à effectuer un nouveau versement de 20 francs.

Les familles des élèves boursiers ou demi-boursiers sont tenues de subvenir au frais du trousseau, comme celles des pensionnaires.

Les admissions ont lieu chaque année dans le courant du 4e trimestre.

Les élèves ne peuvent rester au prytanée au-delà du 1er octobre de l'année dans le courant de laquelle ils ont accompli leur 19e année.

Toutefois, le Ministre peut maintenir au prytanée militaire, jusqu'à l'année pendant laquelle ils atteindront leur 21e année, les élèves qui, pourvus d'un baccalauréat, se destineraient avec des chances de succès aux écoles militaires et qui auraient mérité cette faveur par leur conduite et leur travail.

Les élèves boursiers ne pourront être autorisés à rester au prytanée militaire, après leur 19e année, que comme élèves demi-boursiers ; après un premier maintien à l'école, ces élèvs ne pourront plus être réadmis que comme pensionnaires.

Les élèves demi-boursiers seront maintenus en qualité de pensionnaires.

Concession des places gratuites ou demi-gratuites

Chaque année le Ministre de la Guerre détermine le nombre de places gratuites ou demi-gratuites qui sont instituées en faveur :

1° Des fils d'officiers décédés en activité de service, tués à l'ennemi ou morts des suites de leurs blessures ;

2° Des fils d'officiers en activité de service ou en possession d'une pension de retraite ou de réforme pour infirmités ;

3° Des fils d'employés titulaires de l'administration centrale de la guerre.

Elles sont accordées dans l'ordre de préférence ci-après:

1° Aux orphelins de père et de mère ;

2° Aux orphelins de père ;
3° Aux fils d'officiers en retraite ;
4° Aux fils d'officiers en activité de service ;
5° Aux fils des employés du ministère de la guerre, dans la proportion déterminée par le Ministre et sans que leur nombre puisse excéder cinq bourses et cinq demi-bourses.

Les familles qui, se trouvant hors d'état de payer la pension, voudraient faire valoir leurs titres à l'obtention d'une de ces places, doivent justifier que l'enfant qu'elles présentent comme candidat remplit les conditions suivantes :

1° Qu'il est français ;
2° Qu'il a eu, pour entrer en septième, 9 ans accomplis et moins de 10 ans, et, pour entrer en mathématiques élémentaires (1re année), moins de 16 ans au 1er janvier de l'année du concours.

Le Ministre de la Guerre se réserve la faculté d'admettre comme élèves pensionnaires des candidats âgés de plus de 16 ans, mais qui n'auront pas 18 ans révolus au 1er janvier de l'année du concours et s'ils sont pourvus du certificat d'aptitude à la 1re partie du baccalauréat ès-lettres ou d'un des diplômes de bachelier exigés pour l'admission aux écoles polytechnique et spéciale militaire

Toute demande d'admission gratuite au prytanée doit être adressée, avec toutes les pièces ci-après énumérées, avant le 31 mai, au Préfet du département dans lequel le pétitionnaire a son domicile; les préfets transmettent ces demandes au Ministre de la Guerre. S'il s'agit du fils d'un officier en activité de service, en disponibilité ou non-activité, un double de la demande qui aura été remise au préfet est adressé, par la voie hiérarchique, au général commandant le corps d'armée, chargé de donner des renseignements sur la manière de servir et les titres de l'officier.

Chaque demande remise au Préfet doit être établie sur papier timbré et accompagnée des pièces indiquées ci-après :

1° L'acte de naissance de l'enfant, établi sur papier timbré et revêtu des formalités prescrites par la loi ;

2° Une déclaration d'un docteur en médecine ou en chirurgie, attaché à un hospice civil ou à un hôpital militaire, dûment légalisée, et constatant que l'enfant a eu la petite vérole ou qu'il a été vacciné et qu'il n'est atteint ni d'affection chronique, ni de maladie contagieuse ;

3° Un certificat de bonne conduite délivré par le chef de l'établissement où le candidat a commencé ses études, s'il a déjà suivi des cours primaires ou secondaires, et indiquant quelle est sa force relative ;

4° Un état authentique des services du père du candidat ;

5° Un relevé du rôle des contributions ;

6° Un état de renseignements sur la position de fortune du candidat ou de sa famille, et au bas duquel le pétitionnaire devra signer la déclaration portée à la colonne : *Moyens d'existence de la famille.*

Cet état sera certifié conforme par le maire de la commune où habite le pétitionnaire et visé par le préfet, et devra contenir des renseignements précis sur l'âge et la position des enfants.

Dans le cas où les familles des candidats auraient à solliciter une autorisation exceptionnelle, telle que dispense d'âge, changement de série d'examen, changement de centre, etc., elles devront adresser leurs demandes directement au Ministre avant le 1er mai ; passé ce délai, aucune de ces demandes ne sera prise en considération.

Elèves pensionnaires

Des élèves pensionnaires (1) peuvent être admis dans les mêmes conditions d'âge et d'examen que les élèves boursiers.

Les places de pensionnaires sont réservées aux fils d'officiers.

Elles peuvent, à défaut de demandes, être accordées aux fils des fonctionnaires de l'Etat ; enfin, aux enfants qui n'appartiennent à aucune de ces deux catégories.

Les familles qui voudraient obtenir l'admission de leurs enfants au prytanée comme pensionnaires doivent, indépendamment de l'acte de naissance de l'enfant, de la déclaration d'un docteur en médecine et du certificat de bonne conduite mentionnés aux paragraphes 1er, 2e et 3e qui précèdent, produire, à l'appui de leur demande, un certificat du maire de leur résidence, visé par le préfet et constatant qu'elles sont en état de payer la pension.

Liste d'inscription

Les familles doivent faire inscrire leurs enfants, du 1er au 31 mai, à la préfecture du département où elles rési-

(1) Le nombre est généralement de 80 par année.

dent, afin de les présenter devant la commission au moment de l'ouverture du concours qui a lieu généralement du 1er au 15 juillet.

Examen à subir

Tout candidat doit, à la suite de l'examen subi en juillet, être reconnu capable d'entrer dans la classe correspondant à son âge. A cet effet, tous les élèves dont l'admission au prytanée est demandée, soit à titre de boursiers ou de demi-boursiers, soit à titre de pensionnaires, doivent, sauf ceux qui sont pourvus du certificat d'aptitude à la première partie du baccalauréat ès lettres ou d'un diplôme de bachelier, subir, dans les huit premiers jours de juillet, une épreuve au chef-lieu de leur département, pour faire constater leur degré d'instruction. Cette épreuve consiste en compositions écrites faites conformément aux programmes, sous la surveillance d'un officier et d'un fonctionnaire de l'Université. Les élèves pourvus du certificat de grammaire délivré par les lycées, qui se présentent pour entrer en 3e, ne sont dispensés d'aucune épreuve de la 5e série.

Conditions pour l'entrée au prytanée

Les enfants nommés élèves sont présentés au commandant du prytanée dans le délai déterminé par la lettre que M. le Ministre de la Guerre adresse aux familles pour leur donner avis des nominations.

A leur arrivée, les élèves sont soumis à une visite du médecin de cet établissement, appelé à examiner si rien ne s'oppose à leur admission sous le rapport de la constitution physique.

Nul élève ne peut d'ailleurs être reçu au prytanée, si la famille ne justifie du payement du trousseau et ne remet au commandant une promesse sous seing privé, dans la forme indiquée par l'article 1326 du code civil, par laquelle son père, sa mère ou son tuteur s'engage à verser dans une des caisses de l'Etat, par trimestre et d'avance, le montant de la pension, si l'élève est pensionnaire, ou de la demi-pension, s'il a obtenu une demi-place gratuite. Il est donc essentiel que, dans la prévision de l'admission de leur fils au prytanée, les familles se mettent en état de payer le montant du trousseau dès qu'elles auront reçu la lettre de nomination.

ÉCOLES DU SERVICE DE SANTÉ MILITAIRE

Les écoles du service de santé militaire sont actuellement au nombre de deux : Val-de-Grâce et Ecole de Lyon.

Le Val-de-Grâce ou école d'application de médecine et de pharmacie militaires, ne reçoit que les docteurs ou pharmaciens de 1re classe sortant de l'école de santé militaire.

Le cours d'application au Val-de-Grâce est d'une année. Les élèves qui ont satisfait aux examens de sortie sont envoyés dans les hôpitaux militaires avec le grade d'aide-major de 2e classe.

La première étape à parcourir, et non la moins importante, étant l'admission à l'école de santé militaire de Lyon, c'est donc spécialement de cette dernière que nous nous occuperons en détail.

Ecole du service de santé militaire de Lyon

Cette école, soumise au régime militaire, a été instituée près la faculté de médecine de Lyon, en vertu d'un décret présidentiel du 25 décembre 1888, en vue d'assurer le recrutement des médecins de l'armée. Les élèves se recrutent parmi les étudiants en médecine, remplissant les conditions déterminées ci-après :

Mode et conditions d'admission des élèves

Nul n'est admis à l'école du service de santé que par voie de concours.

Le concours est public et a lieu tous les ans.

Le Ministre de la Guerre en détermine les conditions ; chaque année, il en arrête le programme et en fixe l'époque.

L'arrêté du Ministre est rendu public avant le 1er avril.

Le jury du concours est composé d'un médecin inspecteur président, de deux médecins principaux ou majors de 1re classe et, s'il y a lieu, de membres appartenant à l'Université.

Le président et les membres du jury sont annuellement désignés par le Ministre de la Guerre.

Nul ne peut être admis au concours s'il n'a préalablement justifié :

1° Qu'il est français ou naturalisé français ;

2° Qu'il a eu 17 ans au moins et 22 ans au plus, le 1er janvier de l'année du concours. Néanmoins, les sous-officiers, caporaux ou brigadiers et soldats des corps de l'armée, âgés de plus de 22 ans et qui auront accompli au 1er juillet de l'année du concours, six mois de service réel et effectif, sont admis à concourir, pourvu qu'ils n'aient pas dépassé l'âge de 25 ans à cette même date et qu'ils soient encore sous les drapeaux au moment du commencement des compositions ;

3° Qu'il a été vacciné avec succès ou qu'il a eu la petite vérole ;

4° Qu'il est robuste, bien constitué et qu'il n'est atteint d'aucune maladie ou infirmité susceptible de le rendre impropre au service militaire ;

5° Qu'il est pourvu du diplôme de bachelier ès-lettres et du diplôme de bachelier ès-sciences complet ou restreint pour la partie mathématique, ainsi que du nombre d'inscriptions à une faculté de médecine, ou à une école de plein exercice, ou à une école préparatoire et d'examens probatoires déterminés par le Ministre de la Guerre.

Toutes ces conditions sont de rigueur et aucune dérogation ne peut être autorisée.

Chaque année, à l'époque déterminée par la décision ministérielle fixant le programme des épreuves, les candidats auront à requérir leur inscription sur une liste ouverte à cet effet dans les bureaux des directeurs du service de santé des corps d'armée, gouvernements militaires, divisions (Algérie), brigade (Tunisie).

Après la clôture définitive des examens, le jury établit la liste des candidats en les classant par ordre de mérite, d'après l'ensemble des points obtenus. Le président du jury adresse cette liste, avec les procès-verbaux des séances, au Ministre, qui nomme aux emplois d'élève de l'école du service de santé militaire.

Prix de la pension

Le prix de la pension est de 1,000 *francs par an*, celui du trousseau est déterminé chaque année par le Ministre de la Guerre. Les livres et les instruments nécessaires aux études des élèves leur sont fournis par l'Etat et sont comptés dans le prix du trousseau.

Des bourses et des demi-bourses peuvent être accordées aux élèves qui ont préalablement fait constater, dans les formes prescrites, l'insuffisance des ressources de leur famille pour leur entretien à l'école.

Les bourses et les demi-bourses sont accordées par le Ministre de la Guerre, sur la proposition du conseil d'administration de l'école.

Il peut être alloué, sur la proposition du même conseil, à chaque boursier ou demi-boursier, un trousseau ou un demi-trousseau.

En entrant à l'école l'élève dépose, en outre, entre les mains du trésorier de l'école une somme de 100 francs, destinée à fournir le fonds de masse individuelle.

Droits de scolarité et d'examen

Les différents droits de scolarité et d'examen sont payés par le Ministre de la Guerre, conformément aux règlements universitaires.

Les élèves démissionnaires ou exclus de l'école sont tenus au remboursement des frais de scolarité, et, s'ils ont été boursiers, au payement du montant des frais de pension et trousseau avancés par l'administration de la guerre.

Les élèves non militaires doivent contracter un engagement régulier avant leur entrée à l'école s'ils sont âgés de plus de 18 ans ou dès qu'ils auront atteint cet âge.

Les élèves dont le temps de service expirera pendant leur séjour à l'école seront tenus de contracter un rengagement.

Engagement volontaire souscrit par les élèves

Tous les élèves contractent, à leur entrée à l'école, l'engagement de servir au moins pendant six ans dans le corps de santé de l'armée active, à partir de leur promotion au grade de médecin aide-major de 2e classe.

Visite médicale avant l'admission à l'Ecole

A leur arrivée à l'école, les élèves sont soumis à une visite médicale ; ils ne sont définitivement admis que s'ils sont déclarés aptes au service militaire. Si l'élève est jugé inapte au service militaire, il est renvoyé devant la commission spéciale de réforme, qui statue.

Personnel de l'école

Le personnel de l'école du service de santé militaire comprend :

1° *L'état-major de l'école*, formé d'officiers du corps de santé et d'officiers d'administration des hôpitaux. Tous ces officiers sont du cadre actif ;

2° Un *petit état-major*.

Composition et attributions du personnel de l'état-major

L'état-major de l'école comprend :

Un médecin inspecteur ou médecin principal de 1re classe, directeur ;

Un médecin principal ou major de 1re classe, sous-directeur ;

Un médecin-major de 1re classe, major ;

Six médecins-majors de 2e ou de 1re classe, répétiteurs ;

Cinq médecins aides-majors de 1re classe, ou majors de 2e classe, surveillants des élèves ;

Un officier d'administration de 1re classe ou de 2e classe des hôpitaux, comptable du matériel et trésorier ;

Un officier d'administration adjoint de 1re ou de 2e classe des hôpitaux, adjoint à l'officier comptable.

Des professeurs civils peuvent être attachés à l'école pour l'enseignement des belles-lettres, arts et langues étrangères.

Composition du petit état-major

Le petit-état major de l'école comprend :

Sept adjudants sous-officiers (dont un vaguemestre) ;

Deux adjudants élèves d'administration des hôpitaux ;

Un sergent maître d'escrime ;

Un sergent concierge ;

Deux sergents et quatre caporaux, employés pour le service administratif et dans les bureaux ;

Un caporal infirmier de visite ;

Dix soldats (dont trois au moins, ouvriers en bois ou en fer), employés pour le service administratif et dans les bureaux ;

Deux soldats infirmiers de visite ;

Deux clairons ;

Le nombre de soldats-ordonnances nécessaire pour les officiers de l'école.

Nomination du personnel supérieur de l'école

Le directeur est nommé par décret sur la proposition du Ministre de la Guerre.

Le sous-directeur, tous les officiers et les professeurs civils de belles-lettres, arts et langues étrangères, attachés à l'école, sont nommés par le Ministre de la Guerre.

Places gratuites ou demi-gratuites

Les demandes de bourses, demi-bourses, trousseau et demi-trousseau, adressées par les parents ou tuteurs ou par les élèves s'ils sont majeurs ou jouissent de leurs biens, au ministère de la guerre (7e *Direction*) par l'intermédiaire des Préfets des départements où résident les parents, tuteurs ou élèves signataires de la demande. Les Préfets instruisent ces demandes, y joignent toutes les pièces de l'instruction et les transmettent de telle sorte qu'elles soient parvenues au Ministre de la Guerre avant le 15 février, terme de rigueur.

Toute demande doit être établie sur papier timbré, accompagnée d'un état de renseignements, et, en outre, d'un engagement pris par les parents ou tuteurs ou par l'élève lui-même s'il est majeur, et libellé ainsi qu'il suit :

« Je soussigné, étant en instance pour obtenir une place gratuite (ou une demi-bourse) à l'école du service de santé militaire en faveur de mon (fils ou pupille), m'engage à rembourser au Trésor le montant des frais de pension et de trousseau qui me seront accordés dans le cas où il ne servirait pas au moins pendant six ans à partir de sa nomination au grade d'aide-major de 2e classe. A défaut du payement du montant de ces frais de pension et du trousseau, je déclare me soumettre à ce que le recouvrement en soit poursuivi par voie de contrainte administrative, décernée par M. le Ministre des Finances, suivant les droits qui lui sont conférés par les lois des 12 vendémiaires et 18 ventôse an VIII. »

Cette pièce sera établie sur papier timbré et la signature du pétitionnaire sera légalisée par le maire.

A leur sortie de l'école, s'ils ont satisfait aux examens, ils sont admis à l'école d'application du Val-de-Grâce.

ÉCOLE DE MÉDECINE NAVALE

Les conditions d'admission à l'école de médecine navale, étant presque identiques à celles de l'école du service de santé militaire, nos lecteurs voudront bien se reporter au paragraphe relatif à cette école. Nous ajoutons que les élèves sont tenus de souscrire également un engagement volontaire de six ans au moins, et que si à leur sortie ils ne sont pas nommés aides-majors de 2e classe ou s'ils ne réalisaient pas leur engagement, ils sont incorporés dans un corps de troupe pour trois ans, et suivent ensuite le sort de la classe à laquelle ils appartiennent par leur âge.

ÉCOLE DE ST-MAIXENT

L'admission à l'école de St-Maixent a lieu au concours. Ne sont admis à prendre part à ce concours, dans les proportions annuelles fixées par le Ministre de la Guerre, que les sous-officiers proposés pour le grade de sous-lieutenant et qui ont de plus deux années de grade de sous-officier.

Les élèves passent une année à l'école pour y compléter leur instruction militaire ; ils subissent des examens de sortie et sont ensuite promus au grade de sous-lieutenant. Les examens d'admission ont lieu au siège du corps d'armée auquel les candidats appartiennent.

ÉCOLE VÉTÉRINAIRE D'ALFORT

Le département de la guerre entretient à l'école vétérinaire d'Alfort 60 élèves boursiers environ.

Ces bourses sont données sans distinction aux jeunes gens qui en font la demande, et dans l'ordre de mérite, aux candidats déclarés admissibles par le jury d'examen dans les conditions déterminées par le décret du 18 février 1874.

Pièces à produire pour l'admission à l'école d'Alfort

Pour être admis à l'école il faut adresser une demande au Ministre de la Guerre avant le 1er août de chaque année, accompagnée :

1° De l'acte de naissance du candidat dûment légalisé ;

2° Un certificat de bonne vie et mœurs délivré par l'autorité civile ou par l'autorité militaire s'il fait partie de l'armée ;

3° Certificat délivré par le commandant de recrutement ou à défaut, par un officier de gendarmerie, attestant qu'il a la taille de 1m 54 et qu'il réunit les qualités requises pour servir dans l'arme de la cavalerie ;

4° Un certificat de médecin constatant qu'il a eu la petite vérole ou a été vacciné. Cette pièce devra être légalisée par le Préfet ou le Sous-Préfet ;

5° Un certificat de grammaire établi dans la forme réglementaire ;

6° Une obligation souscrite sur timbre par les parents du candidat et par laquelle ils s'engagent à rembourser les frais d'entretien de leurs fils dans le cas où celui-ci perdrait sa bourse, ou refuserait de contracter l'engagement volontaire.

Les élèves sont tenus, à leur entrée à l'école, de souscrire un engagement volontaire de servir dans l'armée active pendant six ans, à dater de leur nomination au grade d'aide vétérinaire. Ceux qui n'obtiendraient pas ce grade ou qui résilieraient leur engagement sont incorporés dans un corps de troupe pendant trois ans, sans déduction aucune du temps passé à l'école. Ils suivent ensuite le sort de leur classe jusqu'à l'âge de 45 ans.

ÉCOLE D'ENFANTS DE TROUPE DE RAMBOUILLET

Cette école reçoit 600 élèves au maximum, sur lesquels 30 élèves au plus, non enfants de troupe, mais fils de parents, ayant appartenu à l'armée ; ils sont entretenus aux frais de ces derniers.

Les élèves enfants de troupe sont choisis par le Ministre de la Guerre et doivent être âgés de 10 à 12 ans. Ils doivent savoir lire, écrire et connaître les 4 règles ; présenter un certificat de bonne conduite et une déclaration des parents consentant l'engagement ultérieur de l'enfant dans l'armée.

ÉCOLE NORMALE DE GYMNASTIQUE ET D'ESCRIME

L'école normale de gymnastique et d'escrime créée par décret du 31 août 1882, dans la redoute de la Faisanderie, près Vincennes, a pour but de former des instructeurs pour les différents corps d'armée. La durée des cours est de cinq mois et demi pour la gymnastique, et de onze mois et demi pour l'escrime. A la sortie de l'école, les élèves (officiers, sous-officiers et soldats) reçoivent des brevets de moniteurs de gymnastique ou d'escrime, et sont dirigés sur leurs régiments respectifs.

ECOLE DES TRAVAUX DE CAMPAGNE

Cette école établie par décret du 27 janvier 1879, à Versailles, a pour but de donner aux officiers d'infanterie une instruction théorique et pratique sur les fortifications de passage. 60 capitaines d'infanterie de divers régiments de cette arme y sont envoyés, chaque année, du 1er juin au 20 juillet, pour y suivre les cours réglementaires.

ECOLE DE PYROTECHNIE

L'école de pyrotechnie était primitivement dans la place forte de Metz, elle a été transférée à Bourges, par arrêté ministériel du 2 juin 1870. On y fabrique les approvisionnements de guerre, et on y forme des praticiens habiles dans l'emploi et la confection des artifices de guerre.

La durée des cours est d'une année. Les élèves sont choisis parmi les maréchaux-de-logis, les brigadiers, ou candidats inscrits pour l'un de ces grades au tableau d'avancement, appartenant à l'artillerie et désignés par les inspecteurs généraux. Une décision spéciale du Ministre de la Guerre peut réduire la durée des cours à six mois.

ECOLE DE TÉLÉGRAPHISTES MILITAIRES DE SAUMUR

Au moment de la formation des contingents des classes par les conseils de révision, un certain nombre de conscrits affectés à la cavalerie, et non encore exercés à la télégraphie, sont désignés pour suivre les cours de télégraphie militaire, de Saumur. Ces jeunes gens sont formés au maniement des appareils télégraphiques pendant huit mois environ, et sont ensuite dirigés sur leurs régiments. L'école comprend, en outre : 1° Un cours spécial de télégraphie militaire d'une durée de trois mois, destiné à compléter l'instruction des cavaliers qui, avant leur incorporation, ont appris, dans les bureaux télégraphiques, le maniement des appareils ; 2° Un cours dit «de maréchalerie», d'une durée moyenne de douze mois ; après cinq mois et demi, l'élève peut obtenir le brevet de maître maréchal et son renvoi au corps où il a la faculté de concourir, s'il y a des vacances, pour l'emploi de maître maréchal.

ECOLE DE CAVALERIE DE SAUMUR

Cette école, régie par le décret du 26 mai 1881, est destinée à compléter l'instruction en équitation des sous-lieutenants sortant de la section de cavalerie de l'école spéciale militaire et des sous-officiers de cavalerie proposés pour le grade de sous-lieutenant.

La durée des cours est de onze mois.

ECOLE D'APPLICATION DE L'ARTILLERIE ET DU GÉNIE

Cette école a pour but de donner l'instruction technique aux élèves de l'école polytechnique qui se destinent à l'arme de l'artillerie ou du génie. Les élèves y passent deux ans. Toutefois si, à l'expiration de la deuxième année, ils n'ont pas satisfait aux examens règlementaires, le Ministre peut les autoriser à y passer une troisième année. Dans aucun cas, un élève ne peut rester à l'école plus de trois ans. S'il ne satisfait pas aux examens au bout de la troisième année, il est mis en non-activité par suppression d'emploi.

ÉCOLES NORMALES ET RÉGIONALES DE TIR

Le décret du 9 décembre 1879 a créé trois écoles de tir. Une à Châlons, *dite Normale*, elle a pour but l'étude des perfectionnements à introduire dans les armes et munitions destinées à l'armée de l'infanterie, elle expérimente les armes dont se servent les armées étrangères, et propose au Ministre telles dispositions utiles, elle forme, en outre, des professeurs et instructeurs pour les écoles régionales de tir. Deux commissions placées sous la direction d'un colonel ou d'un lieutenant-colonel, dirigent les cours, qui durent actuellement du 15 janvier au 15 juillet. Tous les corps d'armée y envoient un capitaine de l'arme de l'infanterie.

Les Ecoles régionales des camps de Ruchard et de Valbonne sont destinées à former des instructeurs pour les corps de troupe ; elles sont dirigées par un chef de bataillon assisté de 7 officiers. La durée des cours est de quatre mois pour les officiers et de trois pour les sous-officiers ou caporaux.

ÉCOLE SUPÉRIEURE DE GUERRE

Cette école, instituée par décret du 15 juin 1878, est destinée à assurer spécialement le recrutement des officiers du service d'état-major.

L'admission est au concours, et la durée des cours est de deux ans : le règlement du 12 mars 1881 a fixé le programme des études.

Sont admis au concours, les capitaines, lieutenants et sous-lieutenants de toutes armes, justifiant de cinq années de service comme officiers, dont trois de service réel et effectif dans les corps de troupes.

Les demandes d'admission au concours doivent être adressées au Ministre de la Guerre.

Les examens comportent deux épreuves écrites subies au chef-lieu du corps d'armée.

Les candidats admissibles à l'écrit subissent les épreuves orales à Paris ainsi que l'épreuve d'équitation également subie à Paris.

Enfin les épreuves définitives ont lieu devant une commission composée exclusivement d'officiers généraux.

Les officiers admis à l'école subissent deux examens, le premier à la fin de la première année d'étude ; les officiers qui ne satisfont pas à cet examen sont renvoyés à leur corps. Le deuxième dit de sortie. Les officiers qui ont satisfait à cet examen reçoivent le brevet d'état-major, et sont appelés à faire un stage dans les corps de troupe, dans les états-majors ou à l'état-major général.

Un général de division ou de brigade commande l'école supérieure de guerre ; un colonel ou un lieutenant-colonel du service d'état-major est chargé de la direction des études.

ÉCOLE FORESTIÈRE DE NANCY

L'école forestière de Nancy a été instituée dans cette ville par ordonnance royale du 1er décembre 1824 ; elle a pour but de former de jeunes gens qui se destinent à l'administration forestière.

L'admission a lieu au concours. La durée des cours est de 2 ans. Le nombre des élèves est de 12 à 15 par année.

Les candidats doivent justifier :

1° Qu'ils ont au 1er novembre de l'année du concours plus de 19 ans et moins de 22 ;

2° Que leurs parents sont en mesure de fournir pendant leur séjour à l'école une pension annuelle de 1,500 fr. plus le trousseau et les frais accessoires, et, après leur sortie de l'école, une pension annuelle de 600 fr. jusqu'à ce qu'ils soient pourvus du grade de garde général en activité ;

3° Qu'il jouit d'une bonne constitution.

Ces pièces doivent, avec la demande d'admission au concours établie sur timbre, être parvenues à la direction générale des forêts, sous peine de rejet, avant le 31 mai de chaque année.

Le programme comprend: arithmétique, algèbre, géométrie, trigonométrie, physique, chimie, cosmographie, mécanique, histoire naturelle, langues allemande, latine, française, histoire, géographie, dessin. Nul ne peut concourir s'il ne justifie du diplôme de bachelier ès-sciences. Les élèves reçoivent l'instruction militaire ; ils sont casernés bien qu'ils prennent leurs repas en ville.

SOCIÉTÉS DE TIR ET DE GYMNASTIQUE

Le décret du 9 octobre 1885 détermine les conditions de formation et d'existence des sociétés de tir et de gymnastique. Ces sociétés se divisent en trois espèces :

1° Sociétés de tir et de gymnastique purement civiles, qui sont placées sous le contrôle direct du Préfet ;

2° Sociétés de tir composées exclusivement d'hommes appartenant à l'armée territoriale et instituées sous le contrôle de l'autorité militaire ;

3° Enfin sociétés mixtes composées d'éléments civils et militaires et relevant à la fois des autorités préfectorale et militaire.

Constitution des sociétés civiles

Pour obtenir l'autorisation de constituer une société civile de tir, il faut déposer à la préfecture trois expéditions, dont une sur timbre, des statuts de la société avec la liste des adhérents qui doivent être tous de nationalité française; aucun individu de nationalité étrangère ne peut y être admis à *un titre quelconque.*

La société ne pourra, en aucun cas, se réunir en armes sans autorisation préalable de l'autorité militaire.

Des sociétés de tir de l'armée territoriale

Ces sociétés sont instituées sous le patronage des chefs

de corps de cette arme qui restent responsables envers l'autorité militaire de l'ordre et de la discipline.

Les statuts sont soumis à l'approbation *seule* du Ministre de la Guerre. Ces sociétés s'administrent au mieux de leurs intérêts et en dehors de toute ingérence de l'autorité militaire, il leur est fait les avantages suivants :

1° Mise à leur disposition des champs de tir de garnison, lorsque les circonstances le permettent ;

2° Prêt du matériel de cibles des régiments de l'armée active, à charge par elles de subvenir aux frais de réparations ;

3° Droit aux prix de tir et aux marques honorifiques institués pour l'armée active.

Sociétés mixtes

Les statuts de ces sociétés sont soumis à la fois à l'approbation du Ministre de la Guerre et à celle du Préfet.

La présidence d'honneur revient de droit au lieutenant-colonel du régiment territorial de la région : mention en est faite dans les statuts.

Les membres militaires de ces sociétés jouissent des mêmes faveurs et prérogatives que ceux des sociétés de tir de l'armée territoriale, et profitent du demi-tarif sur les voies ferrées lorsqu'ils se rendent aux réunions de tir, à la condition expresse qu'ils soient munis d'un bulletin de convocation visé par l'autorité militaire. Au départ ils payent place entière, mais il leur est délivré gratuitement un billet de retour sur le vu d'une attestation de l'officier dirigeant le tir, constatant que le porteur à assisté à la séance.

Les officiers sont traités avec les mêmes avantages que les officiers de l'armée active.

Demande d'armes

Toute demande d'armes doit être établie sur timbre et remise au Préfet qui la transmet, avec son avis, au général commandant le corps d'armée ; celui-ci l'adresse au Ministre après y avoir également consigné son avis.

Le transport des armes accordées reste à la charge de la société.

Munitions à titre remboursable

Les demandes de munitions à titre remboursable sont

adressées au général commandant le corps d'armée qui statue.

Les munitions réglementaires sont cédées aux prix de :

Cartouches à balle pour fusil modèle 1874, 12 fr. le mille.

Cartouches à balle pour revolver 1873, 50 fr. le mille.

Les sociétés de tir de l'armée territoriale peuvent recevoir, chaque année, à titre gratuit, dans la limite des crédits budgétaires, 30 cartouches par homme. Les demandes sont, dans ce cas, établies par les chefs de corps de l'armée territoriale.

Importation de munitions

La demande d'importation de munitions doit être adressée au Ministre des Finances, et l'importateur doit justifier de sa qualité de tireur, invité à prendre part aux tirs d'une société française, régulièrement autorisée. Le nombre des cartouches importées ne doit pas dépasser 200 par arme.

Prix de la poudre pour les sociétés de tir

Après entente intervenue entre les Ministres de la Guerre et des Finances, il a été décidé que les sociétés civiles et les membres civils des sociétés mixtes ont seuls à payer le bénéfice attribué au Trésor sur le prix de la poudre contenue dans les cartouches.

Les sociétés territoriales et les membres des sociétés mixtes qui appartiennent à l'armée territoriale sont dispensés de verser le montant de ce bénéfice, le Ministre de la Guerre les considérant comme des parties prenantes ressortissant de son département, et pouvant, par suite, recevoir du matériel de guerre au prix de la nomenclature dressée par le service des poudres et au compte du budget de l'artillerie.

e CORPS D'ARMÉE

SUBDIVISION DE RÉGION
d

(Modèle de lettre d'invitation au Tir)

ARMÉE TERRITORIALE

Société de tir du (1) e Régiment d'infanterie

TIR A LA CIBLE

Le Lieutenant-Colonel, commandant le (1) e Régiment territorial d'infanterie, informe les Membres de la Société de tir d (2) que le tir à la cible aura lieu les (3) à (4) heures d (5) au champ de tir d (6)

Bien que ces réunions soient facultatives, le Lieutenant-Colonel engage tous les militaires du régiment en résidence dans la commune d (7) à prendre part aux tirs.

Pendant les séances, ces militaires devront se conformer aux différents articles des statuts établis par la Société.

Ils seront porteurs de leurs livrets individuels.

S'ils ont à se servir des voies ferrées pour se rendre de leur domicile au lieu de réunion, ils recevront un bulletin individuel d'invitation ; munis de ce bulletin, ils payeront place entière au départ, le retour sera gratuit.

(1) Numéro du régiment.
(2) Régiment, bataillon *ou* compagnie.
(3) Dates des séances de tir.
(4) Heure.
(5) Matin *ou* après-midi.
(6) Localité du tir.
(7) Localité de l'affichage.

LE LIEUTENANT-COLONEL,

Commandant le e territorial d'infanterie,
Président des Sociétés de tir du régiment,

(Modèle de demande d'armes)

SOCIÉTÉ DE (1)

AUTORISÉE PAR (2)

Siège de la Société (3) :

Nombre de membres prenant réellement part aux exercices de tir . . . .

Nombre et modèles des armes que la Société a déjà reçues à titre de prêt de l'Administration de la guerre . . . .

DEMANDE DE (5) D'ARMES

Je soussigné, président de la société ci-dessus désignée, prie Monsieur le Ministre de la guerre de vouloir bien autoriser cette société à (6)
les quantités d'armes dont le détail suit, savoir :

A le 18 .

Le (8)

(Modèle de demande de munitions à titre gratuit)

SOCIÉTÉ TERRITORIALE (1)

AUTORISÉE PAR DÉCISION MINISTÉRIELLE DU (2)

Siège de la Société (3) :

Nombre total des membres prenant réellement part aux exercices de tir. . . . .

Nombre de membres prenant réellement part aux exercices de tir et appartenant à l'armée territoriale . . . .

Nombre et modèles des armes que la Société a déjà reçues à titre de prêt de l'Administration de la guerre . . . . }

DEMANDE DE MUNITIONS A TITRE GRATUIT

Je soussigné, lieutenant-colonel commandant le ᵉ régiment territorial , prie Monsieur le Ministre de la guerre de vouloir bien faire délivrer à la Société ci-dessus désignée, à titre gratuit, à raison de 30 cartouches (pour fusil ou révolver) par membre actif appartenant à l'armée territoriale, les quantités de munitions dont le détail suit, savoir :

A le 18 .

Le Lieutenant-Colonel commandant
le ᵉ *territorial,*

(Modèle de demande de cartouches de tir réduit)

SOCIÉTÉ (1)

AUTORISÉE PAR (2)

Siège de la Société (3) :

DEMANDE DE CARTOUCHES DE TIR RÉDUIT

Je soussigné, président de la société ci-dessus désignée, prie Monsieur le Général commandant la subdivision de région, de vouloir bien autoriser cette société à recevoir du corps de troupe désigné à cet effet :

Ci-joint le récépissé et la déclaration de versement au Trésor de la somme correspondante, savoir :

A le 18 .

Le Président de la Société :

BATAILLONS SCOLAIRES

En transformant les anciens collèges royaux en lycées, le législateur de la loi du 11 floréal an X, eût évidemment la pensée, qui d'ailleurs, se réalisa presque aussitôt, d'initier les enfants, dès leur tendre jeunesse, aux idées militaires. Le premier consul, qui s'y connaissait en matière d'organisation d'armées, développa cet esprit en prescrivant que les élèves des lycées seraient habillés d'un costume se rapprochant beaucoup du costume militaire, et qu'ils seraient habitués aux exercices de gymnastique. Cette pensée reprise, plus tard, sous des formes diverses par tous les gouvernements qui ont succédé au premier Empire, n'a été réellement bien comprise et définitivement appliquée qu'en vertu de la loi du 27 janvier 1880, qui rend l'enseignement de la gymnastique obligatoire dans tous les établissements d'instruction publique de garçons.

Le décret du 29 juillet et l'arrêté du 3 août 1881 ont arrêté le programme de cet enseignement dans les écoles normales d'instituteurs.

Mais, toutes ces dispositions étaient, en elles-mêmes, incomplètes, jusqu'à la promulgation du décret du 3 juillet 1882, qui spécifia la création des bataillons scolaires dans tout établissement public d'instruction primaire ou secondaire, ou toute réunion d'écoles publiques comptant de deux cents à six cents élèves, âgés de douze ans et au-dessus. C'était, certes, une institution excellente ; néanmoins, elle n'a pas toujours été suffisamment appréciée et son fonctionnement s'est ralenti, si non, presque complètement abandonné dans la plupart des établissements d'enseignement.

Les bataillons scolaires sont autorisés par arrêté préfectoral, après avis d'une commission composée de deux officiers désignés par l'autorité militaire et de l'inspecteur d'Académie ou son délégué.

Chaque bataillon est composé de 4 compagnies, comprenant chacune 50 enfants au moins ; ils sont armés d'un fusil conforme à un modèle spécial, adopté par le Ministre de la Guerre. Un instructeur en chef et deux instructeurs adjoints désignés par l'autorité militaire, les commandent et les instruisent.

Enfin, la loi du 15 juillet 1889, article 85, rend de nouveau obligatoires les dispositions de la loi du 27 janvier

1880, dans tous les lycées et établissements d'enseignement. L'organisation de l'instruction militaire pour les jeunes gens de dix-sept à vingt ans, ainsi que le mode de désignation des instructeurs, font l'objet de dispositions spéciales arrêtées entre les Ministres de la Guerre et de l'Instruction publique.

FIN

TABLE DES MATIÈRES

TITRE PREMIER. — CHAPITRE Ier

De la FORMATION des TABLEAUX de RECENSEMENT

CHAPITRE II

TIRAGE AU SORT

Pages

CHAPITRE III

CONSEIL DE RÉVISION

Séances des conseils de révision

Décisions des conseils de révision

Pages

Pages

Du service auxiliaire

De la dispense légale du service militaire, en temps de paix, après une année de service

Des soutiens de famille

TITRE II. — CHAPITRE Ier

ARMÉE ACTIVE

CHAPITRE II

RÉSERVE DE L'ARMÉE ACTIVE ET ARMÉE TERRITORIALE

Armée territoriale

—

CHAPITRE III

DISPOSITIONS GÉNÉRALES

Pages

TITRE III. — CHAPITRE Ier

CORPS ANNEXES DE L'ARMÉE

Mobilisation. — Justice militaire

Justice militaire

CHAPITRE II

RÉQUISITIONS MILITAIRES

Voitures attelées susceptibles d'être requises en cas de mobilisation

CHAPITRE III

ECOLES MILITAIRES

RÉPUBLIQUE FRANÇAISE

www.ingramcontent.com/pod-product-compliance
Lightning Source LLC
Chambersburg PA
CBHW071623270326
41928CB00010B/1761

* 9 7 8 2 0 1 2 5 8 3 9 5 5 *